EPHRAIM SQUIER

HONDURAS 1850: DESCRIPCIÓN HISTÓRICA, GEOGRÁFICA Y ESTADÍSTICA

ERANDIQUE
COLECCIÓN

HONDURAS 1850: DESCRIPCIÓN HISTÓRICA, GEOGRÁFICA Y ESTADÍSTICA
EPHRAIM SQUIER

NOMBRE ORIGINAL EN ESPAÑOL:
HONDURAS: DESCRIPCIÓN HISTÓRICA, GEOGRÁFICA Y ESTADÍSTICA DE ESTA REPÚBLICA DE LA AMÉRICA CENTRAL
EPHRAIM SQUIER

©Colección Erandique
Supervisión Editorial: Óscar Flores López
Diseño de portada: Andrea Rodríguez-Lilyana Gálvez
Administración: Tesla Rodas
Director Ejecutivo: José Azcona Bocock

Segunda Edición de Colección Erandique
Tegucigalpa, Honduras—Agosto de 2024

Edición de 1908: Corregida y anotada por José María Cuéllar

CONTENIDO

UN LIBRO QUE NOS TRASLADA A UNA HONDURAS DISTANTE

Honduras en 1850 estaba en lo más oscuro de la noche de su vida nacional. Guerras fratricidas la asolaron por las tres décadas desde la independencia, acompañadas del trauma doble de la caída del orden colonial y posteriormente de la Federación.

El declive en la riqueza, cultura, comercio, y educación, fue sustancial. El progreso en estas condiciones era imposible.

Ephraim Squier vino a Honduras en una misión de negocios. Su objetivo era hacer un estudio para un posible ferrocarril interoceánico, que, con las necesidades de comunicación con la costa pacífica de Estados Unidos, se miraba como un proyecto prometedor.

Esto daría oportunidades de levantarse a este país, y lo convertiría en un polo de colonización y comercio.

Como es conocido, el proyecto nunca se concretó, pues la apertura del "transito" por Nicaragua (1852), el ferrocarril de Panamá(1855), y ultimadamente el Ferrocarril transcontinental de Estados Unidos (1869) destruyeron la *raison d'etre* del proyecto.

El proyecto se llevó a cabo ya sin inversión extranjera, con préstamos, con el desastroso resultado conocido.

Sin embargo, el estudio que hizo de Honduras el señor Squier es una valiosa ventana a este periodo poco conocido. Por las condiciones descritas, la publicación nacional era virtualmente nula, y los visitantes del exterior, escasos.

Por esa razón, el meticuloso relato (acompañado del de William Wells) son muy valiosos como fuentes únicas sobre una Honduras distante.

Hacemos la nueva publicación de la traducción de José María Cuellar (de 1908), con una reconstrucción digital, para hacer accesible a las nuevas generaciones este valioso volumen.

JOSE S. AZCONA
Director Ejecutivo Colección Erandique

PRÓLOGO DEL TRADUCTOR

No hay país de que no se haya presentado un cuadro más o menos exacto, más o menos completo. No hay uno que no tenga sus cartas geográficas y topográfica; no hay uno que no posea la de su estadística general; no hay uno cuyas latitudes y longitudes no hayan sido medidas; no hay uno del cual la economía política no haya investigado y valuado sus riquezas y producciones; no hay uno, en fin, que no se haya dado a conocer en su valor relativo. Centroamérica solamente es el que ha lamentado esta falta.

Después de tres siglos y medio de descubierto el país, y después de treinta y cuatro de ser independiente, no se sabe en el extranjero que existe Honduras sino por el caoba y la zarzaparrilla, El Salvador por el índigo, Guatemala por la cochinilla, Costa Rica por el café, y Nicaragua por el proyectado canal.

La falta, empero, no sería tan notable, si ella proviniese de la de hombres inteligentes que pudiesen emprender un trabajo tan importante. Nada de eso: los ha habido en diferentes escalas y en diversos ramos, pero abstraídos en la fatal política, han abandonado u olvidado el mejor servicio que podrían hacer a su patria.

¿Habría otro más útil para Centroamérica que darlo a conocer al mundo? ¿Habría ocupación más digna y más honrosa para un centroamericano, que bosquejar siquiera el cuadro general de su propio país?

Si exceptuamos dos o tres que han publicado unas pocas notas históricas, las más tal vez en un lenguaje indigesto, nada encontramos de nuestros compatriotas. Los únicos hechos y observaciones de mérito que se han recogido, han sido por viajeros extraños, sin más objeto que el de su propia curiosidad, y presentados en obras diversas y en idiomas diferentes, sin formar un todo analítico y metódico. Y los que intencionadamente se han tomado la pena de levantar mapas y cartas, han causado males superiores a la falta misma que se pretendía llenar.

Siendo su objeto ostensible tirar líneas divisorias sobre supuestas propiedades, contienen errores voluntarios tan perniciosos, que en cualquiera otro país habrían merecido la más expresa prohibición, o sido seriamente combatidos.

Pero a ninguno de los Estados de Centroamérica afectaban tanto esos errores como al de Honduras: por consiguiente, Honduras era el que más exigía una rectificación justa y legal. Honduras era también, por otra parte, el menos conocido (a excepción de la Costa Mosquita y de las Islas de la Bahía) y el que más debía serlo por su posición y por las fuentes de riqueza que encierra.

Es MR. E. SQUIER el que acaba de cumplir ese deber de la civilización: es él el que, después de inmensos trabajos personales, de investigaciones de todo género y de un estudio serio y profundo; ha presentado una formal reseña geográfica, topográfica y estadística de Centro América en general, y el CUADRO PERFECTO de Honduras y El Salvador, en particular, en la obra que, traducida al idioma del país para el cual ha sido escrita, damos hoy al público.

No intentamos hacer el elogio de ella. Los talentos de Mr. Squier son bien conocidos en el continente de América, y el nombre del autor es la más alta recomendación que puede tener. Únicamente diremos, que rica en observaciones, llena de hechos, justa en sus apreciaciones, exacta en sus detalles, curiosa y erudita en su parte etnológica, ella es el más rico presente que se ha podido hacer a Centroamérica y especialmente a Honduras. No había en este estado una sola obra elemental para estudiar su geografía y topografía; la de que tratamos puede llenar ampliamente este objeto, así como en la parte estadística y de historia natural; puede, en una palabra, servir de instrucción para el joven, y de recreo para el hombre amante de su país.

Empero la importancia de esta obra no se limita solamente a Honduras y El Salvador, o Centroamérica: la es para todo el mundo. El irlandés, a quien el estrecho y pobre terreno en que vive apenas le da una miserable subsistencia; el alemán, que tiene que ir a buscarla en otras regiones; el holandés, que eternamente lucha contra las aguas por adquirirla; el suizo, que no la obtiene sino a fuerza de fatigas; todos aprovecharan los informes de Mr. Squier; todos irán a Honduras, en donde un extenso, rico y fértil terreno les ofrece las más abundantes y diversas producciones.

Y el inglés, y el francés, y el norteamericano, a quien el espíritu de empresa lleva a las lejanas regiones de Australia y a las dilatadas playas de California, ciertos de que Honduras posee tantos metales preciosos como aquellos puntos que, además, cuenta con un suelo

4

fecundo en producciones naturales y con temperaturas en que cada uno puede encontrar la que más le pluga, escogerán este lugar con predilección. ¡Oh! Sí, todos irán y todos pueden ir. El hondureño los recibirá con la liberalidad que distingue su carácter, y partirá con ellos las riquezas de su suelo. El hondureño no es egoísta: el hondureño sabe que la *naturaleza es la madre común de la especie humana*: el hondureño no mira más que al hombre, a su semejante: el hondureño odia solamente LA USURPACIÓN, LA VIOLENCIA.

Tiene aún otro mérito la obra de Mr. Squier. A imitación de aquellos grandes genios que se elevan sobre sí mismos, que todo lo indagan, que todo lo investigan, el de nuestro autor se fijó en descubrir una vía de comunicación interoceánica a través del territorio de Honduras.

Su pensamiento es hoy un hecho positivo. El capítulo que dedica a esta importante materia, acompañado de tantas observaciones y demostraciones científicas y fundadas, evidencia no sólo su factibilidad; pero que, en todos respectos, hará ventaja a todas la líneas proyectadas y puestas en ejecución.

La empresa es digna de la atención del mundo, y de interés universal, y, según su misma expresión, "como tarde o temprano ella será cumplida", cuando lo sea, el hombre que tan feliz idea pudo concebir, merecerá, con justicia, el nombre de COLÓN DE HONDURAS.

En cuanto a nosotros, puede tenerse entendido que cualquiera que sea el interés personal que se nos quiera atribuir en nuestro trabajo, debe considerarse muy accesorio al que verdaderamente nos ha impelido a ejecutarlo. Para hacer una traducción, es preciso tener un amplio conocimiento de los dos idiomas, y poseer la inteligencia necesaria sobre las materias de la versión: todo nos faltaba a nosotros, y aunque sentíamos nuestras pocas fuerzas, nos alentó únicamente el deseo de hacer a nuestro país este pequeño servicio. Tal vez no hemos alcanzado el objeto satisfactoriamente, pero nuestro DEBER ES CUMPLIDO; así como lo llenamos, como hijos de Honduras, consagrando una línea en testimonio del más puro reconocimiento a Mr. Epharaim Geo Squier.

INTRODUCCIÓN

Comunicación interoceánica de Honduras — Exploradores
modernos — Origen del ferrocarril interoceánico de Honduras

En el año de 1850, que ocupaba yo la posición de representante diplomático de los Estados Unidos en Centroamérica, tuve el designio de visitar la Bahía de Fonseca, que ocupa un punto geográfico de bastante importancia entre los Estados de Nicaragua y El Salvador, en el océano Pacífico. Durante mi permanencia en el puerto de La Unión, me llamó la atención la circunstancia de que parte de la bahía sufría los fuertes vientos del norte, haciéndome inferir que debía existir una interrupción en la gran cadena de montañas de la cordillera que, de otra manera, debía oponer una insuperable muralla a los vientos que soplan en aquella dirección. Mayores fueron mis presunciones cuando supe que los vientos del norte no se experimentan allí, sino es en el periodo en que dominan en la costa del Atlántico; y por último se confirmaron, por la adicional circunstancia de que estos vientos corren, hasta llegar al Pacífico, por un estrecho espacio que no excede de 10 millas. Así pues, subiendo el volcán de Conchagua, que se eleva sobre el puerto de La Unión, fijé mi anteojo hacia le norte, y sin ninguna sorpresa vi que en efecto las montañas de Honduras estaban completamente cortadas en aquella dirección.

Este hecho no me interesó entonces sino como un rasgo notable del carácter físico del país; y no fue sino hasta el año de 1852 que me ocurrió la idea de establecer por allí una *comunicación interoceánica*. En este tiempo los reconocimientos prácticos del Istmo de Tehuantepec, con objeto de establecer un camino de hierro entre los dos mares, habían dado por resultado la falta absoluta de puertos a propósito en los dos océanos. Además, el proyecto de una comunicación por aquel punto envolvía, políticamente, un grado de esperanza muy pequeño para proseguirlo con suceso, sino es hasta que un nuevo orden de cosas se estableciera en México, el que, según la historia de aquel país, no debía esperarse dentro de muchos años.

Esa triste convicción persuadió al público que, en la necesidad de pasar por California, tenía que continuar la molesta y dilatada ruta del Istmo de Panamá.

Entonces fue que las observaciones que yo había hecho en La Unión me indujeron a investigar si sería factible establecer un camino de hierro que cortara el continente y terminara en la Bahía de Fonseca, lo que debía cumplir la predicción que había aventurado "de que, por su posición y capacidad, debería ser con el tiempo el emporio del comercio y el centro de las empresas en aquella parte del continente". Pronto encontré que en el año de 1504 los empleados de la Corona de España habían descubierto un pasaje entre los dos mares en esta línea, y que habían fundado la ciudad de Comayagua en la medianía del Atlántico y el Pacífico, "con objeto de comunicar fácilmente con uno y otro, evitando las enfermedades, fatigas y privaciones que había experimentado en el viaje del Nombre de Dios a Panamá".

Habiendo comunicado mi pensamiento a unos pocos amigos personales y hombres de bastante espíritu público, fue adoptado por ellos, y se aprontaron a concurrir con el contingente necesario para los gastos de un prolijo reconocimiento del país en cuestión. En el acto procedí a la organización de un competente cuerpo de *reconocimiento*, y la fortuna me favoreció con la concurrencia y asistencia de personas de grandes conocimientos científicos y de una práctica habilidad.

Debo aquí mencionar los nombres del teniente W. N. Jeffers, últimamente profesor de matemáticas en la Academia de Navegación de los Estados Unidos; del Dr. S. W. Woodhouse, cuyas calificaciones en la expedición del Gobierno al Colorado, en California, bajo las órdenes del capitán Sitgreaves, habían sido satisfactoriamente formadas; y de M. D. C. Hitchcock, que acompañaba la expedición como dibujante.

Esta salió de los Estados Unidos en febrero de 1853, y en abril siguiente comenzó sus operaciones en el terreno, tomando la Bahía de Fonseca por punto de partida. La exactitud de mis primeras experiencias pronto se verificó. Una línea de observaciones y medidas barométricas fue seguida a través del continente, por el teniente Jeffers. Otra igual, desde León, de Nicaragua, hasta la ciudad de Comayagua, en Honduras, llevó el Dr. Woodhouse; y otra tomé yo mismo desde Comayagua hasta Santa Rosa, en el extremo occidental de Honduras, y de allí a la ciudad de San Salvador, en el Estado del mismo nombre, recorriendo éste desde Sonsonate hasta La Unión, punto de nuestra partida.

Sobre las observaciones y hechos recogidos en este reconocimiento está fundada la memoria que, precipitadamente escrita, presento ahora. No creo demás manifestar que mi primitiva intención fue ilustrarla con un pequeño MAPA DE HONDURAS y EL SALVADOR; y que si he dado la forma y extensión que tiene el que acompaña este volumen, ha sido en la convicción de que el interés público no sería satisfecho con un simple detalle de los rasgos físicos y características de aquellos poco conocidos, pero importantes Estados.

En el deseo de presentarlo de una manera inteligible, he tenido que seguir en un todo mis propias observaciones. En verdad, todo ha sido preciso formarlo: no hay una sola autoridad acreditada, no hay un solo dato que pudiese servir de núcleo para una agregación de hechos. La condición primera de Centroamérica, bajo el celoso y exclusivo sistema colonial de España, y las deplorables circunstancias en que se ha encontrado desde la independencia, han sido bastante desfavorables para toda clase de investigaciones, aun en los departamentos geográfico y estadístico. Todo lo que pertenece a la historia, caracteres naturales, clima, población, producciones, comercio y riqueza del país, está en una ignorancia casi completa.

Aun las personas que se supone estar mejor instruidas sobre las peculiaridades del país, no son capaces de dar un informe circunstanciado y exacto acerca de ellas, y el investigador tiene que sujetarse a su propio trabajo, tan penoso y difícil, que no deja de desalentar. En vano se buscan libros impresos o documentos que lo ayuden. De los pocos que pude recoger, no hay una sola colección completa, y en vano se buscan también datos en los archivos públicos, donde un total abandono y falta de orden hace imposible adquirir ninguno.

Podía suponerse que respecto a la geografía general del país, o de algunos Estados, fuese fácil encontrar informes claros y positivos; pero, excepto un mapa del Estado de Guatemala, hecho por don Alejandro Marure, intitulado ATLAS DE GUATEMALA, *en ocho cartas formadas y grabadas en Guatemala, de orden del Jefe del*

Estado, ciudadano Dr. Mariano Gálvez, año de 1832, puede decirse que ninguno haya grabado del todo o parte de Centroamérica. Los pocos mapas, así llamados, que existen en los archivos de algunos Estados, apenas difieren de las rudas pistas que forman los indios para guiar a sus compañeros en el camino de la guerra.

Sin embargo, fui bastante afortunado en encontrar en poder de una persona residente en San Salvador, un mapa sin concluir, intitulado MAPA DEL REINO DE GUATEMALA *año de 1810 por el coronel Lacierra, ingeniero real*. Este mapa, por lo que hace a Costa Rica, Nicaragua y Guatemala, está concluido, y según mis observaciones en los puntos que he recorrido, es exacto. Empero, para mi trabajo fue de muy poca importancia, porque los Estados de Honduras y El Salvador están completamente en blanco, y aún sin definir la línea costa del Pacífico. Así que, no lo he seguido más que en lo que toca a la llamada "Costa Mosquito", cuya exactitud he confirmado por mí mismo. El mapa de Marure, siendo, como he dicho, solamente de Guatemala, tampoco pudo auxiliarme para la construcción del que presento, no teniendo, por consiguiente, ninguna fuente que pueda llamarse nativa o indígena.

Cuando Humboldt intentó la formación de un mapa de la Nueva España, notó la insuficiencia e inexactitud de todos los publicados. No solo lugares de importancia fueron equivocadamente colocados, sino que muchos caracteres geográficos, cadenas de montañas y grandes ríos se pusieron donde no existían, y los que realmente debían incluirse, se omitieron. "Muchos de los mapas americanos ejecutados en Europa, observa, están llenos de nombres desconocidos en el país mismo. Estos errores se han perpetuado y difícilmente se puede encontrar su origen". [1]

México era un país, comparativamente, mejor conocido que Centroamérica; y si sus mapas eran equivocados, los de este debían considerarse como absurdos geográficos. Aun en los últimos tiempos en que las costas se han definido con exactitud, el interior ha permanecido en una oscuridad como cien años antes. Los últimos mapas, algunos de ellos bastante pretenciosos, son en su mayor parte conjeturales, y las descripciones geográficas que contienen, son

---

[1] Nueva España. Vol. 1, p. xxxv. Introducción.

absolutamente inaplicables al país que quieren representar. Citaré un solo ejemplo que demostrará mejor el poco conocimiento que el mundo ha tenido de Centroamérica.

No obstante que el proyecto de abrir una comunicación entre los mares, vía de Nicaragua, se discutía hace trescientos años, todos los mapas que habían llegado a mis manos presentaban una alta cadena de montañas, interponiéndose entre el lago de Managua y el Pacífico. La ciudad de León la colocaban sobre una montaña, o rodeada de éstas; y todo lo que tenía relación con el canal interoceánico, se hacía referencia, como muy importante para la empresa de un río llamado "Tosta" inmediato al puerto de Realejo. ¡Y bien! No hay montaña alguna entre el lago de Managua y el océano; la ciudad de León está en el propio centro de un vasto llano; y el tal río "Tosta" no ha existido jamás, como se demuestra en el mapa de aquel Estado, que publiqué en 1851. Y aun en el de Mr. Baily, publicado en Londres en el mismo año, se presenta una no interrumpida cadena de montañas, que se extiende desde el lago de Managua hasta el Golfo de Fonseca; cuando no hay tal cadena, pero ni una montaña, excepto una serie de conos volcánicos, enteramente separados uno de otro, que se elevan en el plano. Estos errores son todavía más sorprendentes, en razón de que Mr. Baily fue empleado por el general Morazán, presidente de la antigua Federación de Centroamérica, para hacer un reconocimiento en el Istmo de Nicaragua, sobre el proyectado canal.

Por otra parte: La ciudad de Comayagua, capital de Honduras, que era grande y floreciente antes que Hudson descubriera la bahía de New York, algunas veces varía más de un grado de su verdadera latitud y longitud, y en muchos mapas lleva el nombre de Valladolid, que hace más de ciento cincuenta años que no se usa. La ciudad de Tegucigalpa, la primera de Honduras, en punto a población, tiene todavía una posición más variada.

Entre las cosas desagradables para viajar en Centroamérica, es el estereotipado uso que hacen los mapas de nombres de lugares que, si alguna vez los han tenido, al presente son desconocidos, o que son miserables aldeas que no merecen ser colocadas sino es en mapas locales, mientras que muchos de importancia no se encuentran absolutamente. Así es que vemos en los de Honduras a Tambla, y no están Las Piedras y la villa de San Antonio, que existen en el mismo llano. ¡Y Tambla no es más que una aldea de 200 habitantes en tanto que Las Piedras tienen 5,000 y la villa de San Antonio 2,500! Además, en el Departamento de Gracias, en el mismo Estado, Guancapla, una colección de pocos ranchos, es claramente indicada, y Santa Rosa, grande y hermosa ciudad que contiene 6,000 habitantes, está absolutamente omitida.

Estos ejemplos pudieran llevarse a lo infinito, pero ellos son errores debidos a los pocos informes que el mundo ha tenido de estos países. Los que se han ocupado en formar mapas, destituidos de toda especie de datos exactos, se han visto obligados a copiar las obras de sus antecesores, y han contribuido así a la perpetuación de los errores. Los que los han hecho, con poco o ningún cuidado, son en cierto punto excusables, porque el poco interés que habían tenido del país, no los estimulaba a hacer una exacta investigación de él. Hoy todo es diferente: no sólo se conoce el valor de Centroamérica en todos sus puntos de vista, sino que ya el espíritu de empresa se dirige progresivamente sobre aquel lugar privilegiado.

Pero aparte de los errores puramente geográficos, hay otros en varios mapas de Centroamérica que no tienen excusa ninguna. Hablo de esa servil perpetuación seguida por los mapas americanos, de la arbitraria división política del país hecha por las autoridades inglesas, sosteniendo así las injustas pretensiones del Gobierno británico. Este servilismo de los autores americanos demuestra cuán poco trabajo se han tomado para verificar los hechos que han procurado representar, y cuán profunda ha sido la ignorancia en que han permanecido acerca de las pretensiones inglesas en Centroamérica. Varios mapas publicados en el espacio de un año, en los Estados Unidos, merecen la más severa censura a este respecto.

Tomaré, para probar la justicia de esta censura, y para aprovechar la oportunidad de corregir varios desatinos sorprendentes, un mapa intitulado JOHNSTON'S ILUSTRATED AND EMBELLISHED MAP AND CHART OF THE NEW WORLD. —New York, 1854. Entre tanto, debo observar, que aunque este mapa está lleno de errores, por lo que toca a Centroamérica, tanto geográfica como políticamente, no es más digno de crítica que las nueve décimas partes de los otros.

1° En primer lugar encontramos en todos los mapas a Verapaz como un Estado independiente. Este es y ha sido siempre un departamento del Estado de Guatemala.

2° Los límites del establecimiento británico de Belice, que están claramente definidos por los tratados celebrados entre Inglaterra y España, extendiéndose solamente del río Jabón al río Hondo, se representan incluyendo cuatro veces más territorio que el que legítimamente corresponde, y extendiéndose desde el río Hondo hasta la Bahía de Amatique. Tales límites jamás fueron reconocidos ni por Espala, ni por los herederos de su territorio en esa cuarta parte del mundo, ni por los Estados Unidos, ni por ningún país civilizado. Esas son pretensiones imprudentes, que los autores de mapas ingleses, accesoriamente a los designios de su Gobierno, han adoptado sin escrúpulo. Si se colocara el Estado de Michigan como una parte del Canadá Occidental, sería la mayor ofensa a la verdad; y si los autores americanos aceptarán tal pretensión, no sería más absurdo que admitir las serviles divisiones políticas de Centroamérica hechas por las autoridades inglesas.

3° Honduras, que se extiende de mar a mar, teniendo un frente de más de 50 millas en el Pacífico (Golfo de Fonseca), es representado en este mapa como enteramente cortado antes del océano, por Estados del Salvador y Nicaragua; cuando, como he manifestado, éstos están separados por territorios de Honduras.

4° Casi una tercera parte de todo Centroamérica está señalada como "Costa Mosquito", que se presenta como un distinto Estado soberano. El término "Costa Mosquito" jamás ha tenido una significación política, sino que siempre se ha usado geográficamente para designar una porción de la costa oriental de Centroamérica. Los indios conocidos con el nombre de "Mosquitos" son solamente unos pocos miles de miserables salvajes, confinados en la costa sin ninguna clase de establecimientos. Esencialmente pescadores, apenas obtienen una escasa subsistencia en las numerosas lagunas cerca de la costa, y su tráfico consiste sólo en unas pocas conchas de tortuga y alguna zarzaparrilla.

Pero aun cuando estos salvajes se consideraran en el rango de nación jamás podrían tener una pretensión de soberanía sobre la gran porción de territorio que este mapa señala. Mas, no solo no tienen ninguna soberanía sobre la pequeña fracción que ocupan; no sólo no la reclaman ni la desean, sino que ni tienen idea de nada; y es solamente la GRAN BRETAÑA, por miras siniestras, que la ha tomado a nombre de aquellos, hecho altamente reprobado por los Estados Unidos y por todas las naciones del globo. La porción de territorio atribuida a la ficticia nacionalidad mosquita por este mapa, llega hasta el río Segovia, más allá de Honduras, tomando parte de Nicaragua. [2]

5° Los límites de Costa Rica al norte no son exactos, ni concedidos por Nicaragua. Pero este error puede excusarse en razón de la disputa que hay entre estos dos Estados; más no parece propio que el autor de un mapa sea el que venga a decidir cuestiones de límites. Los verdaderos de Costa Rica están definidos en su propia Constitución, extendiéndose desde abajo de la boca del río San Juan hasta el río Salto de Nicoya o Alvarado, cayendo al Golfo de Nicoya. Consiguientemente, el territorio de Costa Rica no toca ni al río San Juan, ni al lago de Nicaragua, sino que pasa por el sur de los dos. El mapa en cuestión es también erróneo a este respecto. En suma, en todo lo que concierne a Centroamérica no puede mirarse como una autoridad: puede servir solamente para confusión y extravío.

Sin embargo, debe advertirse que es general en su carácter y que no pretende ninguna específica exactitud. No sucede lo mismo con un gran mapa recientemente publicado en Londres, y que ha sido generalmente aceptado como autoridad, llamado MAPA DE CENTROAMÉRICA, *incluyendo los Estados de Guatemala, Honduras, El Salvador, Nicaragua y Costa Rica, etc., por John Baily, esq. — Trelawney Saunders, London, 1850.*

No nos admira encontrar en este mapa comprendidas todas las pretensiones territoriales y la arbitraria división política hecha por el Gobierno británico. Unas pocas brochas con colores han bastado para indicar la soberanía inglesa en las dos terceras partes del

---

[2] Escandalo del mundo, ofensa a la razón y la justicia, es la última división hecha por los agentes británicos de este territorio. Muchos son los pueblos de Honduras y Nicaragua que declaran "Moquitos". Su línea comienza en punta de Castilla, tomando el puerto de Trujillo, casi todo el Departamento de Olancho, parte del de Tegucigalpa, y todo el de Segovia, hasta el fuerte de San Carlos. Decidlo, hombres imparciales, ¿es esto respetar las propiedades de las naciones? El T.

Departamento de Verapaz, en Guatemala, y convertir las islas de Honduras, en la bahía del mismo nombre, en dependencias británicas; y llevar la jurisdicción mosquita más allá de la mitad de los Estados de Honduras y Nicaragua. No ha sido menos potente colocar la cuestión límites entre el propio Nicaragua y Costa Rica a favor de este, en donde, por una singular coincidencia, ha predominado siempre la influencia británica[3]. Tales peculiaridades, atendido su origen, no deben absolutamente sorprender. Los que lo formaron, bien deben haberse reído al conocer con qué servil ignorancia lo copiaron de este lado del Atlántico.

Confesaremos, no obstante, que en ciertos puntos es el que más se aproxima a la exactitud, aunque en algunos rasgos geográficos y políticos es deficiente, y en otros totalmente erróneo. Dejando a Guatemala y Costa Rica, hallamos en los otros Estados una porción de errores bastante trascendentales, que son tanto más notables, cuanto que Mr. Baily ha permanecido muchos años en Centroamérica y viajado por algunos puntos de su territorio. Por ejemplo, en el Estado de El Salvador coloca el río Lempa como divisorio entre este Estado y el de Honduras, cuando corre en la mayor parte de su extensión por el centro longitudinal del último, y forma su límite norte en unas pocas millas de su curso.

Luego las aguas superiores del río Santiago, en el Departamento de Gracias, las marca describiendo el segmento de un círculo de este a oeste, antes de tomar su curso general de este a norte, hasta el mar, cuando es precisamente todo lo contrario. Por consecuencia de este error, el pueblo y ruinas de Copán caen al territorio de Guatemala, siendo evidente que están bastante al interior de los términos de Honduras. La laguna de Yojoa se halla en la singular circunstancia de tener cinco bocas. El curso del río Humuya está demasiado inclinado al este de su verdadero curso. El Guayambre y el Guayape, que, en

---

[3] Si la excepcional influencia inglesa que se ha ejercido en Guatemala y Costa Rica hubiera sido puramente local, los pueblos de Centroamérica la habrían visto con la indiferencia o la compasión con que se ven los extravíos de la razón humana, pero, desgraciadamente, a esa influencia deben los otros Estados la mayor parte de sus divisiones; a ella deben los ultrajes, los despojos y las exacciones injustas que sufrieron del cónsul Chatfield; y ella fue el agente más temible que se empleara para alcanzar ciertos fines de partido. ¡Pueda en fin el nombre centroamericano ocupar el lugar que había cedido a pequeños intereses. El T.

efecto, unidos forman el Patuca, que corre a la bahía de Honduras, en Brus, están señalados como los principales afluentes del gran Segovia, que va al mar Caribe, en el cabo Gracias a Dios. También está representado este río, que nace en las montañas de Chile, alrededor del Ocotal o Nueva Segovia, como naciente al este de aquellas montañas, y la cabeza de las aguas del río Escondido o Bluefields, sustituyendo a las de aquél. El río Goascorán, que toma su origen cerca del Humuya, y corre al sur a la Bahía de Fonseca, no se encuentra. Los errores sobre la colocación de los lugares no son menos notables, e infinitamente más numerosos. Estos, empero, son más disimulables, porque ellos serán puestos sin duda alguna por informes de personas mal orientadas de las distancias.

El distinguido geógrafo prusiano Berghaus es el primero que ha indicado, con más aproximación a la verdad, los grandes caracteres físicos de Centroamérica. En lugar de admitir una continua cadena de montañas extendiéndose por aquel país, desde Tehuantepec hasta Panamá, dividió las montañas de Centroamérica en tres sistemas o grupos:

1° El de Costa Rica, cuyo núcleo es el volcán de Cartago; 2°, El de Honduras; y 3°, el de Guatemala. Entre el primero y el segundo se interpone el bajo transversal del lago de Nicaragua, con una mínima altura de 180 pies; y entre el segundo y tercero el plano de Comayagua, con sus dependientes valles, termina una altura máxima de 2,000 pies. Bajo este respecto, y en todos en general, el mapa de Berghaus, publicado en su *Physikalischen Atlas*, 1840, ha sido, en un periodo reciente, el mejor de Centroamérica.

En explicación del de Honduras y El Salvador, que ahora presento, debo advertir, que los puntos sobre que la línea del proyectado camino de hierro por Honduras debe pasar, fueron determinados por el teniente Jeffers, por numerosas y prolijas observaciones astronómicas. Estos constituyen las bases calculadas de las relaciones de los lugares visitados por la expedición o sus miembros. Estos cálculos tienen la adicional confianza de que, tanto en Honduras como en El Salvador, el gran número de montañas y picos volcánicos, que constantemente se presentan a la vista del viajero, dan la mayor facilidad para determinar su posición con la mayor exactitud.

Cuando se presentaba la oportunidad de examinar la situación de estos puntos, no se descuidaba, lo cual ha servido satisfactoriamente para la formación del mapa. Se notará que aquellos cuya posición se considera como aproximada a la exactitud, están señalados con una pequeña raya debajo. Los otros son de la más cumplida que se ha podido obtener, y son muy pocos los que se han colocado como conjeturales. El curso del río Patuca, en la relativa posición de los pueblos situados en su cabecera, se ha tomado de un rústico mapa formado por los cortadores de madera establecidos en el río y sus tributarios. Muchos de los datos que contiene el mapa, dentro de los límites del departamento de Gracias, son extraídos del que formó don José María Cacho, en 1834, actual Secretario de Estado de Honduras.

De paso haré observa la poca confianza que se puede tener en los "itinerarios" que se publican en el apéndice de algunos "calendarios", en Centroamérica, respecto a las distancias. Las computaciones son en leguas, obtenidas en general de los arrieros del país, que calculan tan vagamente las distancias, como lo confiesan algunas veces con sencillez, "según las cualidades de sus mulas". He visto que en los comparativos terrenos planos de Honduras y El Salvador, el valor de una legua raramente excede dos millas inglesas; y que en los distritos montañosos disminuyen milla y media de distancia horizontal.

Cuanto he dicho acerca de los datos geográficos que contienen esta memoria y mapa incluso, puede considerarse también respecto de los hechos estadísticos que se representan. Ellos son el resultado de observaciones y trabajos personales, pero formados de una manera que naturalmente deben tener imperfecciones. Por ejemplo, los hechos sobre la población han sido recogidos unos de los registros parroquiales, y otros de las irregulares tablas publicadas por las gacetas oficiales de cada Estado. Pocos de los que no hayan emprendido un trabajo semejante, podrán comprender cuantas fatigas e investigaciones se necesitan para obtener algún resultado en tan desfavorables circunstancias, y que después de agotar todos los esfuerzos posibles no se puede alcanzar una completa exactitud.

Nadie más que yo mismo siente los defectos y deficiencias que esta memoria tiene sobre muchos puntos de interés general. Sin embargo, me lisonjeo de que ella será de alguna importancia, sirviendo de punto de partida para lo sucesivo, y que, corrigiéndose sus errores y llenándose las omisiones que tenga, se concluirá por dar al mundo un todo completo y exacto del carácter, clima, riqueza, población y condición física y política de los Estados de Centro-América; y tengo la esperanza de que estos ensayos influirán para despertar la atención del pueblo y gobiernos de aquel país, en recoger y publicar lo que contribuya a este objeto.

No hay más que una obra impresa en Centroamérica, que intenta dar una idea del país, acerca de su carácter, riqueza, etc. Esta es la *Historia del Reino de Guatemala* por Juarros. Pero esta obra no es más que una pequeña transcripción de las crónicas municipales y monacales de Guatemala. Raramente se hace referencia a los rasgos físicos del país, y aun en un exagerado y maravilloso tono, que siempre denota la falta positiva de conocimientos. Historietas de la producción de una planta, como la *calabaza* o de los depósitos de los huevos de un insecto conocido con el nombre de *chapulin*, son las que se encuentran en Juarros. Extraño parecerá decir, pero nada es más cierto, que todos los escritos que se han publicado en Centroamérica sobre el país mismo, no han sido más que una repetición servil, rara vez cambiando de lenguaje, de las aserciones de Juarros.

Después de la independencia, don José del Valle, y posteriormente don Alejandro Marure, dedicaron su atención al estudio del país, bajo su aspecto físico, y a la reunión de datos ilustrativos sobre su riqueza y condición política; pero excepto una memoria sobre el canal de Nicaragua y una breve lista cronológica de algunos acontecimientos históricos de Centroamérica, no tenemos nada de Marure, aunque se dice que escribió bastante en común con Valle, respecto de todo. El único nombre que merece ser mencionado, es el de don José María Cacho, como el solo hijo de Centro-América que ha hecho un trabajo completo del departamento de Gracias. Sus breves notas acerca de él, son de grande interés, y pueden servir como un modelo que deben seguir sus conciudadanos.

Todo lo poco que se ha escrito sobre Centroamérica ha sido pos los extranjeros; pero sus obras, en la mayor parte, no han contenido más que rápidas narraciones de viajes y aventuras, desnudas de observaciones e inexactas en sus asertos. Pocas son las que se han escrito por personas de competente capacidad, o acostumbradas por hábito a hacer investigaciones formales y ciertas. Especialmente dedicadas a hechos políticos, están llenas de incidentes y conmociones, cuyo origen y significación son incógnitos para sus autores.

Puedo, quizás, excluir las obras de Thomson, Henderson, Young, Roberts, Dunn Baily y Brow, que ciertamente contienen hechos y observaciones de mérito.

Como una revista de todo, yo creo que haré un servicio al público incluyendo, en apéndice a esta memoria, una lista de los libros y panfletos concernientes a Centroamérica en general, o a algunas de sus partes, que se han publicado desde el principio de este siglo, y que he tenido a la vista. Mi objeto ha sido hacer esta lista tan completa como fuese posible, sin atender al mérito de las obras. Se observará que los títulos siguen unos a otros en orden cronológico.

CAPÍTULO I: POSICIÓN GEOGRÁFICA Y TOPOGRÁFICA DE CENTROAMÉRICA Y SU INFLUENCIA ACERCA DE LA POBLACIÓN

Centroamérica, respecto a su posición geográfica, casi realiza la antigua idea del centro del mundo. No solamente une las dos grandes divisiones del continente americano, los hemisferios del norte y del sur, sino que abre sus puertos a Europa y África por el este y a la Polinesia, Asia y Australia, por el oeste.

Examinando el mapa, encontramos el istmo de Tehuantepec y el Golfo de México aproximándose poco menos de 200 millas del océano Occidental, y las aguas del río Coatzacoalcos, que desemboca en el primero, casi mezclándose con las del Chicapa, que caen en el segundo. Abajo de este punto, el continente se extiende, abrazando las altas plataformas de Guatemala al oeste, y los dilatados llanos de Tabasco, Chiapas y Yucatán al N. y al E. El golfo o bahía de Honduras, sin embargo, cierra en redondo esta sección al S. E., y aun estrecha el continente a menos de 150 millas. Colocado el país entre esta bahía y el Pacífico, es cortado por una completa interrupción de cordilleras, y cruzado por un gran valle transversal de Norte a Sur, por el cual corre el caudaloso río Ulúa hacia el Atlántico, y el pequeño Goascorán a la bahía de Fonseca, en el Pacífico.

Descendiendo y pasando el gran bajo de Nicaragua, se encuentra el bien conocido y estrecho istmo de Panamá o Darién, sobre el cual el flujo de la emigración ha derramado dos veces sus inundaciones; una al Perú y otra a las doradas playas de California.

No son menos notables los caracteres topográficos de Centroamérica que sus figuras geográficas. En su aspecto físico y en la configuración de su superficie, se ha considerado justamente como un epítome de todos los países y climas del globo. Altas filas de montañas, separados volcanes en formas enteramente cónicas, elevadas planicies, profundos valles, anchos y fértiles llanos y extensos aluviones se encuentran allí agrupados y variados por dilatados y hermosos lagos y majestuosos ríos; produciendo todo, una vida animal y vegetal, y gozándose de una gran variedad de climas,

21

desde los tórridos calores hasta las frescas y fortificante temperatura de una eterna primavera.

La gran cadena de cordilleras aquí, como en la América del Sur, se aproxima más a la costa del Pacífico; pero cortada en varios puntos, como he dicho, toma la forma de separados ramales, grupos o collados, entre los cuales pasan hacia los dos océanos los riachuelos de los altos valles del interior. Por consiguiente los principales aluviones van a morir al Golfo de México o al mar Caribe. Las lluvias son más o menos copiosas por todo el año, la vegetación exuberante, el clima húmedo y proporcionalmente insalubre. Los monzones soplan al NE., y la humedad con que son saturados, condensada en las partes elevadas del continente, cae en el Atlántico. Por esto es por lo que la pendiente del Pacífico es comparativamente seca y saludable, como todas las regiones elevadas del interior.

Topográficamente Centroamérica presenta tres marcados centros de elevación, que tienen a cierto grado fijadas sus divisiones políticas. El primero es el gran llano o las altas entrecortadas planicies en que está situada Guatemala, y que está más de 4,000 pies sobre el nivel del mar. Aquí toman su nacimiento los grandes ríos Usumacinta y Tabasco, que corren hacia el Norte, por Chiapas y Tabasco al Golfo de México. Sus fuentes se tocan con las del Motagua o Gualán que desemboca al este en el Golfo de Honduras, y con las de una porción de riachuelos que derraman al oeste, en el Pacífico. Honduras ocupa un grupo de montañas, presentando casi una muralla enfrente del Pacífico; pero formando numerosos espolones o ramales, como los dedos de una mano abierta, al norte y al este. Entre estos ramales y en algunos puntos circulados por collados, hay varios valles y llanos en diferentes elevaciones, donde se reúnen las aguas de mil arroyos, que forman considerables ríos que desaguan al norte y al este en el mar Caribe, y al sur y al oeste en el océano Meridional. Entre los más notables, se cuentan, el Chamelecón, el Ulúa, el Lean, el Romano o Tinto, Patuca, Coco o Segovia, sobre la inclinación oriental; y el Choluteca, Nacaome, Goascorán, San Miguel y Lempa, sobre la occidental.

Entre estos y el tercer gran centro de elevación en Costa Rica, está el bajo del lago de Nicaragua, con sus verdes pendientes y poco ondulantes planadas. El núcleo de la elevación de Costa Rica es el gran volcán de Cartago que domina en el medio. Aquí las cordilleras toman el aspecto general de una gran barrera continuada de montañas que pronto descienden a las llanuras del istmo de Panamá.

Además de los ríos de Centroamérica, de los cuales he enumerado los principales, hay multitud de extensos y hermosos lagos, a saber: Nicaragua y Managua, en Nicaragua; Yojoa o Taulabé, en Honduras; Güija e Ilopango, en San Salvador; Golfo Dulce, Petén o Itza, Atitlán y Amatitlán, en Guatemala. De todos los lagos, los de Nicaragua y Managua son los más grandes.

He dicho que los puertos de Centroamérica se abren a Europa y África por una parte, y a la Polinesia, Asia y Australia, por otra[4]. En el Atlántico, Guatemala, tiene Belice, Izabal y Santo Tomás (este último solo de valor); Honduras tiene Omoa, Puerto Caballos, Puerto Sal, Triunfo de la Cruz, Trujillo y otros; Nicaragua tiene Gracias a Dios, Bluefields y San Juan. Costa Rica no tiene ningún puerto bueno al este; pero tiene varios al oeste, de los cuales Golfo Dulce, Puntarenas y Caldera son los principales. Nicaragua tiene sobre el Pacífico, Culebra, Salinas, San Juan del Sur y Realejo. Honduras tiene una reunión en la Bahía de Fonseca, a saber: Amapala, puerto libre, San Lorenzo, La Paz, etc.; El Salvador tiene la Unión, también en la Bahía de Fonseca, Jiquilisco o Espíritu Santo, Jaltepec o Concordia, la Libertad y Acajutla o Sonsonete.

Los dos últimos apenas puede llamárseles puertos, porque realmente no son más que radas. Guatemala tiene solamente un puerto o rada, llamada Iztapa. Los mejores puertos del Atlántico son Santo Tomás, Omoa, Puerto Caballos y San Juan del Norte; y los del Pacífico, el puerto libre de Amapala (Isla del Tigre) y La Unión.

---

[4] Hoy que el vapor ha disminuido considerablemente las distancias, hoy que las relaciones del mundo se extienden con admirable rapidez, Centroamérica puede comunicar en pocos días con los Estados Unidos y algunas repúblicas del sur, y en pocas semanas con Europa. ¡Posición feliz! Ella llama a ese país a la agricultura y a la marina. — Que lo conozca, pues, que abandone ese espíritu de desunión que lo desloa; que escuche la voz de la razón; que entre en la vía de la cordura y del buen sentido; que se fije en la apertura de las vías de comunicación interior; que piense en remover los obstáculos que embarazan el desarrollo de la primera; que atienda al mejoramiento de sus puertos, etc., y gozará de las relaciones que da la una y de las riquezas que proporciona la otra. El T.

El área de Centroamérica puede calcularse en un número redondo de 155,000 millas cuadradas, casi igual a la de la Nueva Inglaterra y los Estados del medio reunidos. La población se estima solamente en 2,000,000 de habitantes, de los cuales Guatemala tiene 850,000; San Salvador 394,000; Honduras 350,000; Nicaragua 300,000, y Costa Rica 125,000 [5]. *

La posición geográfica y topográfica de todos los países ha tenido, y deberá siempre tener, una importante, y frecuentemente, una poderosa influencia en el carácter y destino de sus poblaciones. La naturaleza y extensión de esta influencia recibe una brillante ilustración tanto en la pasada como presente condición de Centroamérica. En la época de su descubrimiento se encontró ocupada por dos familias, presentando la una a la otra los puntos más diversos de contraste. En las altas planicies del interior del país, y en el declive del continente en el Pacífico, donde las lluvias son comparativamente ligeras, el país abierto y el clima relativamente sano, se encontraron grandes y populosas naciones, bastantes avanzadas en civilización, conservando un sistema religioso una organización civil.

En el declive opuesto del Atlántico, en los espesos bosques, que las constantes lluvias hacen vegetar con lozanía, en las costas bajas donde los pantanos y lagunatos, recalentados por un sol ardiente, exhalan miasmas húmedos, se encontraron tribus de hombres salvajes, sin habitaciones fijas, viviendo de frutos naturales, con el

---

[5] Diversos son los cálculos que se han hecho sobre la extensión y población de Centroamérica. Todos, empero, difieren considerablemente entre sí, y, salvas algunas excepciones, el del autor es el que consideramos más aproximado a la exactitud. El T.

*Población de Centroamérica. Según el Anuario del Comercio de Bailly-Bailliere, la población de las cinco Repúblicas es de 4,114,218, en esta forma:

Guatemala ....1,500,000 habitantes
El Salvador..1,063,600
Honduras..800,000
Nicaragua..428,000
Costa Rica..322,618
      Total..4,114,218

Nota de "La Bandera Liberal".

precario auxilio de la pesca y de la caza, sin religión, y casi sin ninguna reunión social ni establecimiento político.

Es imposible resistir a la convicción de que las diferentes condiciones de estas dos familias son debidas al contraste físico de sus respectivos países. Con los primitivos naturales del lado del Atlántico en Centroamérica, ningún progreso más allá de los rústicos hábitos de la vida, era posible. Ningún poder tenían contra la exuberante vitalidad de la naturaleza salvaje, que aun el hombre civilizado, con todos los recursos que la inteligencia ha llamado gradualmente en su auxilio, es incapaz de subyugar, y que aún conserva su antiguo dominio en los anchos aluviones, tanto en la América Central como en la del Sur. Sus medios de subsistencia eran extremadamente escasos y precarios para que pudiesen hacerse establecimientos permanentes, que, a la vez, desenvolviesen las relaciones y ajustasen a una organización social. Por esta razón eran necesariamente cazadores, nómadas en sus hábitos, y obligados a disputar su vida con los que, como ellos, eran casi menos que las bestias de los bosques.

Jamás la civilización se habría desarrollado bajo tan adversa situación. Solamente donde favorables circunstancias físicas pudiesen aliviar al hombre de sus inmediatas y exigentes necesidades, donde un clima benigno y un terreno fácilmente de cultivar produjese frutos indígenas, podría no solo decidirlo a fijar su residencia, pero que aún le inclinaría a ocupar porción de su tiempo en el mejoramiento de su ser.

Tales eran las circunstancias que rodeaban a los aborígenes de las altas plataformas de Honduras y Guatemala. Extensas y fértiles sabanas convida allí a la agricultura, y retribuyen a los groseros métodos de cultivo que se emplean, abundantes cosechas. El maíz, ese sustento de la primitiva civilización en América, fue probablemente indígena, y de allí, transmitido al norte de México y a las Floridas por varias familias que se establecieron en aquellas regiones, y cuyas lenguas y tradiciones señalan las alturas de Guatemala como su asiento original.

Las condiciones naturales que favorecen al desarrollo de la especie humana son, en una parte de Centroamérica, inflexiblemente suprimidas, y en otras, altivas y potentes. Los españoles no pensaron en sostener una lucha desigual contra la naturaleza salvaje de la parte del continente en el Atlántico, sino en establecerse en los puntos más secos, más suaves y más sanos de la parte del Pacífico. La costa de Mosquitos es una guarida de salvajes [6] que trescientos años de contacto con la civilización no los ha podido hacer progresar; mientras que San Salvador contiene una población dos veces más grande, en proporción a su área que ninguna otra extensión iguala en la América española, y, relativamente, tan grande como la de la Nueva Inglaterra misma.

Estas condiciones naturales continuarán fomentando la población por una parte, y debilitándola y oponiéndose a ella por otra; hasta que aquellos lugares del sur y del Centro de América que son más favorecidos en su posición y clima sean poblados; y que los progresos de los descubrimientos en las ciencias y en las artes hayan ilustrado suficientemente a los hombres, para combatir con suceso las enfermedades y dificultades físicas que existen en los valles del Amazonas y del Orinoco, y en la Costa Mosquito, y sometan aquellas regiones a la influencia de la civilización, o las hagan residencia de grandes y considerables poblaciones.

Las relaciones naturales de Centroamérica, como lo indica la posición física descrita, son evidentemente con el Pacífico y con los Estados existentes, o que se formen en la costa. California, la mayor parte de México y algunos de los Estados de Sur-América, tendrán tarde o temprano que sostener una posición correspondiente a la que las Indias Occidentales han conservado con los Estados Unidos y Europa, con la importante adición de ser una vía de comunicación, y quizá últimamente de comercio entre los hemisferios oriental y occidental. Su destino está plenamente escrito en la delineación de sus costas e impreso en su superficie, así como demostrado en su posición geográfica.

---

[6] Este juicio, que parecerá exagerado, es cierto, si se reflexiona que el autor escribía su obra a mediados del siglo pasado. Hoy son mejores las condiciones de aquellos nativos. Nota de *"La Bandera Liberal"*.

CAPÍTULO II: DESCUBRIMIENTO. LÍMITES. ASPECTO GENERAL. TOPOGRAFÍA.

En Honduras fue donde primero puso los pies Colón en el continente de América. En 1502, en su cuarto viaje, descubrió la isla de Guanaja (o Bonacá), que llamó la Isla de Pinos. Desde esta isla divisó hacia el sur las altas montañas de tierra firme, y prosiguiendo su curso en aquella dirección, llegó el 4 de agosto al punto que llamó Punta Caxinas (hoy Cabo de Honduras), y formalmente tomó posesión del país a nombre de la corona de España[7]. Continuando, costeando al este, tocó la boca del Tinto o río Negro, y por último, después de algún tiempo y de bastantes peligros, arribó al lugar donde la costa, dando vuelta precipitadamente al sur, forma un cabo, al que, en gratitud de su salvación, le dio el nombre de "Cabo Gracias a Dios". Procurando entrar al gran cabo o río Wanks, perdió un bote con algunos marineros, y en consecuencia de esta desgracia, le llamó "Río del desastre". Del cabo Gracias siguió su viaje a lo largo de la costa Mosquito, que llamó "Cariay" hasta el istmo de Darién.

Poco menos de veinte años después, el conquistador de México, Hernán Cortés, inspirado por las narraciones de los vastos y populosos reinos hacia el sur del humillado imperio de Moctezuma, emprendió una expedición a Honduras, que entonces era llamado Hibueras o Higueras. Esta expedición, por la distancia y por las dificultades que le rodeaban y le debían sobrevenir, ha sido y será siempre sin ejemplo en la historia de las marciales aventuras.

Partiendo del istmo de Tehuantepec, Cortés entró atrevidamente a los vastos y desconocidos desiertos interpuestos entre los confines de México y el país que buscaba. Por espacio de dos años luchó entre profundos lagos, anchos e impasables ríos, y altas y desoladas montañas, con un valor y una firmeza casi sobrehumanos. Al cabo de un tiempo llegó al lugar donde Colón desembarcó[8] por primera vez

---

[7] Cristóbal Colón no tocó tierra hondureña; quien tomó posesión del país en nombre del rey de España, fue el adelantado don Bartolomé, hermano del descubridor. Nota de "*La Bandera Liberal*".
[8] Véase nota anterior.

en Honduras, y después de haber obtenido la sumisión de los vecinos jefes, fundó allí la antigua ciudad, hoy puerto de Trujillo.

En adición a los nombres de Colón y Cortés, se encuentran los de Alvarado, Cristóbal de Olid y Córdova en la lista de los intrépidos y celosos capitanes que se distinguieron en la exploración del país y su sujeción a la corona de España. Pero no es mi propósito escribir la historia del poder de España en Honduras. Basta decir que hacia el año de 1540, sesenta años antes que fuese fundado Jameston y casi cien años antes que Hudson entrara a la bahía de New York, Honduras tenía sus grandes y florecientes ciudades, y que se había establecido la Audiencia de los Confines en su jurisdicción.

Después se trasladó esta Audiencia a Guatemala, y desde aquella época hasta la Independencia de los Estados Hispanoamericanos, Honduras constituyó una parte del reino o Capitanía General de Guatemala, que comprendía las provincias o intendencias de Guatemala, Honduras, San Salvador, Nicaragua y Costa Rica. Estas se declararon libres del dominio de España en 1821, y asumieron el rango de Estados soberanos formando luego una confederación denominada "REPÚBLICA DE CENTRO AMÉRICA". Pero a consecuencia de las divisiones intestinas y del choque de las facciones, se disolvió esta unión en 1839, desde cuya época, a pesar de varios esfuerzos hechos por restablecerla, algunos Estados la han rehusado, y al presente conservan su primitivo poder soberano; como repúblicas independientes.

Así que la de Honduras comprende el territorio que le pertenecía como provincia. Los límites son: por el N y el E, la bahía de Honduras y el mar Caribe, extendiéndose desde la boca del río Tinto, 15º, 45' lat. N, y 88º 30' long. O., hasta el cabo de Gracias a Dios, en la boca del río Wanks o Segovia, en lat. 14º 59' y long. 83º 11', siguiendo una línea costa de cerca de 400 millas. Por el S. confina con la República de Nicaragua. La línea divisoria sigue por el río Wanks hasta cerca de los dos tercios de su extensión, y de allí, apartándose al S. W. hasta la cabeza el río Negro, continúa al Golfo de Fonseca.

Tiene una línea costa de cerca de sesenta millas en este golfo, desde el río Negro hasta el río Goascorán, abrazando las grandes islas del Tigre, Zacategrande y Güegüensi. Al O. y S. O. con las Repúblicas de El Salvador y Guatemala. La línea divisoria es irregular.

Comenzando en el Golfo de Fonseca, en la boca del río Goascorán, sigue el curso de este río por cerca de treinta millas hacia el norte, hasta la boca de uno de sus afluentes al N.O., llamado el Pescado. Desde la cabeza de este río, cortando un brazo del Torola (que desagua al S.O. del Lempa), le sigue hasta su boca. De allí continúa por el curso del Lempa hasta la boca del Sumpul, que crece casi en su nacimiento, hasta el punto donde sus aguas se aproximan al río Paz, que divide a San Salvador de Guatemala. De este punto pasa un poco al N.E., a lo largo de la cadena de montañas del Merendón y la Grita, abrazando las ruinas de Copán, casi quince millas al S.E., hasta cortar la cabeza del pequeño río Tinto, que desemboca en la bahía de Honduras. [9]

Así pues, el Estado se encuentra enteramente dentro de los 83° 20' y 89° 30' longitud O., y los 13° 10' y 16° latitud norte, comprendiendo no menos que 39,600 millas cuadradas, cerca de la misma área del Estado de Ohio.

La extensa Isla de Roatán con sus dependencias, Guanaja, Bonacá, Utila, Helena, Barbarat y Morat, también pertenecen a Honduras; pero están hoy bajo la denominación de *"Colony of the Island"*, Colonia de las Islas de la Bahía, violentamente ocupadas por la Gran Bretaña, con violación de los derechos y soberanía de Honduras y de los términos explícitos del tratado de 1850 con los Estados Unidos. También ha puesto su dominio la Gran Bretaña en una considerable porción de la costa oriental de Honduras, desde el cabo Camarón hasta el cabo de Honduras, pocas millas hacia el E. de Trujillo al cabo Gracias a Dios, a nombre del supuesto "Rey mosquito".

La posición física de Honduras queda indicada en el capítulo precedente sobre la geografía y topografía de Centroamérica en general. Sin embargo, como la mayor parte de la memoria se contrae a este Estado, tengo que entrar en más detalles acerca de él.

---

[9] Excepción hecha de los límites entre Honduras y Nicaragua, definidos por el laudo arbitral de S. M. C. el rey de España, el 23 de diciembre de 1906, los que corresponden a nuestras fronteras hacia el Salvador y Guatemala no están todavía definitivamente demarcados, pero lo serán conforme a las Convenciones de Límites existentes entre los respectivos países. Nota de *La Bandera Liberal*.

Su aspecto general, como he indicado, es montañoso, es decir, está atravesado en varias direcciones por líneas de montañas y collados radiantes de la común base de las cordilleras. Esta gran cadena, que puede mirarse como el primer apoyo del continente, no se aproxima en Honduras menos que 50 o 60 millas al Pacífico. No conserva por todas partes el carácter general de una entrecortada línea, sino que en su curso cambia algunas veces su faz sobre sí misma, formando interiores valles donde se unen las aguas de los grandes ríos que atraviesan el país, en dirección al océano Atlántico. No obstante, vista desde el Pacífico, tiene la apariencia de una muralla natural, con una baja línea de montañas, variada con picos de volcanes, de admirable regularidad en su redondez, que se interponen entre ella y el mar occidental.

Podría casi creerse que en algún tiempo las aguas del Pacífico rompieron a los pies mismos de esta gran barrera de montañas, y que la línea inferior de la costa había sido subsecuentemente elevada por fuerzas volcánicas. En San Salvador parece verificarse esta conjetura. En la alta superficie, que tendrá algunos dos mil pies por término medio, y que se extiende desde el volcán de San Miguel hasta el de Apaneca, separada de la verdadera cordillera por el valle paralelo del río Lempa, todo es de origen volcánico. No menos que once picos de volcanes erizan su cima, y el viajero camina de uno a otro extremo del Estado por una no interrumpida capa de escoria y cenizas, mezcladas de piedra pómez y algunas veces de lava y piedra volcánicas. En Nicaragua esta línea volcánica se aplana por intervalos, y es notable solamente por altos conos y abiertos cráteres, mientras la cordillera sigue su curso al S.E. en los límites N. del bajo transversal del Lago de Nicaragua.

Conforme he indicado, Honduras tiene solo una estrecha frente de cerca de sesenta millas, en cuyos términos la línea volcánica desaparece. Ocupan su lugar altas islas de origen volcánico, pertenecientes al Estado, en la bahía de Fonseca.

Las costas septentrional y oriental de Honduras presentan varios grupos prominentes de montañas, que son los términos de los dependientes ramales N. y E. de las cordilleras. Estas montañas inferiores cortan la costa del norte diagonalmente, y arrollan a una y a otra porción, en cierta manera, según se ve de la mar, como una entrecortada cadena. De ahí ha ocurrido que en varias cartas de esa costa, aunque se señalan las bocas de los grandes ríos que corren del interior, siendo imposible el curso de los mismos ríos por una continuada cadena de montañas, los colocan como cortando la costa a poca distancia de tierra firme.

Las verdaderas cordilleras, o la gran división que separa las aguas que corren al Pacífico de las aguas que van al Atlántico, atraviesan el Estado en una dirección general del N. O. y S. E. Su curso, no obstante es serpentino, y en un punto, al menos, es interrumpido por un ancho valle transversal, que el que probablemente ofrece más facilidad para un camino de hierro entre los dos mares, como tendré ocasión de indicarlo. Partiendo de las altas plataformas de Guatemala, esta línea sigue un curso casi al E. hasta llegar a la frontera de Honduras, donde se aparta al S. E., mientras un gran espolón, no inferior en elevación a la "Sierra Madre", corre de este por el norte a la bahía de Honduras. En el punto de separación, esta línea es llamada "Montaña del Merendón", en otro tiempo La Grita, y cerca de la costa, "Montaña del Espíritu Santo". En la misma costa, donde se eleva la majestuosa altura de siete a ocho mil pies, se llama "Montaña de Omoa".

Por su base Norte corre el río Montagua, que nace cerca de la ciudad de Guatemala, y cae a la bahía de Honduras; y a sus pies, en el sur, pasa el Chamelecón, que, en la vuelta, es separado del paralelo río Santiago, solamente por una línea de collados, que termina en el ancho llano de Sula, cerca de la boca del río Ulúa.

Continuando el curso de la montaña Madre, la encontramos envolviéndose en una entrelazada masa o nudos de montañas conocidas con el nombre de "Montañas de Celaque". En su intermedio está el ancho valle de Sensenti; donde toma su nacimiento el río Santiago. Este gran llano no tiene menos que treinta millas de largo, de diez a veinte de ancho, y es casi circunvalado de montañas. La sola abertura que tiene es el estrecho valle o más bien la garganta por donde pasa el río Higuito o Talgua.

Las montañas de Celaque constituyen uno de los principales centros de elevación de Honduras, y sus cimas suben de 8 a 10,000 pies. El mayor brazo del río Santiago, llamado en varios puntos Talgua, Higuito, Alas y río del Valle, tiene su cauce alrededor de estas montañas al Norte y al O. Otro brazo, el río Mejocote o río Grande de

Gracias, las separa al este de las montañas de Patuca, con sus altos picos y de las planas montañas de Opalaca o Intibucá, donde se producen todos los cereales y frutos de la zona templada.

Siguiendo el mismo orden, viene el valle del río Santa Bárbara, uno de los principales confluentes del Santiago, el cual, abajo de su afluencia, toma el nombre de la Venta. El río Santa Bárbara como el Santiago, tienen su nacimiento en altos planos, siendo el primero el valle o llano de Otoro, separado del de Comayagua solamente por el grupo de montañas conocidas con el nombre de "Montecillos". Estas son formadas de la verdadera línea de la cordillera, que cambiando precipitadamente de su general curso de este a sur, a la dirección norte, termina perdiéndose en varios ramales hacia la costa. Tal división forma otro valle encerrado, en el que está el lago de Yojoa o Taulabé.

Ahora vamos a los rasgos topográficos más importantes del Estado, considerados con relación a las facilidades que ofrecen para la grande y económica vía de comunicación proyectada entre los dos océanos. En la base oriental de la línea de los Montecillos, donde la interrupción de las cordilleras es completa, está el llano de Comayagua, en el cual, extendiéndose al norte hacia el océano Atlántico, está el valle del río Humuya; y al Sur hacia el Pacífico, el valle del río Goascorán, que, unidos, forman un gran valle trasversal de uno a otro mar. Estos dos ríos pueden decirse que nacen en el mismo llano, porque se forman el uno a lado del otro, en la pequeña elevación que describe la extremidad Sur.

El llano de Comayagua tiene una extensión como de 40 millas de largo y de 5 a 15 de ancho. Su eje principal es así de norte a sur, coincidiendo con la dirección general de los dos ríos mencionados. Se inclina casi imperceptiblemente hacia el norte, y es bañado por el río Humuya que corre por todo su centro. Está separado del considerable llano del Espino, al norte, por bajos collados que impiden que estos llanos se miren como uno solo.

Unidos, ambos de una belleza, una fertilidad y un clima extraordinarios, ocupan casi la tercera parte de distancia entre la bahía de Honduras y la de Fonseca.

Pasando el llano de Comayagua, las cordilleras se reúnen en una masa o grupo de altas montañas conocidas en el norte con el nombre de "Montañas de Comayagua", y en el sur, con el de "Montañas de Lepaterique". Se extienden cerca de ochenta millas de norte a sur, y casi en el centro sale un alto ramal, que llaman montañas de Hule, a cuyo alrededor pasa describiendo un círculo el río Choluteca.

El valle de este río, después que ha vuelto a los flancos de las montañas de Hule, es ancho y fértil. En su aproximación a la bahía de Fonseca, su anchura es extensa, llena de aluviones cubiertos de bosques, que, sin embargo, son tan altos para ser inundados, que no tienen pantanos ni lagunas. Dependiente de ese valle está otro más pequeño de gran belleza, llamado valle de Yusguare.

Un poco hacia el este de las altas montañas de Comayagua, después de pasar el río y valle de Sulaco, se llega al nudo o grupo de altas montañas llamadas "Montañas de Sulaco". Colocadas casi en el centro del Estado, despiden los ríos que nacen en su garganta, en un verdadero punto de compás. Allí tiene su origen el gran río Wanks o Segovia, que desemboca en el cabo Gracias a Dios, en el Atlántico, así como los ríos Aguán o Romano y el Tinto o río Negro, que desaguan al norte de la Bahía de Honduras, y los tributarios del Choluteca, que corre al Pacífico. De este elevado centro radian también varias extensas líneas de montañas, muy poco inferiores a las principales en elevación. Las que se extienden al N. E. separando los numerosos ríos que llevan sus aguas a la Bahía de Honduras, del valle del río Segovia se llaman "Montañas de Misoco".

La línea que se extiende al norte y que terminan sus numerosos espolones en los picos de Congrehoy, frunciéndose en la Bahía de Honduras, se conoce con el nombre de "Montañas de Pija", mientras que la cadena que sigue un tortuoso curso al S. O., y que finaliza los límites hacia al norte del valle del lago de Nicaragua, tienen el de "Montañas de Chile". La última puede mirarse como una verdadera cordillera. En la base de las montañas de Sulaco, al E. y N.E., están los anchos y elevados llanos de Olancho y Yoro, célebres aún en Centroamérica por la abundancia y excelencia de sus ganados. Los ríos de este declive del continente abundan en oro en polvo, y cuando el país llegue a ser conocido, dará quizá muy poco menos que el que se ha obtenido en California. Desgraciadamente la más ancha región entre las montañas de Sulaco y el Atlántico, abrazando casi la mitad del territorio del Estado, no está habitada, sino por algunas tribus salvajes. Poco [10] se conoce del país; solamente se sabe que es muy variado y rico en las producciones naturales de su suelo, como por la diversidad de sus minerales.

La costa del norte de Honduras presenta una diferente superficie. Una parte es plana y cubierta de maderas de construcción. Entre estas, la que más abunda es el caoba. Sería un error creer que esta costa tiene el mismo carácter que la conocida con el nombre de Costa Mosquitia, donde la tierra es baja y está llena de mil pantanos [11] y lagunas. Las montañas, como he indicado, frecuentemente vienen a aplanarse en el mar, o se elevan a corta distancia. Las de Omoa sombrían en la Bahía de Amatique, y las de Congrehoy y Poyas son verdaderamente fanales del océano, a cuyos pies viene casi a estrellarse.

SECCIONES FÍSICAS

Los rasgos topográficos que he descrito serán probablemente mejor explanados, acompañándolos de secciones verticales formadas de una serie de observaciones barométricas.

I. Una sección de Honduras, comenzando en Puerto Caballos, en la Bahía de Honduras, y extendiéndose hacia el sur, siguiendo los valles, primero del río Ulúa, y después del Humuya, por los planos del Espino y Comayagua, pasa la altura divisoria (que tiene su mayor elevación en la extremidad sur del último) al valle del río Goascorán en la Bahía de Fonseca, en el Pacífico, a distancia de ciento cincuenta millas. Esta sección corre por el paso más bajo de toda la línea de cordilleras en el valle transversal del Lago de Nicaragua al Istmo de Tehuantepec. Presenta una vista longitudinal de los planos del Espino y Comayagua, que pueden considerarse como uno solo. Estos son notables, no sólo por tener su más largo eje de norte a sur, sino porque colocados transversalmente en el general curso de las cordilleras, la

---

[10] Hoy, gracias a los estudios hechos por Zúñiga Echenique y otros, que publicaremos como Apéndice, la Costa Mosquitia está más estudiada y comienza a penetrar en ella la civilización. Nota de *"La Bandera Liberal"*.

[11] Los pantanos de que habla el señor Squier son muy pocos, y solo se encuentran en algunos lugares, durante la estación de las lluvias. Nota de *"La Bandera Liberal"*.

altura, donde son interrumpidos, es también perteneciente a la sección.

Esta misma sección demuestra el perfil del proyectado camino de hierro de Puerto Caballos a la Bahía de Fonseca, y evidencia su eminente facilidad respecto a grados. Bajo este aspecto, considerándose como una avenida entre los dos mares el gran valle de Comayagua, puede justamente mirarse como el rasgo físico más importante de Honduras.

II. Otra sección comienza en la ciudad de León, en Nicaragua, y siguiendo el camino provincial casi al norte hacia el Ocotal, capital de la Nueva Segovia [12], pasa de allí un poco al noroeste de los departamentos de Tegucigalpa y Comayagua, a Santa Rosa, en el Departamento de Gracias, en Honduras. Esta sección debe observarse que casi coincide con el curso de las cordilleras. De León a la cima de las montañas inmediatas a San Juan de la Maya [13]; el camino va a la parte O. de las cordilleras y de allí a la cima de las montañas de Chile, sobre su declive E. De este último punto a la cima de las montañas que miran al valle de Comayagua, las aguas corren al S., y de éste a la cima de las de Intibucá al N. Las siguientes cimas se cruzan cerca del pequeño pueblo de San Juan (Departamento de Gracias), del otro lado del cual las aguas corren al norte. En otras palabras, estas secciones interceptan las cordilleras en seis puntos:

1. Cerca de San Juan de la Maya, en Nicaragua, a una elevación de 1,900 pies.
2. En la cresta de las montañas de Chile, a una elevación de 3,400.
3. En la cresta de las montañas de Comayagua, a una elevación de 4,900.
4. En el alto paso de Guajoca, llano de Comayagua, 2400.
5. En la cresta de las montañas de Intibucá, 5,900.
6. Cerca del pueblo de San Juan de Gracias, 4,000.

---

[12] Hoy es capital del Departamento la ciudad de Somoto Grande. Nota de *"La Bandera Liberal"*.

[13] San Juan de Limay. Nota de *"La Bandera Liberal"*.

El camino de Santa Rosa a San Salvador cruza las cordilleras en el paso de Canguacota, a una elevación de 4,100 pies; pero el camino de mulas solamente las atraviesa en su parte más baja. Estas tendrán una elevación de 3,800 pies. Según estas bases y otras observaciones, yo creo que la elevación común de las montañas de Honduras, excepto los picos separados, no puede ser menos que de 6,000 pies. La plataforma de Tegucigalpa tiene una elevación de 3,400 pies, la de Intibucá de 5,300 y la de Santa Rosa, o más bien del Departamento de Gracias en general, de 3,200, y el plano de Comayagua de 1,900.

Las porciones centrales inhabitadas del Estado, que bien pueden llamarse el gran plateau de Honduras, tienen una común elevación de 3,200, o algo menos de la mitad de la gran plataforma de México. Se calcula que la temperatura disminuye en la proporción de un grado Fahrenheit por cada 334 pies de elevación. La temperatura media en la boca del río Negro, al mediodía, en la costa de Honduras, como se demostró en la tabla anterior, es de 70° Fahr. Estos elementos de cálculo darían, pues, una temperatura común de 60° Farh. En el gran plateau de Honduras, que es igual o casi el medio común de 55°.

III. Esta sección debe entenderse como coincidente con el meridiano 89° 10' long. O. de Greenwich, o 12° 10' O. del de Washington. Comienza en el punto preciso donde termina la sección segunda, es decir, en Santa Rosa, Departamento de Gracias, en Honduras, y se extiende de allí un poco al sur, cruzando el Estado de El Salvador al océano Pacífico. Forma un papel longitudinal del Valle de Sensenti, como también una sección transversal del valle del río Lempa, que puede considerarse extendiéndose desde el paso de Monte Redondo hasta la línea volcánica que se interpone entre la verdadera cordillera y el océano Pacífico. Las particularidades de esta sección serán más explanadas cuando tratemos especialmente de la conformación física del Estado de El Salvador.

Se comprenderá fácilmente que el curso de estas secciones es solamente aproximativo respecto de las distancias horizontales, y que las generales elevaciones, excepto en ciertos puntos, son también bajas, aproximadamente. Fuera de esto, ninguna otra cosa es posible en el reconocimiento general de un país tan diversificado.

Así pues, topográficamente Honduras tiene la mayor diversidad de superficies y de elevaciones; anchos aluviones, fértiles valles, extensos y elevados llanos y planizas montañas, forman colectivamente toda la variedad posible de climas, suelos y producciones. Estas favorables condiciones alimentarían y sostendrían una inmensa población, cuyos resultados ciertos serían el pronto y gran desarrollo de un rico y poderoso Estado. Un gobierno estable y liberal, que atendiese primordialmente a los intereses materiales del país, y que abriese nuevas y buenas vías de comunicación, indefectiblemente atraería a Honduras una emigración europea, no menos en proporción a la que constantemente afluye a las playas de los Estados Unidos.

CAPÍTULO III: RÍOS, LAGOS Y LAGUNAS

Los ríos de Honduras son numerosos; muchos de ellos bastante caudalosos, y merecen una particular mención. El Chamelecón, Ulúa, Lean, Aguán o Romano, Tinto o río Negro, Patuca y Wanks o Segovia, que corren al Mar del Norte; y el Choluteca, Nacaome y Goascorán, que van al del sur, en la Bahía de Fonseca, son los más importantes. De estos, el Ulúa, Aguán, Tinto, Patuca, Segovia y Choluteca son naturalmente capaces de navegación, en más o menos extensión, por vapores.

Río Chamelecón. — El Chamelecón es un largo río; pero comparativamente recorre una estrecha sección del país, y por consiguiente no es muy caudaloso. Es rápido en su corriente y está lleno de bajos.

Río Ulúa. — El Ulúa, sobre ser el más ancho río de Honduras, riega una extensa porción del territorio, comprendiendo casi la tercera parte de todo el Estado; y probablemente es el que más descarga en el mar de todos los de Centroamérica, excepto quizás, el Segovia. Sus principales tributarios son: el Santiago, Santa Bárbara o Chinda, Blanco, Humuya y Sulaco; y abajo de su confluencia es majestuoso. De los reconocimientos hechos por el teniente Jeffers, aparece que tiene una barra en la boca, en la que solamente hay nueve pies de agua; pero que, excepto el tiempo de los fuertes vientos, puede ser navegado por buques que calen siete pies. Ligeros vapores pueden ir hasta la confluencia del Humuya, y en la estación de las aguas hasta la del Sulaco.

La misma clase de buques se cree que pueden subir el Santiago a un punto algo distante de su unión con el Santa Bárbara. Donde se pasa el Santiago en el tránsito de Yojoa a Omoa, es un ancho y profundo río, que tiene de 8 a 12 pies de agua. El río Blanco es angosto, pero profundo, y podría ser un ventajoso medio de comunicación interior. La capacidad del lago de Yojoa o Taulabé, con que se comunica, no es bien conocida. Los informes sobre su extensión y profundidad difieren mucho; pero todos convienen en que es bastante profundo. Se dice que don José del Valle escribió una memoria sobre la posibilidad de abrir una comunicación comercial entre el río y este lago, vía el río Ulúa y el mar. [14]

En general, el Ulúa y sus tributarios ofrecen muchas facilidades para una comunicación por agua con el interior, que sería un poderoso medio para el desarrollo del país. No es imposible, al contrario, según la cantidad de agua que todos tienen, es más que probable. El Chamelecón y el Santiago podían ser artificialmente mejorados para transportar a la costa los productos naturales de los ricos Departamentos de Gracias y Santa Bárbara. Pero si esto no se verificase, es cierto que los valles de estos ríos ofrecen toda facilidad para la construcción de caminos carreteros o de rails, toda vez que las circunstancias exijan su sustitución a los tardíos y costosos de mulas que hoy existen.

Respecto al Ulúa, puede añadirse que tiene una ensenada un poco al este de la boca, la cual se extiende casi a doscientas varas del río. Pueden en ella llegar los buques hasta tierra con comparativa facilidad

---

[14] No hemos visto ese escrito, pero podemos asegurar que si hay una empresa sencilla es esta. Sabemos que algunos hijos de Honduras han pensado en ella: pero deseáramos que se fijara seriamente la atención en un objeto que tanto la merece. No debe más el comercio de Europa a los caminos de hierro, que al Támesis, al Mosa, al Rin, etc., y a los lagos Uri y Verbano, así como los Estados Unidos al Mississippi.

Que el Ulúa es navegable hasta su unión con el Blanco, y que este lo es hasta las inmediaciones del lago de Yojoa, no hay duda. Tampoco la hay de que el último lo es en toda su extensión hasta Taulabé, diez y siete leguas de Comayagua. El único inconveniente que se presenta, es que el segundo de los ríos indicados, se pierde dos o tres leguas en su nacimiento del lago, pero esta dificultad se salvaría, o por una canalización o por un macadam, o por un rail, pues que el terreno es enteramente plano. Mas, si ni aun este pequeño trabajo se quisiese emprender, bien podría establecerse la comunicación hasta Yojoa solamente: no por eso dejaría de ser de la mayor importancia, pues proporcionaría al negociante un medio breve y económico para la exportación e introducción de sus mercancías, y evitaría al viajero las penalidades de la costa.

También el Humuya puede ser, con pocos gastos, una fácil vía de comunicación hasta los Ojos de Agua, a doce leguas de Comayagua, no pudiendo pasar hasta el Espino por la catarata de Guasistagua. El coronel José María Bueso, del Carrizal, demostró la posibilidad de este tránsito. En 1851 se embarcó en aquel punto en un pipante cargado de artículos del país: llegó a Omoa, y regresó con mercancías del puerto. En 15 días subió el río y en 9 o 10, descendió. ¿Por qué, pues, el Gobierno de Honduras no dirige una mirada hacia esos puntos de interés general? Que deje de ser puramente político, y que sea progresista, en el sentido propio de la palabra. El T.

y sin riesgo. En caso de que se abriese alguna comunicación por el Ulúa, esta ensenada serviría de fondeadero, y evitaría la necesidad de pasar la barra. Blunt, en su "Piloto de la Costal", observa: El río Ulúa, es ancho y profundo, y enfrente tiene un anclaje de excelente asideroll. El Ulúa, en su unión con el Santiago o Venta, corre por un extenso llano que los conquistadores llamaron el plano de Sula. El suelo en sus riberas es extraordinariamente fértil. Durante la estación de aguas, varias porciones al este son inundadas por el río. Así como algunas tierras, entre él y el Chamelecón. En verdad, en esta época las aguas de estos dos ríos frecuentemente se unen.

Río Aguán. — El Aguán o Romano es un ancho río que nace en las montañas de Sulaco, y cae en el mar un poco al este de Trujillo. Su total extensión es casi de ciento veinte millas. Su principal tributario es el Mangualil o Mangulile, célebre por sus auríferas arenas y gran cantidad de oro en polvo. En su curso, pasa por la ciudad de San Jorge, Olanchito, a través del rico valle del mismo nombre, y del igualmente rico valle de Sonaguera. Toda la parte Honduras que comprende sus riberas, es superior a cualquiera otra del mundo en fertilidad, maderas preciosas, minerales y otros productos. Tiene, según informes, una comparativamente favorable barra (de cinco a siete pies de agua) y practicable por ligeros vapores hasta ochenta millas. Su capacidad para una vía de transporte, es cuestión de mucho interés, por la riqueza de los lugares que están junto a él, como se ha dicho.

Río Tinto o Negro. — Este río, que a una corta distancia del mar toma el nombre de Poyer, Polyer, Poyas o Payas, es bastante considerable, y se dice que tiene ciento veinte millas de largo. Como muchos de los otros ríos de la costa, tiene una mala y variable barra en la boca, donde las aguas, según las estaciones, son de cinco a nueve pies. Pequeños buques pueden entrar hasta cuarenta o sesenta millas. En este río fue donde los ingleses tuvieron una fortaleza y algunos establecimientos, en el último siglo, que evacuaron en 1786, de conformidad con el tratado que en ese año celebró España con Inglaterra. Subsecuentes tentativas se hicieron después para formar permanentes establecimientos, uno bajo los auspicios del cacique de los poyas, Sir Gregor, Mc Gregor, y otro en 1839-41, por una compañía inglesa, bajo la protección del de Belice; pero los dos fracasaron [15].

Los últimos aventureros llamaron al distrito "Provincia Victoria" e hicieron un importante establecimiento al que dieron el nombre de "Fuerte de Wellington". La narración que sobre esta expedición escribió M. Thomas Young, persona de alguna conocida capacidad, contiene informes importantes acerca de esta porción de la Costa. Dice que parte del río llamado Tinto, pasa por un bajo, pero rico y cubierto de maderas; que un poco más arriba es pantanoso y lleno de sauces. En el lugar donde el brazo del río principal se separa a unirse con la Criba o laguna de río Negro, comienza la sabana y pinares, donde algunos zambos tienen un establecimiento. La sabana alimenta un poco de ganado; pero la tierra es estéril e inútil para el cultivo; mas a pesar de su aridez, es de gran belleza. Se extiende algunas millas por cada dirección, y parece haber sido arreglada por algún hábil jardinero. Toda está variada de grupos de arbustos, que son la guarida de multitud de ciervos.

Hay también gran cantidad de elevados pinos. Algunos de los pinares de esta costa son muy extensos, de muy buena madera de construcción y muy ricos en resinas de varias clases. En dichos

---

[15] Aunque el plan de Mc Gregor era oscuro y sin combinación, deslumbró la imaginación de muchas personas irreflexivas, y sus agentes pensaron disponer de muchas partes del imaginario reino de poyas. Posteriormente se publicó en Londres una obra, en 1822, intitulada "Bosquejo de la Costa Mosquito, incluyendo el territorio de Poyas, etc., por Thomas Strangeways, K. G. C. etc.," que contenía algunos informes importantes, particularmente sobre los recursos, carácter y producciones del país. Parece que McGregor tenía pretensiones no sólo sobre la costa Mosquito, sino también sobre las islas de la Bahía de Honduras. Un panfleto publicado en Londres, sin fecha, se titulaba *Constitución de la nación poya en Centro América*, comenzando: "Gregor, por la gracia de Dios, cacique de los poyas" y concluía: "en el año 1825, 6° de nuestro reinado". El artículo 4° dividía el reino de Poyas en doce provincias, a saber:

Isla de Roatán	Provincia Neustria
Isla de Guanaja	Provincia Panamaker
Provincia Caribania	Provincia Towkas
Provincia Romana	Provincia Cackeras
Provincia Tinto	Provincia Wolwas
Provincia Cartago	Provincia Ramas

pinares se elevan muchos terrazos sobre el nivel de la superficie, de ocho a diez pies de altura y cuyas cimas son tan anchas que pueden edificarse casas en ellas. Sin embargo, en algunas partes, la sabana es pantanosa y produce molestos insectos [16]. Arriba de estos pinares, los bordes del río están cubiertos de arbustos, variados por graciosos bambúes y altos palmitos, cuyo cogollo es un agradable alimento, y de cuyo recto tronco sacan los indios hermosas planchas para construir casas.

Como a dieciséis millas de la boca del río, los antiguos ingleses tenían un establecimiento donde ahora se encuentra zarzaparrilla y cacao. Cerca de este punto había un cafetal en un lugar llamado "Las Montañas de Lowry", en cuyas inmediaciones había un ingenio de azúcar, del cual existían los hornos en tiempo de la visita de Young. "Mil pies de bananos cargados de frutos habían crecido espontáneamente". Aquí el terreno se eleva tanto que el Poyar o pico Pan-diazúcar, impide la vista del mar. En el embarcadero el río es obstruido por bancos, que aun en pequeños botes es difícil pasar. Young añade "que en una avenida del río se va en un pipante del fuerte Wellington al embarcadero, en seis días y medio. Descendiendo en iguales circunstancias, se puede ir en día y medio". Este embarcadero lo calcula Roberts (Strangeways, siguiendo su historia) en noventa millas distante del mar; pero este cálculo probablemente es exagerado.

En el propio río Poyer los bancos no son numerosos pero la corriente es fuerte. El caoba, que se había cortado, comienza a reaparecer. La escena también cambia: los bordes son de altas rocas, y aun el cauce mismo es formado de rocas. Entrando luego en las montañas Poyer, no se conoce más sino que es rápido y tortuoso. A cierto punto del embarcadero se divide en dos brazos principales, llamados respectivamente, Agalta y Paon. Este punto ha sido examinado por don Guillermo Herrera, jefe político de Olancho, quien bajó el Paon y Poyas, en 1840, "como treinta y cinco leguas en el valle de Olancho, siendo el camino escabroso, y pasando el Paon no menos que veintitrés veces; río, según dice, de mucha agua y muy pedregoso".

16

Enfáticamente concluye manifestando la imposibilidad de abrir ninguna comunicación entre el distrito de Olancho y el mar; por el río Poyas y sus brazos.

Los indios poyas tienen un gran número de establecimientos entre las montañas del mismo nombre y los tributarios de este río. Young refiere que el terreno cerca de las montañas Poyer es excesivamente fértil y el temperamento saludable.

La laguna del río Negro, llamada Criba por los españoles, de acuerdo con Roberts, que la visitó, es de cerca de quince millas de largo y siete de ancho. Contiene varias pequeñas islas, que fueron cultivadas durante la ocupación del río Negro por los ingleses. En esta época hicieron algunos trabajos de defensa, que continuaron y aumentaron los españoles después de la evacuación inglesa, cuyas ruinas se encuentran todavía. En los bordes de la laguna hay algunas sabanas y pinares de que los pobladores sacaron considerable cantidad de goma, alquitrán y trementina.

El río Patuca entra la mar por una boca principal cerca de la medianía, entre las lagunas Cartina (llamada por los españoles "Brus", y por los ingleses "Brewer's") y Cartago o Caratasca. Parece ser el más ancho de los de la costa norte de Honduras, entre el Ulúa y el Herbias o cabo de Gracias a Dios. Toma su nacimiento en el verdadero corazón del Departamento de Olancho, en la inmediación de la población española de Juticalpa (capital del Departamento) y el pueblo de indios de Catacamas. Los principales ríos que concurren a formar el Patuca son el Jalán, Tinto de Olancho, Guayape y Guayambre. Los dos últimos son célebres por su abundancia de oro en polvo, como se ha dicho en otra parte. El geográfico bajo en que este río reúne sus aguas, es uno de los más ricos y hermosos de Centroamérica. Está separado del río Segovia por una alta y estrecha cadena de montañas, escarpadas en el sur, pero aplanadas en el norte.

El señor Herrera, en su informe citado, asegura que el Patuca es navegable por canoas, hasta en su unión con el Jalán y el Guayape. Sin embargo, en los aluviones de la costa tiene una poderosa corriente, y es interrumpido por rápidas corrientes, que llaman "chiflones". En la boca del Guayambre está el puerto Delon, y debajo de este punto hay numerosos "chiflones", siendo los principales de ellos el Campanera y el Caoba.

En cierto lugar el río se estrecha entre altas y precipitadas rocas, por una gran distancia. Este lugar es llamado "Portal del Infierno" y a él, probablemente se refiere Roberts cuando dice "que en una parte de su curso, el río ha forzado el paso en medio de unos collados, siendo uno de ellos completamente cavado por el mismo, formando un arco natural de cerca de quinientas varas, por donde desciende" [17]. Los principales afluentes abajo del Guayambre, son los siguientes en dialecto paya, a saber: río Guineo, Cuyamel, Armac-was (río de la Colmena), Was-pres-senia (bramido de las aguas), Wampu y Upurra (río del retiro).

La principal boca del Patuca se abre al mar por una mala e irregular barra, en que hay generalmente de ocho a diez pies de agua. Algunas veces, después de las tormentas, es de más profundidad. Aunque el flujo y reflujo es ligero, ocasionalmente corre la marea por el río, algunas millas. Las tierras por lo común, y según el informe dado por los señores Haly, Upton y Deacon en 1844, en esas sabanas no son pantanosas como las de la costa, y tienen un suelo negro y fértil.

Una grande extensión de pinares se encuentra en más o menos de treinta millas arriba del río, sobre el cual, como abajo, cerca del mar, las márgenes están cubiertas de madera; siendo el terreno de una gran variedad, todo admirablemente adaptable al cultivo del café, cacao, cañamiel, algodón, índigo, etc. Es inmensa la cantidad de caoba, cedro, rosa y palo de Santamaría que se encuentra en todo el valle del río, y los pinares pueden suministrar una inagotable de buenos pinos y encinas. Además de las maderas preciosas, los bosques producen abundancia de zarzaparrilla, hule, copal y vainilla.

Haly pretende "que el Patuca es navegable por pequeños vapores hasta las inmediaciones de los establecimientos españoles de Olancho", o hasta la caída del "Portal del Infierno", y que es el mejor río que entra a la costa, excepto el de San Juan de Nicaragua, para el comercio con el interior. Piensa igualmente, que un establecimiento en la boca, sostenido por el río y por caminos al interior, sería en breve tiempo el más importante de la costa de Omoa. Según Haly, se puede subir en diez y siete días hasta los pueblos de Olancho, porque la

---

[17] Robert's narrative, p. 159.

corriente es fuerte y la navegación debe ser tardía. Calcula treinta millas por día, y añade "que dichos pueblos están a quinientas diez millas distantes de la boca del río". Este cálculo es absolutamente absurdo, pues que tal distancia en la dirección del curso del río no solo atravesaría el continente, sino que llevaría al viajero más allá de la vista de la tierra, en el océano Pacífico.

Como he manifestado ya, las distancias de Centroamérica se aumentan demasiado, pues según el uso del país, las calcula uno conforme al caballo que monta. En otras palabras, lo que son cinco leguas con un buen caballo, son diez con uno malo[18]. Roberts, más moderado, calcula el largo del Patuca en ciento cincuenta millas, y Strangeways en cien solamente. Varios establecimientos de caribes y zambos existen en la parte más baja del río, y los tawahkas y poyas (payas en español) en algunos de sus tributarios.

Un brazo del Patuca llamado Zoomtoom Creek, separándose de la madre del río, a corta distancia de la boca, se reúne con el Brus. Este tiene una ancha boca; pero no admitirá buques que calen más de seis a siete pies. A tres o cuatro millas de su entrada hay una isla de pequeña altura, de casi dos millas de circunferencia, bastante fértil, antiguamente fortificada por los ingleses, y al parecer bien cultivada. En este río abunda el buen pescado, aves acuáticas y tiene una gran cantidad de ostras. "El país hacia el norte" dice Roberts, "es hermoso y variado por altas colinas, valles y sabanas; y el suelo, generalmente hablando, es excelente".

La *Laguna de Caratasca o Cartago*, "es de considerable extensión, variando en ancho, y teniendo en algunos lugares la apariencia de varias lagunas reunidas, en diferentes direcciones, la mayor parte paralelas a la costa; pero no excediendo de doce millas de ancho". Tiene dos entradas; una de ellas es una pequeña ensenada llamada "Tibacunta". La boca principal es ancha, con trece o catorce pies de agua en la barra. La laguna se calcula en treinta y seis millas de extensión. En la mayor parte es seca, variando en profundidad de seis a doce y dieciocho pies. El capitán Henderson, que la visitó, describe el país inmediato al pueblo zambo de Carta o Cartago, "como

---

[18] Todas las distancias están medidas en Centroamérica; y la única irregularidad que hay es que en muchos puntos se conservan las regulaciones hechas por los españoles que, por economizar el gasto en los correos, disimulan el número de leguas. El T.

una espaciosa sabana, formando un completo nivel cubierto de verdura y de buen pasto, cortado por un lado por las aguas de la laguna, y por otro por elevadas colinas.

Las cúpulas de los pinos y de los altos árboles, esparcidos graciosamente, dan una agradable vista y apariencia de estar todo cultivado con arte, presentando un hermoso relieve. Varios pequeños ríos descargan en la laguna, a saber: el Ibentara, Cartago, Locca, Warunta y Caucarí. Tiene también tres considerables islas. Un gran número de pueblos de zambos rodean la laguna, que poseen algún ganado; pero el suelo está sin ningún cultivo, hallándose grosera e indolentemente descuidado. "Las tierras inmediatas a la lagunal", según Roberts, "son en su mayor parte hermosas sabanas cubiertas de buenos pastos y abundantes en ciervos". Hay algunos pinos en Caratasca, pero en el lado opuesto, es decir al sur, hay unas lomas de tierra, llenas de madera de construcción, tan anchas como en ninguna parte de la costa. Detrás de ellas las sabanas son cortadas por altas colinas, cuyas cimas están cubiertas de la más exuberante vegetación. En las márgenes del río, en el interior, hay excelentes caobas y cedros de la mejor calidad y grosura. El pimiento y otras varias plantas indígenas se encuentran también".

El río Wanks o Segovia (llamado también Herbias, Yare, Cabo, Coco y Oro), que entra al mar en el cabo Gracias a Dios, es el río más largo, aunque en otro respecto no es el más ancho de Centroamérica. Nace en el Departamento de la Nueva Segovia, en el extremo NO. de Nicaragua, poco menos de 50 millas de la Bahía de Fonseca, y corre al N. del mar Caribe. En la mayor parte de su curso forma los límites de Honduras y Nicaragua. Su total extensión no puede ser menos que de trescientas cincuenta millas. Casi a doscientas cincuenta millas de su boca, pasa por desiertos entre altas montañas, y en una gran parte de su curso, por un cauce rocalloso e irregular.

Sin embargo, es ocasionalmente navegable por canoas a poca distancia del Ocotal (o Nueva Segovia). Don Francisco Irías, vecino de este país, bajó por él en 1842 en una canoa, y regresó de la misma manera. Salió de un punto llamado el Coco, que parece no distar mucho del Ocotal. De ese lugar al de Pailla, dice que el río no tiene ninguna obstrucción. "Justamente sobre el Pailla cae en el principal río otro ancho y hermoso, llamado Bocay, cuya boca está cerca del no menos ancho Pantasma, que entra a la derecha. Hay otros tributarios más pequeños, entre los cuales está el Poteca, que nace en la base izquierda de las montañas que terminan el gran valle de Jalapa, en el punto llamado Macaralí. El Poteca es demasiado irregular para navegarse. Hay también otro, llamado Coa, que corre del sur entre altas y escarpadas montañas: Abunda en pescado, y los bosques de las márgenes son ricos en colmenas y en maderas preciosas".

Abajo de Pailla comienza una serie de corrientes que se suceden con rapidez, por algunas de las cuales no pueden pasar sino canoas descargadas y algunas veces es preciso llevarlas sobre tierra. "Estas son las solas obstrucciones", continúa el señor Irías, en la navegación del río desde el embarcadero hasta la mar, en el cabo Gracias a Dios. Al presente se emplean cerca de diez días descendiendo. Dos se ocupan pasando las corrientes, de la misma manera, y cuatro remontándolas.

Debe observarse que, en todo el viaje, no hay más que una quinta parte obstruida en el río. El lapso de tiempo empleado depende de la más o menos carga por el paso de las corrientes referidas. De Tilras y Quipispe, la última de estas, al cabo, apenas hay corriente alguna y es necesario el uso de los remos. Todo el país, por donde pasa el río, es de una belleza extraordinaria, consistiendo en abiertos llanos cubiertos de hierba y de árboles dispersos. Son propios para repasto y se podría criar mucho ganado y caballos para exportarlos a Cuba y Jamaica. "Subiendo el río desde el cabo, he tardado veinte días".

El cabo Gracias a Dios, desgraciadamente, no tiene ningún comercio, pero es de una favorable y pintoresca situación. Tiene una laguna salada de gran capacidad, separada de la mar por una banda de tierra arenosa y cubierta de mangles. Su entrada es al sur. Es lamentable que una sección tan hermosa como la que rodea al cabo, no tenga más población que la de unos pocos moscos (mosquitos o zambos), carentes de toda instrucción e incapaces de poder mejorar en lo futuro.

En 1688, un cuerpo de piratas ingleses y franceses, como de trescientos hombres, habiendo abandonado sus buques en el Golfo de Fonseca, se vieron forzados a atravesar el continente por Nueva Segovia y a bajar por este río al cabo Gracias. Hicieron el viaje en pequeñas balsas, que llamaban pipiries, llevando cada una dos o tres hombres. Muchos se ahogaron; y De Lussan, uno de los jefes, nos ha dejado una animada, aunque tal vez exagerada descripción. "Este río —dice— nace en las montañas de Segovia y descarga en el Mar del Norte, en el cabo Gracias a Dios, después de un largo y rápido curso por un vasto número de rocas de prodigioso tamaño, y por los más espantosos precipicios, que pueden considerarse como cascadas, las cuales no bajarán de ciento; es imposible que a su aspecto no tiemble el hombre y no cambie la cabeza al ver y oír la caída de las aguas en aquellos profundos abismos.

Es aquello tan formidable, que sólo los hombres de experiencia pueden formarse una idea justa. En cuanto a mí, que he pasado esos lugares, que he vivido tanto y que tengo mi imaginación llena de todos los riesgos que he corrido, no podré darla exacta, por la misma razón de que he conocido tantos y que aquellos no hicieron en mí toda la impresión debida". [19]

De Lussan habla de una cantidad de bananas que encontraron en las márgenes del río, "que les servían para alimentarse", porque aunque había "abundante casa, tenían la pólvora mojada y no podían cazar nada". El resto del río lo describe como "muy bueno".

Roberts, que paró algunos meses en el cabo Gracias, dice "que el suelo de las inmediaciones es muy pobre, y que excepto unos pocos lunares sembrados de casabe, es incapaz de producir más que una gruesa hierba, que sin embargo, sirve de pasto"; los pocos habitantes que residen allí, viven de los que hacen un considerable viaje por el río, que les venden plátanos, maíz y otras provisiones. La caza es insignificante, y hay una gran escasez de agua buena, de manera que el cabo no presenta ventaja alguna para ningún establecimiento de agricultura, aunque si pueden fundarse algunos de comercio y para la cría de ganados.

El río entra al océano a poca distancia al norte de la bahía, con la cual se une por un estero o canal, pasable por canoas, y que podría profundizarse para pequeños buques que quisieran evitar la peligrosa barra, pues tendrá de cuatro a cinco pies de agua. "A cuarenta o cincuenta millas de la boca", continúa Roberts, "el terreno es bajo, arenoso y pobre, con algunas lomas de pinos, teniendo varios trechos

---

[19] *Diario de un viaje hecho en la mar del Sur por los corsarios de América*, por el señor Raveneau De Lussan, Londres, 1704, p. 171.

de tierra buena". No hay duda de que el río Segovia puede ser útil para el desarrollo del comercio del país.

Tres ríos notables corren en el interior de Honduras hacía el Pacífico. Estos son el Goascorán, el Nacaome y el Choluteca; el último es el más ancho, nace en las montañas de Lepaterique, en la cabeza del llano de Comayagua; corre al este hasta el meridiano de Tegucigalpa, donde cambia al norte, pasa por esta ciudad y, después, describiendo un círculo, entra un poco al sur de la bahía de Fonseca, teniendo una extensión de cerca de 150 millas. Su curso demuestra lo que he dicho respecto a las peculiaridades de los grupos de las montañas de Honduras.

Las de Lepaterique se hacen un gran nudo, y, bastante interrumpidas en la curvatura del río, abrazan unos de los distritos minerales más ricos de Centroamérica. Las minas de Yuscarán, San Antonio, Santa Lucía, San Juan, Cantarranas, etc., todas están dentro de esta vuelta. El valle del Choluteca es estrecho hasta el punto en que toma dirección al sur, donde gradualmente se extiende en anchos aluviones sobre el golfo. En medio de estos aluviones está situada la ciudad de Choluteca. (antiguamente Jerez de la Frontera), lugar algo considerable. El Yusguare es un tributario del Choluteca. Corre por un ancho valle, distinguido aún en Honduras por su belleza y fertilidad. Bongos y otras canoas del país suben el Choluteca hasta largas distancias. Ciertamente, el río, a 10 o 12 millas del golfo, puede mirársele como un brazo del mar. Sus márgenes, en toda la parte baja de su curso, están cubiertas de cedros, caobas y otras maderas, que la facilidad de extraerlas por su inmediación a la costa, las hace más estimadas. Este río será de grande utilidad para trabajar las numerosas y ricas minas de plata que están cerca del Corpus y en las colinas que cortan el valle.

El río Nacaome reúne sus aguas al sur de las mismas montañas de Lepaterique, mientras el Choluteca las recoge al norte. No es muy largo, pero es bastante caudaloso. Es demasiado rápido y no tiene capacidad para ser navegado sino es en la estación de aguas, que se puede subir por canoas hasta la ciudad de Nacaome. Debajo de este punto corre por aluviones, y arriba, por el pueblo de Pespire, tiene un ancho valle. Después corre solamente por entre collados y montañas. Su principal tributario es el Moramulca.

El río Goascorán nace entre las bajas colinas que están a la cabeza del gran llano de Comayagua, y su valle puede mirarse como la prolongación de aquel. Tiene su fuente en las mismas sabanas que el Humuya, que corre al norte a la bahía de Honduras. Corre casi al sur, y en unión del Humuya, abre un valle trasversal, cortando completamente la cordillera, extendiéndose de mar a mar. De esta circunstancia deriva su principal importancia. El valle consiste en una sucesión de terrazos de más o menos anchura, con alguna especie de aluviones, hasta 10 millas cerca del Golfo de Fonseca, donde se extiende en un ancho, bajo y fértil llano. En Caridad, donde el río rompe las montañas de Lepaterique, el valle es más estrecho, pero esto es solamente por unos pocos centenares de varas.

El primer pueblo cerca del río es Goascorán, sobre el que están los de Aramecina, Saco, Caridad, San Antonio del Norte, Aguanqueterique y San Juan. Toda extensión del Goascorán es como de setenta a ochenta millas. Durante la estación de lluvias tiene una gran porción de agua, pero en la seca puede pasarse sin dificultad. Dudosamente podría hacerse navegable hasta Goascorán por medios artificiales; pero por sí no lo será nunca. Del golfo hacia el río del Pescado, que entra al oeste, pocas millas debajo de Caridad, están los límites entre el Estado de Honduras y El Salvador. La principal importancia de este río, como he dicho, consiste en su dependencia del llano de Comayagua, para cuando se abra un camino de hierro entre los dos mares.

Lago de Yojoa. El lago de Yojoa o Taulabé es el único de importancia que tiene Honduras. Su extensión no es conocida, y ningún informe se puede tener de los hijos del país. Probablemente es de veinticinco millas de largo y de tres a ocho de ancho, cerrado por montañas. El río Blanco, un estrecho pero profundo río, sale de su extremidad norte y se une con el Ulúa en el mismo lugar en que viene a juntarse con el Humuya. Este desagüe, según me informó el señor Agustín Follin, cónsul de los Estados Unidos en Omoa, se pierde subterráneamente en su propio nacimiento, por algunas millas. Otra particular circunstancia que se asegura de este lago, y que adopta M. Baily en su mapa de Centroamérica, es que hay otros tres desagües que corren al río de Santa Bárbara y dos al sur, que entran al Humuya.

A pesar de las comunes peculiaridades que llegaron a oídos del autor del mapa, hay que hacerse nuevas investigaciones; y mientras no se descubra de una manera positiva, yo creeré que no hay más que un solo desagüe. Nada será más interesante, ni nada es de más desearse que practicar un examen de este importante lago[20]. Ocupa uno de aquellos numerosos bajos de que varias veces he hablado, como rasgos peculiares de la conformación física de Honduras, en que las montañas parece que se vuelven sobre sí, formando grupos en vez de continuar en una línea corrida como las demás montañas.

Alrededor de la cabeza del lago, el terreno parece comparativamente planizo. Varios pueblos se encuentran allí, mientras que las playas laterales son completamente inhabilitadas. De aquí infiero que esos lugares son de ásperas y escabrosas montañas, que no presentan tierras de cultivo, ni son favorables para formar poblaciones. Se creerá que los hijos del país podrían satisfacer estas diferencias; pero estando el lago extraviado de toda línea de comunicación, no tienen ningún conocimiento de él.

---

[20] Don José Francisco Zelaya, hondureño, es el único que ha examinado este lago. Según él, tiene veintidós o veintitrés millas de largo, y de tres a nueve de ancho. Su profundidad en las extremidades es de cinco a siete pies de agua, y en el centro de tres a seis y siete brazas. Cuando los nortes reinan en la costa, forma tumbos que no resisten las pequeñas canoas de pecar; es abundante en toda clase de peces. No tiene ni puede tener más desagüe que el río Blanco, que, como dice el autor, va subterráneo por espacio de dos o tres leguas. El T.

CAPÍTULO IV: BAHÍAS, PUERTOS Y FONDEADEROS

La Bahía de Fonseca, algunas veces llamada Golfo de Amapala o Conchagua, es, sin disputa, una de las más hermosas, mejor dicho, "una constelación de puertos" de toda la costa del Pacífico en el continente. Tiene como cincuenta millas en su parte más larga, y treinta de ancho. La carta que se incluye, formada de un reconocimiento que hizo el capitán Sir Edgard Belcher, de la M. R., en 1838, es la mejor explicación que puede darse de sus peculiaridades, que ninguna descripción. Se verá en el mapa general que esta bahía está dentro del gran valle longitudinal comprendido entre los cerros volcánicos de la costa y la verdadera cordillera, que se extiende desde Guatemala hasta Costa Rica.

En San Salvador, este valle es regado por el río Lempa, que rompe precipitadamente estos cerros y corre al Pacífico. En Nicaragua, el mismo valle está representado por el plano del lago de Nicaragua, que baña el río de San Juan, el cual rompe la cordillera y pasa al Atlántico. Entre El Salvador y Nicaragua, es más extenso, representado por la Bahía de Fonseca, donde el mar, rompiendo la línea costa, se extiende detrás de ellas. No hay duda que la bahía debe su origen a causas volcánicas, y su estudio bajo este respecto será del mayor interés para la ciencia.

La entrada del mar a la bahía, es de cerca de 18 millas, entre los grandes volcanes de Conchagua (3,800 pies de elevación) y Cosigüina (3,000 pies), que se elevan como gigantes que vagan en su centro y que constituyen un fanal inequívoco para los marineros. En una línea que atraviesa esta entrada, y casi equidistantes, están las dos considerables islas de Conchagüita y Mianguera; y una agrupación de grandes rocas, llamadas farallones, que, mientras protegen a la bahía de las agitaciones de la mar, dividen la entrada en cuatro canales, cada uno de ellos de suficiente profundidad para admitir buques de todo calado. Estas islas son altas. Conchagüita no tiene menos de 1,500 pies de elevación, y Mianguera casi 1,200. Fueron primeramente habitadas por los indios, que las dejaron y se fueron a tierra firme, para salvarse de la opresión de los filibusteros, en la época en que subieron al Mar del Sur. Las dos islas pertenecen al Estado de El Salvador.

Los tres Estados de El Salvador, Honduras y Nicaragua, tocan en esta bahía. Sin embargo, Honduras es el que tiene su mayor frente. El puerto de la Unión, en su pequeña bahía del mismo nombre, es el principal de los de El Salvador, en el Pacífico. Nicaragua tiene también el nominal del Estero Real, un rebalse de la bahía, que penetra al Estado en dirección al lago de Managua. Honduras tiene el puerto libre de Amapala, en la Isla del Tigre, que ocupa una posición dominante en casi todo el centro de la bahía.

La pequeña bahía de la Unión, de la isla de Punta-Zacate a su cabeza, es como de ocho millas de largo y cuatro de ancho. Pero la mitad, hacia el norte, es baja y casi sin profundidad, y su anclaje, según informes, es obstruido todos los años por las arenas que arrastran los ríos Goascorán y Sirama, que entran en ella. Hay también otras dos bahías inferiores: la del Chismuyo, al norte de la isla de Zacate Grande, y que recibe del río de Nacaome y el de San Lorenzo, un gran cuerpo de agua al este de la misma isla. A la cabeza de esta bahía está situado el nominal puerto de San Lorenzo, que es solamente una dependencia del de Amapala.

El principal remanso de la bahía, llamado Estero Real, se extiende hasta Nicaragua, detrás del volcán de El Viejo. Sale del extremo sur de la bahía y penetra en el interior, incluyendo sus vueltas como cincuenta millas. Tiene una anchura de doscientas varas, y a 30 millas por lo menos de su boca, una profundidad que no baja de tres brazas de agua. Sir Edward Belcher entró a este estero en 1838 en el "Starling", buque que calaba diez pies de agua, hasta treinta millas; y según su propio lenguaje, "hubiera ido más lejos, si los vientos se lo hubieran permitido". Este estero se extiende hasta cerca de veinte a veinticinco millas del lago de Managua, del que se separa por el llano del Conejo. [21]

Las principales islas en la Bahía de Fonseca son: Zacate Grande, Tigre, Güegüensi y Exposición, pertenecientes a Honduras; y Punta

---

[21] En otra obra he indicado esta línea como la más fácil para una comunicación interoceánica por el río San Juan y los lagos de Nicaragua. — Véase la parte tercera de "Nicaragua, su pueblo, sus monumentos y el proyectado canal".

Zacate, Martín Pérez, Conchagüita y Mianguera (ya descritas), a El Salvador.

Zacate Grande es considerablemente la más ancha y, como las otras, es de origen volcánico. Tiene siete millas de largo y cuatro de ancho. La parte sur es alta, elevándose en una porción de picos a la altura de dos mil pies. Estas elevaciones declinan al norte y se aplanan hasta ponerse a nivel de las tierras aluviales, que son de una fertilidad extraordinaria. Tanto éstas, como los declives que descienden de ellas, están cubiertos de cedros, caobas, sauces y otras maderas importantes. Los picos mismos, en sus más precipitadas pendientes al sur, están llenas de una hierba que los indios llaman zacate, de donde la isla deriva su nombre. En estos zacatales pastan gran cantidad de ganados, y se asegura que en una sola época ha habido hasta cuatro mil animales. En la mayor parte del año, excepto en la estación seca, se reúnen en dichos lugares varios arroyos, al norte de la isla. No obstante, se puede obtener bastante agua por medio de excavaciones sobre las capas de lava, debajo de las cuales, como sucede con frecuencia en los países volcánicos, corren constantemente raudales. Los picos de Zacate Grande, así como los de las otras islas, son de una variedad y eterna belleza.

Al principio de la estación de las lluvias se visten de la delicada y trasluciente verdura de la hierba de la primavera, que, a medida que la estación avanza, va cambiando en color y uniéndose más y más, hasta que todas las asperidades de la tierra se cubren de un lujos vestido de esmeralda. Y así que el verano entra, la hierba comienza a marchitarse, concluyendo por volverse de un color amarillo; de manera que la isla parece un fajeado manto de granos dorados que Ceres misma envidiaría. Entonces viene la antorcha del vaquero, que, destruyéndolo todo con su rápida llama, y dejando el terreno negro y sombrío, en contraste con sus primeros adornos de oro y verdura, lo prepara para una nueva y fresca reproducción.

La isla de Güegüensi puede mirarse como una dependencia de Zacate Grande, de la que se separa solamente por un pequeño estrecho. Tiene una sola eminencia de gran belleza y regularidad. El resto del a isla es planizo, cubierto de césped, fértil y propio para el cultivo de arroz, algodón y cañamiel. Está ceñida por una cintura de mangles que, a primera vista, podría suponerse el terreno bajo y pantanoso.

En esta posición la Isla del Tigre es la más importante. Tiene tal vez veinte millas de circunferencia, elevándose en la forma de un cono perfecto, de 2,500 pies de altura. El declive del agua, a alguna distancia en el interior, es ligero y admite cultivo. En la parte del sur y del este, la lava forma barreras de rocas a las olas, de 8, 10 y 18 pies; pero al norte y al este hay una considerable porción de *playas*, perfectamente planas. El puerto de Amapala está situado en el lugar más importante de la isla. El agua de enfrente es de tal profundidad, y tiene un anclaje tan claro, que con un largo cable pueden asirse de la playa buques de una capacidad común.

Esta isla fue asilo favorito de los piratas, y en ella fue donde Drake tuvo su depósito durante sus excursiones en el mar del sur. En aquella época, tanto allí como en Zacate Grande y otras islas de la bahía, había considerables poblaciones de indios, que las abandonaron y se fueron al interior por temor de los piratas mismos. Desde entonces permaneció casi enteramente desierta, hasta el año de 1838, que una empresa comercial, por influencias de don Carlos Dárdano, comerciante sardo, concibió la idea de hacer un puerto libre. Solicitó esta concesión del Gobierno de Honduras, y el puerto libre de Amapala fue establecido. Con este motivo ha tenido un aumento grande de población, y al presente es uno de los puntos más importantes del golfo y lo será aun del Pacífico, entre San Francisco y Valparaíso. Su clima es bastante saludable, debido a la buena ventilación que tiene, a su proximidad a las tierras elevadas y a la falta de lagunatos. Es accesible al comercio de los tres Estados; su arribada es la más fácil en toda la bahía, y los buques más grandes de línea pueden permanecer con toda seguridad en sus aguas. La población puede considerarse como de mil habitantes.

Hay ya establecido un comercio directo entre Amapala y Bremen, Liverpool, Marsella, Génova, New York y Valparaíso. No hay, empero, ningún conocimiento que señale su extensión y valor. La exportación es: índigo, cueros, tabaco, oro y plata bruta, brozas de este último metal, cobre, palo de brasil, juntamente con maíz para los puertos de la costa. El cultivo del azúcar se ha introducido en el interior, con objeto de remitirlo a California.

Caminando frente al puerto de Amapala, hacia el noreste de la Isla del Tigre, está la de Exposición. Es alta, con una ancha playa en la parte sur, pero deficiente de agua. Sin embargo, se puede proveer toda la necesaria por medio de pozos de alguna capacidad. La misma observación debe hacerse respecto a la considerable isla de Punta Zacate. La pequeña de Martín Pérez es comparativamente baja y llana, y tiene un rico y productivo suelo. Conserva su verdura en la mayor parte del año; y cuando las otras están marchitas o amarillas, ella está perfectamente verde. Las otras islas, que son varias, pueden considerarse como promontorios volcánicos, que no producen más que la hierba que oculta las ásperas rocas de que se componen.

La bahía abunda en peces y sus playas están cubiertas de una gran variedad de aves acuáticas, como grullas, garzas, pelícanos, íbices, patos, chorlitos, etc. Extensas capas de ostras se encuentran en las bajas aguas de las bahías de la Unión y el Chismuyo. Su cantidad es inagotable. Inmensa es la porción de conchas que se encuentran en las playas, lo que demuestra el gran uso que hacían de ellas los aborígenes. De las ostras comunes hay casi tantas como en las inmediaciones de New York, y de un gusto excelente. Las tortugas y los cangrejos son abundantes.

Todos los lugares del rededor de la bahía son eminentemente productivos, y retribuyen a medida del deseo. Las tierras de las márgenes del Choluteca, el Nacaome y el Goascorán son de una fertilidad extraordinaria, propias para el cultivo de todos los frutos tropicales. Las sabanas que caen atrás, que en comparación son tierras bajas, son de repastos; pero en las pendientes de las montañas y en las mesetas del interior, se puede cultivar el trigo, patatas y otros productos de la zona templada. Maderas de valor para la exportación y para la construcción de casas y de buques, excepto el pino, existen en inagotable cantidad en la costa de la bahía, que pueden salir en balsas por los ríos del interior. Estos ríos también ofrecen facilidad para la navegación, por pequeños botes, a gran distancia, hasta cerca de los puntos donde se extraen los metales en los espolones de la cordillera.

Las minas de oro y plata del distrito del Tabanco, en el Departamento de San Miguel (San Salvador), y las de plata de Aramecina, San Martín, y las famosas de El Corpus, todas están cerca de diez a veinte millas de esta bahía. En toda la parte navegable del estero de Cubulero hay mucha piedra de cal y bastante laja colorada en las inmediaciones de Nacaome, en la margen del río del mismo nombre. Esta bahía será también, con el tiempo, un depósito de carbón de piedra, cuando se trabajen las grandes masas que hay en el valle del río Lempa, para suministrarlo a los vapores del Pacífico. Se asegura que lo hay también en los ríos Simara y Choluteca; pero esta aserción no está ratificada.

La Bahía de Fonseca, por los admirables puertos que tiene, por los medios que ofrece para la construcción y reparación de buques por sus productibles terrenos y por su comercio local con El Salvador, Honduras y Nicaragua, es de gran valor e importancia comercial. Pero nuestra estimación es aún mayor, considerada su posición bajo un punto de vista político y geográfico, y especialmente como el término invariable destinado en el Pacífico para un perpetuo camino de hierro entre los dos océanos. Yo no vacilo en repetir lo que en otra ocasión dije al Gobierno de los Estados Unidos, cuando era su representante en Centroamérica, a saber: "que la Bahía de Fonseca es en todos los conceptos las más importante posición de las costas de Centroamérica en el Pacífico y tan favorecida por la naturaleza, que irremisiblemente será el emporio del comercio y el centro de las empresas en esa parte del continente". Esto fue escrito antes de que se demostrara y aun de que se concibiera la facilidad de un camino de hierro por Honduras, y que termine en aquel punto.

Los principales puertos de Honduras en el Atlántico son: Omoa, Puerto Caballos y Trujillo; y en el Pacífico: Amapala o Isla del Tigre.

Puerto Caballos. —El primer puerto establecido por los españoles fue Puerto Caballos, latitud 15° 49' N. y longitud, 87° 57' O. Fue escogido por Cortés en su expedición a Honduras, y fundó en él un establecimiento con el objeto de que sirviera de gran depósito de la Nueva España, que llamó Natividad. Por más de doscientos años fue el principal de la costa; pero en la época de los filibusteros se trasladó a Omoa; pocas millas al oeste, en razón de que la extensión de la bahía no era propia para formar fuertes de defensa, mientras que en el otro, uno solo basta para protegerlo.

El puerto, o más bien la bahía, es de gran capacidad, teniendo no menos de 9 millas en circunferencia. Es amplia y profunda, y por más de dos terceras partes de su área, tiene de cuatro a doce brazas, con un seguro fondeadero. Hacia la parte del norte el agua es de mayor profundidad; y se pueden construir muelles de sesenta pies de largo, donde los buques de la mayor capacidad entrarían y recibirían en tierra pasajeros y carga con más facilidad que en los de New York; habiendo, además, la circunstancia de que en este punto de la Bahía de Honduras el flujo y reflujo de la marea es casi imperceptible.

Unida al puerto o a la bahía, está una laguna de agua salada, de dos millas de largo y una y tres cuartos de ancho, de igual profundidad al puerto mismo.

Los vientos que dominan en la costa del norte de Honduras, son del noreste, norte y nornoroeste; de todos los cuales, el puerto está perfectamente protegido. Los vientos del oeste y del sudoeste son poco conocidos y, además, los detienen las altas colinas y montañas que están en la orilla del puerto en esa dirección.

Omoa. El puerto de Omoa está en latitud 15° 47' N., longitud 88° 3' O. Es pequeño pero seguro, y defendido por un buen fuerte, llamado "Castillo de San Fernando", su anclaje es bueno y de dos a seis brazas. El pueblo está situado a un cuarto de milla detrás de la costa, y tiene de mil quinientos a dos mil habitantes. Su configuración es plana, pero a su espalda se eleva una cadena de altas montañas que, comenzando en Puerto Caballos, sigue al O., y se une con la Sierra Madre, en el Departamento de Gracias. Por esta razón, la agricultura en la inmediaciones de Omoa, es muy poca, y de los pueblos de indios de cerca de Puerto Caballos y de Choloma, en el plano de Sula, es de donde se le provee de todo. Por Omoa es por donde los comerciantes de Gracias, Santa Bárbara, Comayagua y Tegucigalpa[22], hacen sus

---

[22] El comercio por el puerto de Omoa ha decaído casi por completo, pues el tráfico, actualmente, todo se hace por Puerto Cortés. Omoa, tan floreciente en los tiempos que escribió el ilustre Squier, ha quedado reducido a la condición de puerto menor y su población consta de unos 1,168 habitantes. Omoa no tiene por hoy más de notable que su castillo con sus grandes recuerdos históricos. Esta obra, que tiene ahora de edificada 212 años, fue fabricada por los reyes españoles para defender el litoral norte de las correrías de los piratas y corsarios que infestaban las costas del mar Caribe. Varias veces ese castillo ha sido teatro y refugio de piratas, traidores y filibusteros. Entre estos últimos figura el escandaloso bombardeo que sufrió el castillo, cuyos daños causó el vapor "Niobe", a las órdenes de su comandante Lambton Loraine, impulsado por los conservadores, enemigos y traidores a la patria, el año de 1873. Los daños sufridos por el castillo, dice un testigo presencial,

introducciones de mercancías, y además, hay agencias en el puerto. También se introducen efectos que pasan a El Salvador y Guatemala.

Por consiguiente, de este mismo puerto es de donde se hacen las exportaciones de los departamentos que he indicado. Estas consisten en oro y plata, caoba, cueros, tabaco, índigo, zarzaparrilla, etc., pero el valor a que ascienden estos artículos, no se sabe. Una gran cantidad de ganado se embarca anualmente para venderlo en los cortes de madera establecidos cerca de Belice, llevando siempre porción de bueyes que sirven para tirar la madera. [23]

Omoa, por su posición, recibe toda la ventilación de los monzones, y su clima, generalmente hablando, es saludable. Rara vez lo han visitado aquellas epidemias que frecuentemente desolan las Islas Caribes y los puertos mexicanos, en el Golfo de México. Esta exención no hay duda la debe, en gran parte, a su proximidad a las montañas y a los ningunos lagunatos que tienen en sus inmediaciones.

Omoa recibe una abundante provisión de pescado, tortugas y aves silvestres, de los cayos de la costa y de las aguas de las cercanías.

Trujillo. Este antiguo puerto está situado en la latitud 15° 55' N., longitud 86° O., sobre la costa O. de una magnífica bahía, formada por la prominente Punta de Castilla. Young calculaba la población, en el año de 1842, en 2,500 habitantes, de los cuales mil eran blancos o ladinos y mil quinientos caribes. Estos los describe de una talla alta, atlética, robusta y muy industriosos. El comercio de la plaza es casi todo con el Departamento de Olancho, el cual bien puede considerarlo

---

fueron los siguientes: las murallas de la cortina curva y del bastión Sur, que dan frente al puerto, desmoronadas; la casita de la playa y la que servía de cuartel general, demolidas; otros varios puntos del castillo, arruinados. — Nota de *"La Bandera Liberal"*.

[23] El puerto de Omoa lo forma una pequeña bahía, con unos estrechos bajos de arena de media milla hacia el norte, cubiertos de mangles y arbustos, que lo guardan de los fuertes vientos del norte. El castillo está en la cabeza de la bahía, cerca del cual hay el mejor anclaje, de 4 a 16 brazas de agua. A medida que uno se aproxima a la costa, puede escoger el fondo, desde 16 hasta 4 brazas, siendo todo bueno y limpio. En resumen, es un excelente y seguro puerto. El castillo es ancho y, como todas las fortificaciones de los españoles, fuerte. Cuando la provincia estaba bajo el dominio de España, servía de prisión. La población está casi a una milla al este del Castillo. Al presente es pequeña, conteniendo solamente como doscientas casas. El pueblo, en general, es honrado y bondadoso, y desea siempre complacer a los extranjeros que visitan el puerto. — Coggeshall's voyages, 2 series, p.142.

como su puerto. Sus exportaciones, como las de Omoa, son cueros, zarzaparrilla, cochinilla, índigo, cobra y plata. La siguiente descripción de Trujillo es extractada de la narración de G.W. Montgomery, comisionado de los Estados Unidos en Centroamérica, que lo visitó en 1838. [24]

La población de Trujillo está rodeada del mar, al pie de una alta montaña, coronada de árboles y cubierta de vegetación, que llega a la orilla misma de las aguas. Es una aislada y solitaria ciudad, de antigua apariencia, con pocas casas y todas en mala condición. En sus primeros tiempos, Trujillo fue un lugar de mucha importancia, bajo el punto de vista comercial y político. Contenía una considerable guarnición, existiendo aun las ruinas de grandes casernas. Tenía un floreciente comercio con la metrópoli, cuyas manufacturas cambiaba por artículos del país. De éstos, los principales eran el caoba, cedro y otras maderas; zarzaparrilla, pieles y sebo. Hay también algunas minas de oro en las inmediaciones, que pueden trabajarse con alguna utilidad. Sin embargo, esta plaza ha declinado, y su prosperidad parece que no volverá dentro de muchos años. Su población, que hoy es de 1,000 almas, fue primeramente dos o tres veces mayor.

"La principal calle, o estrictamente hablando, la única, porque las otras no merecen el nombre de tales, se extiende de una a otra extremidad del pueblo, y está toda empedrada. Las casas, en la mayor parte, son de un solo piso, y su sombría apariencia con la yerba que cubre el pavimento, dan al lugar un melancólico aspecto de abandono. Tiene, sin embargo, algo de romántico en su situación, estando encerrado por montañas elevadas y en medio de una exuberante vegetación, que la mano del hombre parece incapaz de reprimir.

"Apenas hay un terreno abierto en las inmediaciones, sino es uno u otro pedazo, donde se cultivan plátanos, yucas, y algunos pocos granos, que sirven para el consumo individual. Como los bosques ofrecen un buen pasto, el ganado es bueno y la leche abundante; y el suelo, con su fertilidad y liberalidad, repaga el poco trabajo que se emplea en él, llenando las pocas necesidades de los habitantes".

"Durante mi permanencia en Trujillo, hice una correría por los bosques, acompañado del capitán del buque. Hay en las

---

[24] Narrative of a journey to Guatemala, etc., in 1838, by G. W. Montgomery.

inmediaciones un raudal que lleva un curso tortuoso, entre peñas y rocas, hasta que cae al mar. Resolvimos examinar sus márgenes, hasta donde fuera posible. Nos armamos de fuertes bastones para defendernos de las culebras; porque en verdad, eran tan exagerados los informes que teníamos de la multitud de reptiles que infestan los bosques, que dudábamos dar un paso sin ser atacados por ellos. A medida que continuábamos nuestra excursión, yo quedaba más y más sorprendido por la belleza de la escena. La grosura y altura de los árboles, algunos de ellos en flor, y la verdura de sus hojas, era superior a cuanto jamás he visto en el campo. Tamarindos y limones silvestres cargados de frutos, así como el sasafrás, se encontraba en abundancia. Este último y el caoba, son los que dan más utilidad al país, y hay mil otros, cuyas propiedades y nombres no conocí. También se encontraba una inmensidad de plantas, que me parecieron curiosas y dignas del estudio de un botánico. Papagayos, pelícanos y otras aves de hermosos plumajes, volaban a nuestro alrededor; porción de pájaros repetían sus gorjeos en los árboles, mientras que en las límpidas aguas se veían los plateados flancos de los peces que jugueteaban en ellas. Algunas veces el arroyo formaba ruido entre grupos de rocas o estrechos pasos, y en otros lugares corría apaciblemente. En cierto punto se hacía una pequeña bahía profunda y fría, en cuya tersa superficie, de gran transparencia se reflejaba como en un espejo el follaje de los árboles. Era imposible no impresionarse con la soledad y hermosura de la escena. Una agradable brisa del mar, que soplaba al mismo tiempo, nos salvó por casualidad de la molestia de los mosquitos; siendo, singular, como me parece, no haber encontrado en nuestro paso ni una víbora, ni ningún animal peligroso". [25]

---

[25] El puerto y ciudad de Trujillo es hoy la capital del distrito de su nombre y del Departamento de Colón, que fue erigido por decreto gubernativo de 19 de diciembre de 1881. Tiene 3,000 habitantes y dista 533 kilómetros de Tegucigalpa. Es uno de los puertos principales al N. de la República, situado entre los ríos Negro y Cristales. Su comercio de frutas (bananos, naranjas, limones, ananás), es grande con los Estados Unidos del norte. Es uno de los mejores centros de exportación de ganado vacuno para Cuba y Belice, así como de zarzaparrilla, hule, toda clase de pieles y cueros, y de maderas de construcción y tinte. Cuenta con buenos edificios, entre los cuales merecen indicarse la Gobernación Política y el Juzgado de Letras. En su

Puerto Sal es un pequeño puerto, a pocas millas hacia el este de Puerto Caballos. La profundidad de las aguas no es suficiente para grandes buques. Hay algunas altas rocas al norte, en el punto que cierra el puerto, llamadas del obispo, bajo las cuales hay un buen anclaje.

Triunfo de la Cruz [26] es una ancha bahía, que comienza en Puerto Sal y da vuelta al interior, formando línea costa de veinte millas, y terminando en un cabo, llamado cabo Triunfo. Está bien guarecida de los vientos y tiene un buen anclaje para buques de toda dimensión. A su lado hay muchos puntos, en la costa de Honduras, donde pueden anclar los buques bajo favorables circunstancias. En las bocas del Chamelecón, Ulúa, Lean, Río Negro, Patuca y la laguna de Caratasca, hay radas con buenos fondeaderos, que son seguros, excepto en la época de los vientos del norte.

Las Islas de Roatán y Guanaja tienen excelentes fondeaderos y hay un buen puerto al sur de Utila. Las referencias hechas en otro lugar nos relevan de una especial indicación de estas islas. Basta decir que están rodeadas de arrecifes de coral y cayos, que hacen difícil su aproximación, sino es para experimentados pilotos.

Amapala es un puerto libre situado en la Isla del Tigre, en el Golfo de Fonseca, y es el principal, o más bien, el único de Honduras en el Pacífico. El nominal de La Paz, en tierra firme, no sirve más que para la colectación de los derechos de Aduana, por las mercancías que se introducen. Queda hecha una suficiente descripción de él en el parágrafo de la Bahía de Fonseca, y se extenderá más, en el capítulo siguiente, al tratar de la Isla del Tigre.

---

distrito hay minas de cobre y lavaderos de oro. Tienen allí cónsules: Cuba, España, Estados Unidos del Norte, e Inglaterra. — Nota de *"La Bandera Liberal"*.
[26] Hoy Tela, puerto mayor y villa, y cabecera del Municipio, que cuenta con 2,100 habitantes. Nota de *"La Bandera Liberal"*.

CAPÍTULO V: ISLA DE HONDURAS

Al norte del territorio de Honduras, en la bahía del mismo nombre, hay un grupo de islas casi paralelas a la costa, a distancia de treinta a cincuenta millas. Sus nombres, en orden a su extensión, son: Roatán (algunas veces escrito Ruatán y Rattan), Guanaja (o Bonnacca), Utila, Barbareta, Elena y Morat [27]. Dependientes de ellas hay numerosos islotes o cayos de pequeños espacios. Estas islas tienen un buen terreno, magnífico clima, ventajosa posición y algunos excelentes

---

[27] Por el tratado *Clayton-Bulwer*, firmado el 11 de abril de 1850 entre los Estados Unidos de Norte América y la Gran Bretaña, *"ni los Estados Unidos ni la Gran Bretaña podrán ocupar, fortificar, colonizar ni ejercer dominio sobre parte alguna de Centro América, ni hacer uso de protectorado de ninguna clase"*. A pesar de exposición tan explícita, el 11 de julio de 1852 el superintendente de Belice declaró oficialmente: *"que Su Majestad Británica se había dignado constituir una colonia de Roatán, Bonacca, Utila, Barbareta, Helena y Morat, designada con el nombre de Colonia de las Islas de la Bahía"*. En vista de esto, la Comisión de Relaciones Exteriores del Senado de los Estados Unidos, declaró: *"que las Islas de la Bahía eran de Honduras, y que su ocupación por la Gran Bretaña constituía una violación del mismo tratado"*.

Entonces la Gran Bretaña, para evitar complicaciones, nombró su representante ante el Gobierno de Honduras, a Mr, Charles Lennox Wike, quien concluyó con nuestro representante don Francisco Cruz, el Tratado de 29 de noviembre de 1859, en cuyo primer artículo se declaraba que: *"Su Majestad Británica convenía en reconocer las Islas de la Bahía, Guanaja, Helena Barbareta, Utila y Morat, conocidas por las Islas de la Bahía, y situadas en la Bahía de Honduras, como una parte de la República de Honduras"*. En cumplimiento de este tratado, las Islas de la Bahía, fueron devueltas y entregadas al comisionado por Honduras, licenciado don Rafael Padilla Durán, el 22 de abril de 1861. El Departamento de las Islas de la Bahía, dice don Francisco Cruz, después de diversas vicisitudes que han sufrido sus diversos pobladores, constituye hoy una preciosa sección de Honduras, llena de porvenir. Todos los que conocen aquellas fértiles comarcas, se encantan de su situación y de las felices condiciones de su suelo. Así, en sentir de Alcedo, Michelet y otros viajeros, a las islas de la que nos ocupamos, por sus buenos puertos, por su fértil y elevado terreno, por su favorable clima y por sus producciones naturales, se les ha llamado proverbialmente, *"El jardín de las Indias Occidentales"*, y deben considerarse como la llave de la América Española, como un nuevo Gibraltar y el futuro emporio del comercio hondureño con los países extranjeros. Las islas de la Bahía tienen una extensión de 127,100 hectáreas. Su población actual 6,000 habitantes. —Nota de *"La Bandera Liberal"*.

fondeaderos, haciendo de una grande importancia aquella porción del continente a que geográficamente pertenecen.

Roatán, la más grande de estas islas, es de cerca de treinta millas de largo y nueve de ancho. "Puede considerársele", dice Alcedo, "como la llave de la Bahía de Honduras y el foco del comercio con los países extranjeros". "Esta bella isla —repite McGregor— tiene un excelente anclaje, fácilmente defendido, y el terreno es propio para el cultivo del algodón, café, y otros productos de los países tropicales". Y el capitán Mitchel, de la marina inglesa, que escribió en 1850, añade: "que la local posición de la isla es de una importancia grande, no solo bajo el punto de vista comercial, sino político". Este es el único lugar donde se encuentra un buen fondeadero, en una extensa y peligrosa costa. Y por su proximidad a Centroamérica y al Estado de Honduras, parece un punto propio para un depósito de mercancías inglesas, donde se encontraría un pronto mercado, *aun en oposición a todos los derechos que se les impusieran*". "Roatán y Bonacca —escribe otro autor inglés— por sus buenos fondeaderos, fértil suelo, puro aire y gran cantidad de animales, peces y frutas, y por su elevado terreno, son proverbialmente llamadas el jardín de las Indias Occidentales, la llave de la América española y un nuevo Gibraltar. Por sus naturales fortalezas se pueden hacer indomables, sosteniéndolas con una pequeña fuerza. [28]

Strangeways afirma que allí se encuentra "gran cantidad de árboles de cocos, higos silvestres y excelentes uvas. Los bosques producen encina blanca y pino, propios para mástiles de buques mercantes. Abundan los ciervos, cerdos de monte, conejos y pájaros de muchas especies. Una constante brisa del este refresca y tempera el aire; y hay abundante y excelente agua". Young describe la isla como una hermosa masa de siemprevivas, de la playa a los copos de las altas colinas, interceptada por jardines de cocales; encontrándose de algunas manchas de café, que, aunque abandonadas, continúan reproduciendo bien".

La relación de esta isla por el capitán Mitchel, de la M. R., es la más reciente y completa. Dice que hay una parte de terreno sin cultivo, que todo podría serlo ventajosamente.

---

[28] Memoir on the Mosquito territory, by captain John Wright, p. 16.

"La piedra de cal es su principal formación: hay también piedra arenosa y cuarzo, y una gran porción de coral en las partes bajas. La isla parece haber sido originalmente elevada por alguna erupción volcánica, y los lugares inferiores lavados por la subsecuente acción del agua de mar. Las arenas reunidas sobre el coral y la materia vegetal, arrojada por los vientos o por los pájaros, de las tierras inmediatas, formaron un suelo fértil, sobre el cual el hombre ha establecido su morada, encontrándolo propicio a sus necesidades. Estas observaciones son acerca de las partes bajas de la isla solamente. Ningún mineral sé que se haya descubierto en la isla.

Esta tiene una singular belleza a cierta distancia en que uno se aproxima. Las montañas se elevan gradualmente a una altura de novecientos pies; y parece que se suceden de una a otra, interceptadas por valles cubiertos de una lozana vegetación. Así que si se acerca a ella se descubren los cocales alrededor de las playas, y árboles de varias clases sobre las cimas de las colinas. La natural belleza de esta vista se aumenta extraordinariamente, cuando se echa el ancla en alguno de los muchos fondeaderos que tiene en la parte del sur.

En los valles, aluviales, depósitos y materias vegetales forman el suelo, que es excesivamente rico y profundo. En las montañas, una tierra arcillosa o marga es la que predomina.

Una gran cantidad de maderas de construcción se encuentran por todas partes de la isla, tales como la Santamaría, generalmente usado para la construcción de buques, tres clases de encina, cedro, olmo español, etc.; y las playas están llenas de alamedas de cocales, árbol que, ayudando a las necesidades del hombre, es gigantesco en las regiones tropicales. Su plantación se remonta a los tiempos; pero probablemente fue arrojado allí por el viento; y como la arena en los bajos de la costa es propia para su cultivo, se ha propagado.

Al presente la isla produce con profusión cocos, plátanos, yames, bananas, etc.; y yo creo firmemente que muchos frutos vegetales y producciones europeas, o de la zona templada, se cultivarían en ella.

El país es propio para todos los productos tropicales, tales como la cañamiel, café, tabaco, etc., que serían los primeros artículos de exportación. Antes que la isla fuese habitada, había una gran cantidad de ciertos, puercos silvestres, liebres, papagayos, pichones y aves de varias especies. Algunos años antes que se poblara, los pequeños buques y botes pescadores que recorrían la costa, iban a ella para cazar y proveerse de madera de quemar.

Porción de animales domésticos, como gallinas, cerdos, etc., se crían perfectamente bien; y el ganado sería lo mismo, pero los vecinos no tienen los medios necesarios para impedir que destruya sus sementeras.

Parece probable que en un remoto periodo la isla fue habitada por indios. Limpiando la tierra para las sementeras, se han encontrado muchos útiles de cocina y de uso doméstico. Hay tradición de que los españoles (con su sistema de crueldad) en el descubrimiento de la América, despoblaron esta isla, tomando a los aborígenes para que fuesen a trabajar las minas del continente y jamás volvieron.

En los meses de septiembre a febrero llueve considerablemente. Estas lluvias refrescan el aire más que en ninguna otra parte de las islas occidentales, y la brisa tempera los ardores del sol. Si el país fuera seco y libre de humedades, el clima sería no solo excesivamente agradable, sino muy saludable. Los meses secos son calurosos; sin embargo, los nativos no se quejan del calor y, al contrario, miran la estación seca como la más saludable. El termómetro, desde que llegué (enero), tenía un medio de 88° Fahrenheit.

El reumatismo es muy común, así como una especie de fiebre intermitente. Esta última proviene, sin duda, de la fermentación de las montuosidades, cuando no se quitan, y la primera, de la constante humedad. Sin embargo, según mis pocas observaciones, yo creo que el clima no es malo, no solo para los que nacen en aquellas ardientes latitudes, sino para el europeo que, con algunas precauciones viviría contento y llegaría a una avanzada edad.

La población de la isla es al presente de 1,600 a 1,700 habitantes. En 1843 era solamente de 80[29]. Ha ido con un constante y rápido progreso, y en el día se cuentan de tres nacidos a un muerto. Con los medios de existencia que tienen en la mano, y casi preparados para ellos, los jóvenes tienen gran disposición a casarse en muy tierna edad; sus familias son numerosas, muchas de las cuales son nueve,

---

[29] Actualmente Roatán tiene 8,191 habitantes. Está situado a 611 kilómetros de Tegucigalpa. Puerto muy importante por su comercio, que lo coloca a la altura de las principales poblaciones de la República. Tiene buenos edificios. — Nota de *"La Bandera Liberal"*.

diez y más hijos. Es observación que se ha hecho en los países civilizados, de que el alimento de vegetales y pescado es favorable para la población.

Esta se halla diseminada en diferentes partes, a lo largo de las playas de la isla; son obvias las razones por que prefieren estas localidades a las del interior. Edifican sus casas en medio de las alamedas de cocales y plátanos, teniendo sus buquecitos o botes de pescar en rincones abrigados, para salir a buscar lo que necesitan.

En Coxen Holen o puerto McDonald, la mayor parte de vecinos tienen habitaciones, serán tal vez quinientos. Es un seguro fondeadero; sin embargo, yo creo que la casualidad lo habrá establecido allí, porque a mi entender, hay otros puntos mejores que podían escogerse para puerto.

La masa de la población se compone de esclavos manumitidos del Gran Caimán, y de una pequeña porción de habitantes de color, nativos de la isla, y primeramente propietarios de esclavos. Estos son los más miserables: poco acostumbrados al trabajo, y habiendo perdido sus propiedades y sus esclavos, o disipado lo que por ellos habían adquirido, se encuentran sin habitaciones y sin medios de subsistir. Por un falso sentimiento de orgullo, tan común en el hombre y en todo país, ellos no quisieron dedicarse al trabajo en un punto donde habían sido mirados con alguna superioridad, y emigraron a buscar su fortuna en las despobladas playas de Roatán. Los esclavos que habían obtenido su libertad no quisieron ocuparse en una isla tan pequeña como la del Gran Caimán, y habiendo sabido el suceso que habían tenido sus primeros señores, siguieron sus pasos.

La población de color, o aquellos que habían sido esclavos, por su constitución física y por su habitud al trabajo, pronto excedieron a los blancos en la acumulación de medios para subsistir, y hoy viven con prosperidad.

Si la riqueza se estima por lo necesario para llenar las necesidades del hombre, fácilmente adquirida, y aun por acumular algo más, este pueblo no solo es más rico, sino que está en mejores circunstancias que muchos de Europa, que viven del trabajo material.

Además de estas dos clases, hay una tercera, mucho más pequeña, que se compone de europeos puros. Son hombres que han ejercido varias profesiones de vida, que por circunstancias particulares han abandonado y que, familiarizándose con la rudeza de la adversidad, han tomado otras; retirándose a esta remota isla (algunos viejos y otros en su media edad), con objeto de reparar sus fortunas perdidas, o en busca de acumular riquezas. Aunque pequeña en número, esta clase es la que ejerce más influencia sobre las otras.

La masa de la población es una hermosa raza. Todos son fuertes, activos, atléticos, temperados, quietos y regulares en sus hábitos, sin ninguna clase de excesos. Los sexos son igualmente divididos, y los viejos que han vivido con algunas mujeres durante la esclavitud, procuran casarse. Podría decir que tienen menos vicios que los que en general se observan en su clase; como una prueba de su buen carácter, han vivido y viven sin ninguna clase de Gobierno o autoridad, y los crímenes que se han cometido son muy pocos.

Su ocupación consiste en cultivar la tierra, pescar, coger tortugas, etc. La necesidad en todo país y en las primeras edades de la civilización ha sido fecunda en invenciones y, por consiguiente, no es extraño encontrar a este pueblo familiarizado con aquellas groseras artes mecánicas que necesita. Cada hombre hace su propia casa, cultiva sus tierras, etc.; los más son carpinteros y hay algunos buenos trabajadores de jarcia. Saben bien hacer botes de pescar, y otras cosas de uso común. Sus casas son bien hechas. Su comercio es de plátanos, cocos, bananas; y éste cada día aumenta. Con tales artículos ellos negocian en New Orleans todo lo que necesitan.

Sus relaciones con otros países son principalmente con New Orleans, Belice y Honduras.

Creo que la isla podría contener una población de 15 a 20,000 habitantes.

Sus fondeaderos en la parte sur son muchos y buenos. He visitado a Coxen Hole o Puerto McDonald y Dixon's Cove. Ambos están al abrigo de los vientos. Hay gran facilidad para reparar buques, y el agua dulce se encuentra en abundancia.

Dixon's Cove es buen fondeadero. Está como a seis millas al O. de Puerto McDonald, y en algunos puntos es preferible al último. Un buque que haya perdido su ancla puede ir a este fondeadero y llegar hasta el lodo suave sin riesgo. Muchos buques pueden fondear allí.

En Puerto Real hay un fondeadero más extenso, donde veinte o treinta velas de línea pueden anclar. Su entrada es excesivamente estrecha y las tierras no son fértiles. Generalmente hablando, estos fondeaderos están rodeados de arrecifes de coral; sus canales son estrechos y difíciles de que los pase un extranjero, si no es teniendo un conocimiento local de ellos. Los que están entre arrecifes son profundos, como se ve por la oscuridad de las aguas". [30]

Veintidós buques salieron de Roatán en 1854, cargados de frutos vegetales, para New Orleans.

La Guaja o Bonacca fue descubierta por Colón en su cuarto viaje, en 1502. En 1840 la examinó el teniente Thomas N. Smith, de la Marina Real y, según la carta publicada por el Almirantazgo británico, es de nueve millas de largo y cinco de ancho. Dista, por la parte más cerca de la tierra firme, cincuenta millas, y cerca de quince al noreste de Roatán, con la cual está unida por una serie de arrecifes, por donde no hay más que unos estrechos pasos. Es elevada y puede verse a una gran distancia del mar. Henderson tocó sus playas, fondeando en una pequeña bahía de gran profundidad, pero tan clara que se perciben los peces y rocas de coral del fondo.

"Esta parte de la isla —continúa— es altamente romántica y, como la de Roatán, cubierta de árboles. Sus productos naturales son los mismos" [31]. Roberts también la visitó, "anclando en un fondeadero al sur. En la parte superior de la playa está profusamente cubierta de árboles de coco; y en la tierra se veían muchas huellas de cerdos silvestres. Hay colinas de considerable elevación, pobladas de árboles; y se dice que tienen piedra de cal y vetas de zinc". [32]

La relación de Young, que fue obligado a guarecer allí de la violencia de los vientos, es la más extensa, y hace una completa pintura de la situación de la isla en 1841.

"Tiene altas colinas, —dice— que producen gran cantidad de maderas de construcción, y en los ricos valles y fértiles sabanas, son

---

[30] *Statistical account and description of the island of Roatan, by com R. C. Mitchell, R. N. United Service Magazine, August, 1850.*

[31] Henderson's, Honduras, p. 124.

[32] Robert's Narrative, p. 276.

numerosos los árboles frutales de varias especies que se encuentran. A lo largo de la orilla del agua, son inmensos los cocales. Un lugar sobre todo, en medio de la isla, es llamado el *jardín de cocos*, donde se ve que la mano de la industria ha intervenido. Vista la isla por una parte, tiene una agradable apariencia y, aunque pequeña, sería de gran importancia si los ingleses se establecieran en ella. Los bosques abundan en cerdos silvestres de gran tamaño, así como millares de liebres; los árboles están siempre copados de pichones y papagayos, y las lagunas y fondeaderos son célebres por la inmensa variedad de peces, que fácilmente se pueden extraer en las orillas de los arrecifes, en un dori (canoa).

Los abanicos de mar se extienden continuamente, y casi invitan a uno a tomarlos ¡tan seductora es su apariencia y tan transparentes son las aguas! En algunos lugares se ven grupos de esponjas; y en otros, hermosos huevos de mar, que es difícil cogerlos; y todo, con los numerosos cayos que hay, rodeados de graciosos cocales, forman una escena verdaderamente novelesca y agradable. Las rocas, en los arrecifes que rodean los cayos, están llenas de tortugas; por todas partes se encuentran conchas de éstas; y una especie de iguana llamada illishle, abunda en los cayos. El clima es excesivamente bueno, y en la época en que el cólera devastaba a Trujillo, pocos años antes, el comandante de aquella plaza mandó muchos enfermos a la isla para recobrar su salud. Tres solamente murieron. Cuando el río Negro fue ocupado por los ingleses, antes de su evacuación en 1778, por los arreglos que el Gobierno inglés hizo con el de España, se enviaban a la Guanaja los colonos que eran atacados de la fiebre intermitente, y pronto regresaban robustos y fuertes. Es admirable la salubridad de esta isla, las riquezas de su suelo, sus maderas, su pesca, y su facilidad para todo; y jamás ha sido poblada por los ingleses. Por muchos indicios se advierte que primeramente fue habitada por los indios. [33]

"En una parte de la isla, cerca del cabo Cayo-Sabana, hay una hermosa sabana con muchos árboles frutales; y lo que es más singular,

---

[33] Guanaja tiene actualmente una población de 300 habitantes en su cabecera y 815 en todo el municipio. Dista 133 kilómetros de Roatán. Su puerto fue descubierto por Colón en su cuarto y último viaje. Produce plátanos, cocos, bananos, piña y hortaliza. — Nota de *"La Bandera Liberal"*.

es una pared de piedra que se ha descubierto, probando la obra que es hecha por una mano incivilizada. Este muro o pared es bastante largo, de pocos pies de altura y con algunos groseros nichos para colocar sillas de piedra, que supongo eran los lugares de los ídolos. En varios puntos se han descubierto rocas cortadas representando sillas, y muchos artículos de servicio doméstico se han encontrado, así como algunos fragmentos de loza y hierros ingleses; y he visto en poder de los vecinos cosas curiosas, de manufacturas de los indios, que se han excavado, que ciertamente llaman la atención. La adyacente isla de Roatán presenta aún más pruebas de haber sido habitada por una raza no civilizada.

En los meses de abril y mayo, millares de aves, que llaman *pájaro bobo*, depositan sus huevos al sur de Cayo-Medialuna, que es una deliciosa provisión, por cerca de dos meses.

El número de cocales es verdaderamente increíble, y podrían dar tanta más utilidad en aceite, cuanto que los gastos para extraerlos serían insignificantes; sobre todo, después de los doce primeros meses de residencia, los costos serían menos, porque se establecerían sementeras, para lo que el terreno es a propósito. El plátano, que se puede considerar como el primer alimento, se produce extraordinariamente; éste, con algunos cerdos y volátiles en un cayo que se alimentarían con cocos, etc., presentarían la más completa subsistencia. Unos pocos perros españoles para cazar los cerdos silvestres, dos ó tres redes para coger tortugas, arpones y anzuelos, serían indispensables. En la isla viene bien el café, tabaco, cacao, etc. En la mayor parte del año se puede coger todo el pescado que se quiera; pero cuando hay mal tiempo, lo que sucede algunas veces, es escaso.

Con respecto a la fabricación de aceite, de catorce grandes cocos se hace un cuarterón, por el método empleado en Roatán; pero induciendo o empleando prensas hidráulicas, podría sacarse la misma porción de nueve o diez cocos solamente, y con grande economía de trabajo.

Los muchos usos para que el árbol y la fruta del coco se destinan, son bien conocidos; basta decir que es una de las producciones más importantes con que la bondadosa providencia ha favorecido los países tropicales. A pesar de la abundancia de cerdos silvestres, poco se cazan. Los caribes van rara vez a la isla con este objeto; pero como no es con frecuencia, los animales aumentan considerablemente. La única cosa que hay desagradable en la isla y sus cayos son los millares de tábanos en la primera, y mosquitos y zancudos en los segundos, que parece impiden que las gentes vayan a poblarlos; pero es evidente que cuando un lugar está cubierto de vegetación, estos insectos abundan y que, a medida que se va desmontando, van disminuyendo.

De marzo a junio los cayos están sujetos a la peste de ejércitos de cangrejos, que suben por todas partes, en el momento en que el sol se pone, haciendo un ruido increíble. A nosotros nos importunaron demasiado, teniendo que alzar nuestras hamacas bastante alto.

En resumen, la Guanaja es una bella isla, en donde el hombre puede, en breve tiempo, obtener lo necesario para vivir; y con energía, actividad y una estricta sobriedad, no debe temer de ir a pasar su avanzada edad en un castillo".

Elena, Morat y Barbareta, son comparativamente pequeñas islas, que pueden mirarse como partes de Roatán. En efecto, están unidas a ella por arrecifes, que forman unos estrechos canales. El capitán Henderson, que visitó Barbereta en 1804, nos ha dejado una animada y entusiasta relación de su belleza. La describe alta y cubierta de bosques espesos.

"Después de una marcha de milla y media, a lo largo de la costa, en dirección opuesta a la que me había propuesto seguir el día anterior, llegamos a las rocas, en donde pocas dificultades se presentaban a la vista para continuar a pie. Algunas, sin embargo, fue necesario vencer, y después de un poco de trabajo, llegamos a una pequeña eminencia. Sin usar del extravagante lenguaje que en semejantes casos suele emplearse, diré que todo era encantador, hermoso y pintoresco. El lugar en que estaba puede contener, en todo, como medio acre, enteramente sembrado de árboles y cubierto de una alta hierba. Más adelante había un espeso y continuado bosque.

"Were scarce a Spock of day
Fallo on the lengthened gloom".

"donde apenas un rayo de luz penetraba en su profunda obscuridad".

74

"En la base de las rocas venía el mar a estrellarse con extraordinario ruido, y las confusas masas de piedra que se extendían, les presentaban los límites a sus dominios".

Después fue visitada por Young, quien encontró algunos españoles establecidos. Uno de ellos, el señor Ruiz, le enseñó una extensa sementera, llena de toda clase de productos alimenticios y de guisantes y habas de varias especies. "Tenía un gran terreno sembrado de algodón y algunos centenares de árboles de papayas, cuya fruta consumía en las gallinas y cerdos. Tenía igualmente cañamiel y un pequeño molino para molerla y hacer azúcar. Enfrente de la casa había formado un gran receptáculo, que contenía ocho tortugas. En la estación de lluvias empleaba su gente en fabricar aceite de coco".

A la vista de tantos medios para una cómoda existencia, Young fue sorprendido cuando supo que este hombre "apenas tenía tres años de estar establecido, y que no llevó más que a su mujer y a su hijo, de once años, sin más provisiones que un fusil, dos o tres machetes, unos anzuelos y otras bagatelas". "Desde luego pensé —continúa el autor— en tantos miles de pobres paisanos, que en vano luchan por adquirir una decente subsistencia, y que, en una situación igual, vivirían con toda independencia, en lugar de que prematuramente sucumben por las remotas esperanzas de adquirir algo o por el peso de una gran familia". Roberts, que igualmente visitó a Barbareta, dice que encontró "tres o cuatro clases de uvas silvestres".

La Elena es más pequeña que Barbareta, distante de ella cuatro o cinco millas, cerca de la extremidad noreste de Roatán. Young encontró allí un francés bajo el servicio de Honduras, "que tenía grandes sementeras". Sin embargo, su principal ocupación era quemar cal para venderla en Omoa y Trujillo, a dos o tres pesos el barril, precio a la verdad elevado, pero que él lo obtenía por sus esfuerzos y por la bondad de la piedra de que la hacía, que se encuentra con abundancia en la isla. Las dos grandes islas que tiene Honduras en el Pacífico, El Tigre y Zacate Grande, están ya descritas en la que se hizo sobre el Golfo de Fonseca en general.

CAPÍTULO VIII: DIVISIONES POLÍTICAS. DEPARTAMENTOS DE COMAYAGUA, GRACIAS, CHOLUTECA, TEGUCIGALPA, OLANCHO, YORO Y SANTA BÁRBARA

Las divisiones políticas de Honduras son siete, a saber: los Departamentos de Comayagua, Gracias, Choluteca, Tegucigalpa, Olancho, Yoro y Santa Bárbara [34]. La tabla siguiente expresa la capital, área y población de cada uno, así como el área y población del Estado. [35]

Departamentos	Capitales	Áreas en millas cuadradas	Población	Habitantes por milla cuadrada
Comayagua	Comayagua	4,800	70,000	14 ½
Tegucigalpa	Tegucigalpa	1,500	60,000	43
Choluteca	Nacaome	2,000	50,000	25
Santa Bárbara	Santa Bárbara	3,250	50,000	13 ½
Gracias	Gracias	4,050	55,000	13 ½
Yoro	Yoro	15,100	20,000	1 ½
Olancho	Juticalpa	11,300	45,000	4
TOTAL		42,000	350,000	9

---

[34] Actualmente Honduras está dividida en diecisiete departamentos, que son: Tegucigalpa, Atlántida, Colón, Comayagua, Copán, Choluteca, Gracias, Intibucá, Islas de la Bahía, Ocotepeque, Olancho, El Paraíso, La Paz, Santa Bárbara, Yoro, Valle y Cortés. Estos departamentos se dividen en distritos, los cuales están formados por municipios. — Nota de *"La Bandera Liberal"*.

[35] Hacemos el siguiente cuadro, tomando los datos, aunque algo exagerados, del "Anuario del Comercio" de Baily-Bailliere e hijos, publicado este año en Madrid, en cuatro tomos, mientras se rectifica por la oficina de Estadística o la Comisión que deba formar el mapa de la República.

Cada departamento tiene una distinta representación en el Congreso del Estado, y es gobernado por un funcionario nombrado por el Gobierno Central, con el nombre de jefe político [36]. Los departamentos se subdividen en distritos por la conveniencia de los habitantes y para la mejor administración de justicia.

REPÚBLICA DE HONDURAS. — CAPITAL, TEGUCIGALPA

Nombre de los departamentos	Capitales	Hectáreas cuadradas	Número de habitantes
Tegucigalpa	Tegucigalpa	1,843,425	74,743
Atlántida	La Ceiba	....	10,000
Colón	Trujillo	1,127,100	15,000
Comayagua	Comayagua	1,665,775	20,283
Copán	Santa Rosa	1,523,100	62,398
Choluteca	Choluteca	1,558,525	31,000
Cortés	San Pedro Sula	....	13,665
Gracias	Gracias	609,525	33,158
Intibucá	La Esperanza	1,044,700	30,154
Islas de la Bahía	Roatán	127,100	4,877
Ocotepeque	Ocotepeque	....	11,000
Olancho	Juticalpa	8,675,437	40,247
El Paraíso	Yuscarán	1,204,350	37,976
La Paz	La Paz	1,117, 756	22,902
Santa Bárbara	Santa Bárbara	2,533,625	40,000
Valle	Nacaome	....	24,133
Yoro	Yoro	2,569,900	17,544
TOTAL			

DEPARTAMENTO DE COMAYAGUA

---

[36] Hoy tiene el nombre de Gobernador Político. — Nota de *"La Bandera Liberal"*.

Distritos [37]. — Comayagua, Lejamaní, Yucasapa, Siguatepeque, Meámbar, Aguanqueterique, Goascorán, Esquías, Lamani, Chinacla, Jurla, Langue y San Antonio del Norte.

Poblaciones principales. — Las Piedras o Villa de la Paz [38], Villa de San Antonio, Opoteca, Esquías, San Antonio del Norte, Goascorán, Caridad, Marcala, Aramecina y Langue.

El Departamento de Comayagua, que ocupa el propio centro de Honduras, y que comprende su capital[39], la antigua ciudad de Comayagua merece el primer lugar al hablarse de la división territorial del Estado. Su distinguida posición geográfica la forma el llano del mismo nombre, de que he hecho referencia varias veces, en el cual está concentrada la mayor parte de la población del departamento. La capital misma, las considerables poblaciones de La Paz y San Antonio, y los pequeños pueblos de Ajuterique, Lejamaní, Yarumela, Cane, Tambla y Lamaní, están en este llano, conteniendo una población de 25,000 almas por lo menos.

La ciudad de Comayagua (antiguamente llamada Valladolid), está situada a la cabeza de él. Fue fundada en 1540 por Alonso de Cáceres, en cumplimiento de instrucciones "de encontrar una situación aparente para formar una ciudad en el medio de los dos océanos".

Al presente tiene de 7 a 8,000 habitantes. Antes de 1827 contenía como 18,000 y hermosas fuentes y monumentos la embellecían. En ese año fue tomada e incendiada por la facción monarquista de Guatemala, y jamás ha podido restablecer su situación. [40]

---

[37] Comayagua está actualmente dividido en 6 distritos: Comayagua, Esquías, Meámbar, El Rosario, Opoteca, San Antonio Siguatepeque, que se subdividen en 16 municipios. Nota de *"La Bandera Liberal"*.

[38] La Paz es hoy capital del departamento de su nombre, con 4 distritos que son: La Paz, Marcala, Opatoro y San Antonio del Norte, que comprenden 17 municipios. – – Nota de *"La Bandera Liberal"*.

[39] La capital actualmente es Tegucigalpa. — Nota de *"La Bandera Liberal"*.

[40] *Comayagua.* — Valladolid o país de las Hibueras fue el nombre que le dieron los españoles; más ella conserva el primitivo del lugar. Es puramente indígena. Difieren algunos en su etimología; pero no hay duda de que es compuesto de "coma" (que en dialecto lenca significa páramo) y de "agua", siendo su verdadera acepción "Páramo abundante de agua".

En el mapa se ha colocado demasiado lejos al este y al sur. Su posición está en los 14° 28' lat. N. y 87° 39' long. O., y casi en línea recta entre la boca del Ulúa y la del Goascorán. Su distancia de la Bahía de Fonseca es de setenta millas, y poco más o menos tiene la misma al otro mar.

Comayagua es la residencia de la silla episcopal y tienen una grande y elegante catedral al estilo español. También tiene una universidad fundada hace muchos años [41] pero que las convulsiones políticas del país habían casi nulificado, hasta que el año de 1849 la restableció el doctor don Juan Lindo, hombre de bastante ilustración, que servía la presidencia del Estado[42]. El comercio de la ciudad es pequeño. Las dificultades que presentan las vías de comunicación con la costa impiden que este tome incremento. Pero cuando se ofrezcan los incentivos y medios de desarrollar las riquezas de los puntos inmediatos, esta plaza será de la mayor importancia.

El llano es cortado al este y oeste por montañas de cinco a seis mil pies de elevación, y consecuentemente de un clima frío, igual y

---

La fundó Alonso de Cáceres de orden de don Francisco Montejo, primer gobernador de Honduras, en 1540, con el título de villa. El 20 de diciembre de 1557 obtuvo el de ciudad, en 1558 se eligieron los primeros capitulares. En 1561 se trasladó a ella la silla episcopal que residía en Trujillo. En 1585 se hizo la primera catedral; y la que ahora existe se comenzó en 1700 y se concluyó en 1715.

Su población el año de 1821 era de 17 a 18,000 habitantes. Hoy cuenta con mucho menos de la mitad. Incendiada y saqueada por las tropas de Guatemala en 1827, tuvo una emigración que jamás ha repuesto; y menos todas las fortunas que desaparecieron. De la catedral solamente, se extrajeron más de 80,000 pesos, que sirvieron para comprar fusiles con que por segunda vez invadió a Honduras la misma facción, en 1832. El T.

[41] Esta universidad se fundó en 1678, pero en ella no podían estudiar, como es bien sabido, más que los españoles puros; y cuando en 1821 se declaró general la enseñanza, comenzaron las disensiones políticas, y con la ruina de Comayagua concluyó. Se restableció el año de 1833; pero hasta la presente marcha sin un plan de estudios fijo, uniforme y regular. El T.

[42] Comayagua posee actualmente un seminario, un colegio nacional, una escuela superior de varones y otra de niños. Su gobierno lo forman un gobernador político y un comandante de armas. Existe un Juzgado de Letras de lo Civil y de lo Criminal. Las rentas las maneja un administrador, y existe un consulado, el de Chile. — Nota de *"La Bandera Liberal"*.

saludable, comparable, respecto a temperatura, al de los Estados del medio de nuestra Unión, en el mes de junio. Las colinas y montañas adyacentes al referido llano están cubiertas de pinos, y en sus pendientes se cultiva el trigo, patatas y otros productos de las zonas templadas, que podrían obtenerse en abundancia. Sin embargo, los del llano son puramente tropicales. Su terreno es extraordinariamente fértil. En suma, el llano de Comayagua ofrece todas las proporciones posibles para atraer y sostener cómodamente, como en otras épocas se ha visto, una grande y floreciente población.

En verdad, no se da un paso por cualquiera dirección que sea, que no se encuentren señales de los primitivos poseedores, y aun los nombres de los principales pueblos y valles conservan los que tenían antes de la conquista. En algunos de ellos, la mayor parte de la población es aún mezclada de indios. Lamaní, Tambla, Yarumela, Ajuterique, Lejamaní y Cururú son nombres indígenas. También hay muchos lugares de indios que han sido abandonados enteramente por los habitantes, y de los cuales apenas se encuentran vestigios. Las principales ruinas, verdaderamente aborígenes y de una antigua arquitectura, están en las inmediaciones de Yarumela, Lejamaní y Cururú. Estas consisten en piramidales estructuras aterradas, cubiertas de piedras frecuentemente, conos de tierra y muros de piedra. En ellas y sus inmediaciones se encuentran vasos de piedra esculpidos y pintados, de una belleza extraordinaria.

Sin embargo, los principales monumentos conservan distintamente sus primitivas formas, pudiéndose decir que están en el llano de Comayagua. Existen en los valles laterales o mesas de las montañas. Las más importantes son las de Calamuya, en el camino del pueblo de indios de Guajiquiro; las de Jamalteca, en el pequeño valle del mismo nombre; las de Manianí, en el de El Espino; las de Guasistagua, cerca de la aldea del propio nombre; las de Chapoluca, en las inmediaciones de Opoteca; y las de Chapulistagua, en un gran valle detrás de las montañas de Comayagua. Yo las visité todas, pero ningunas son tan interesantes, bajo todos respectos, que las de Tenampúa.

Tenampúa, vulgarmente llamado Pueblo Viejo, está situado sobre la cima de una alta colina que casi merece el nombre de montaña, como veinte millas al Sudeste de Comayagua, cerca de lo de Flores, al lado del camino que va a Tegucigalpa. La cima de esta colina está sembrada de pinos, y a una elevación como de 1,600 pies sobre el llano de Comayagua, del cual, en varias partes, se tiene una magnífica vista. La colina está compuesta de talpetate, que es común en aquellos puntos; y en sus flancos, excepto en tres puntos, es tan escarpada y precipitada, que casi es inaccesible.

En la parte baja, donde la colina se une con las otras del grupo, hay muros artificiales de piedra bruta, de seis a ocho pies de altura, y de diez a veinte de ancho en la base. Estos muros están en el interior terraplenados como para defensa. En varios puntos hay vestigios de torres, quizás para las guardias o centinelas. Las dimensiones del muro corresponden a la más o menos inclinación de la pendiente, aumentando hacia el lado del ascenso. En los estrechos pasos naturales los huecos están rellenados de piedras formando una faz vertical que corresponde con las rocas escarpadas de la colina. Creo no haber visto una posición natural más fuerte. No hay duda que ella fue escogida para una fácil defensa. Bajo ningún sistema de guerra de los aborígenes podía ser tomada. El designio de haberse hecho para defensa, se conoce más por su existencia en medio del área de la cima, en un lugar bajo de dos grandes excavaciones cuadradas, que claramente fueron designadas para repositorios.

Pero los rasgos más importantes de Tenampúa, son los muros y defensas que existen aún. El nivel de la cima de la colina es como de milla y media de largo y media de ancho. Al este, la mitad de su área está cubierta de ruinas, que consisten en terraplenes cubiertos de piedras, de formas perfectamente rectangulares, correspondiendo sus lados con los puntos cardinales. Aunque las piedras no son talladas, están colocadas en buen orden. Muchas de estas prominencias, que están en grupos y arregladas una respecto de otra, son de veinte a treinta pies cuadrados y de cuatro a ocho de alto. Ninguna tiene menos de dos, y todas son de tres y cuatro escalas. Al lado de ellas hay un número considerable de grandes y piramidales estructuras, variando sus dimensiones de 60 a 120 pies de largo, de un ancho proporcional, y de diferentes alturas. Estas también están terraplenadas, y generalmente tienen ruinas de escalones al lado oeste. Asimismo, hay varias cercas rectangulares de piedra y una gran porción de plataformas.

El principal vallado está en el centro de las ruinas, en un punto conspicuo de toda la porción de la colina. Es de trescientos pies de largo y de ciento ocho de ancho. El muro es de 14 pies de ancho; pero al presente apenas se eleva un poco de la tierra. Parece haber sido formado de dos paredes, de dos pies de grueso cada una y rellenado el hueco de tierra. Los muros transversales que se encuentran, por intervalos, dividiendo áreas rectangulares, parecen haber sido de casas. No es remoto que hayan estado cubiertas de madera, según el uso de los sacerdotes o guardianes del gran templo, de la misma manera que, según la crónica, "los claustros de los sacerdotes y cortesanos" rodeaban el gran templo de México. La línea de muros es solamente interrumpida por la puerta o entrada, que está al este, entre dos oblongas prominencias donde termina aquél. Para conservar la simetría del cercado, el lado opuesto del muro tiene en el centro otro terraplén informe, igual en tamaño a los de la entrada.

Dentro del referido cercado hay dos terraplenes de relativa posición y tamaño, cuya explicación puede verse mejor en el plano. El más grande tiene tres escalones en el ángulo que mira al oeste. En el del sudeste, una línea de grandes piedras que está al nivel de la tierra, va al sur del muro. La línea norte coincide con una de este a oeste que va al centro del cercado. Entre ella y la puerta hay unas piedras cuadradas que pueden considerarse como los cimientos de algún edificio. La segunda pirámide está en la esquina nordeste del cercado mismo, teniendo igual número de escalones a la mayor que acabamos de describir y, como ella, tiene una escalera al lado del oeste. En el extremo sur de la colina está otro cercado igual a éste, con la diferencia de ser cuadrado y tener puertas en el centro de cada lado.

También contiene dos prominencias a las cuales se sube por escalones. Entre el gran cercado y el precipicio de enfrente de la colina, hay una depresión o pequeño valle. Este está terraplenado por los dos lados, cubiertos de piedras, con algunos escalones para subir. La principal de aquellas, del otro lado de la presión, está en el borde del precipicio, al sur de la más grande, en el primer vallado. Tiene una vista dominante sobre una parte del llano de Comayagua, tal que las luces se ven perfectamente por los habitantes del bajo. Yo creo firmemente que esta circunstancia es la que se procuró al escoger tal posición.

Hay otras muchas cosas notables en estas ruinas de que no se puede dar idea perfecta en un plano, por cuya razón no he intentado describirlas. Las más singulares consisten en dos largas prominencias paralelas, cada una de cuarenta pies de largo, treinta y seis de ancho en la base y diez de alto en el centro. La parte interior de las dos, enfrente la una de la otra, parece haber tenido tres terrazas, como los puestos de un anfiteatro. Los bajos son de cuarenta pies separados, cubiertos de bastas piedras cuadradas, colocadas perpendicularmente, que presentan un frente igual. En el exterior tienen aquellas una especie de correspondencia con las de los muros del gran vallado, y cada una parece haber sido los cimientos de tres grandes edificios. El todo de las terrazas es de trescientos sesenta pies de largo. Exactamente, en una línea del centro del espacio entre las paralelas, distante veinticuatro pasos, hay dos grandes piedras colocadas a uno y otro lado, con una abertura de un pie entre las dos. Enfrente a ellas, hacia el norte, y como a ciento veinte pasos de distancia, está otra prominencia que ocupa una posición relativa respecto a las paralelas con algunos escalones en la parte sur. Sobre ella, como en otras muchas, hay grandes pinos de dos pies de diámetro. Sin procurar definir el verdadero objeto de estas paralelas, me parece muy probable que tienen el mismo designio de los muros paralelos que Stephens encontró en Chichen-Itza y Uxmal, en Yucatán. No hay duda que servían para juegos, procesiones u otras ceremonias religiosas o civiles, en presencia de los sacerdotes o dignatarios, que se colocaban en las terrazas de uno y otro lado.

La forma de los varios túmulos de Tenampúa indica que no fueron edificios de habitación. Evidentemente, parece que algunos fueron templos, semejantes a los de Guatemala, Yucatán y México, y de una proporción igual a los que se encontraron en el valle Mississippi, con los cuales coinciden en su construcción. Yo pude excavar solamente uno, situado en la inmediación del gran templo. Después de penetrar la capa de piedra que tenía, el resto no era más que de simple tierra; pero el interior del terreno superior estaba compuesto de materias quemadas, cenizas y fragmentos de piezas de barro. Recogí bastantes de estos fragmentos, muchos de los cuales eran de vasijas bien proporcionadas, pintadas y adornadas exteriormente.

Algunas eran planizas, como pailas; otras tenían la forma de vasos diferentes. Todos eran cuidadosamente pintados con simples adornos o figuras mitológicas. Un pequeño vaso de tierra, groseramente trabajado, fue el único que pude obtener entero. Estaba fileteado de negro y rosado, de una materia tan sólida, que no se podía mover. También se encontraron fragmentos de cuchillos enmohecidos.

Cerca de la extremidad oeste de la colina hay dos profundas cavidades, con flancos perpendiculares, que llegan a la roca: son de veinte pies cuadrados y doce de profundidad. Aunque parcialmente rellenado de tierra, se descubre un pasaje en la parte inferior de cada una; hacia el norte, de una profundidad poco más o menos de tres pies y otros tantos de ancho. Cómo pasaban por ellos, o de qué servían, no se sabe. Las aguas que corren por ellas en la estación de lluvias, tienen una fácil salida. Yo no puedo decidir si son naturales o artificiales, pero me inclino a creer que son naturales con algunas mejoras artificiales. Una arruinada pirámide está en la boca principal.

La tradición que sobre ellos hay es de que fueron cavados por los *antiguos*, conduciendo a las ruinas de Chapulistagua, al otro lado de las montañas, para huir fácilmente por ellos en caso de peligro.

En todo hay como trescientas o cuatrocientas terrazas y pirámides truncadas de varias dimensiones, además de los singulares vallados que he mencionado.

Probablemente toda esta posesión servía para fiestas religiosas y para defensa. La unión de estos dos objetos fue común en todas las familias semi civilizadas del continente. En mi obra sobre los monumentos del valle de Mississippi, he presentado muchos ejemplos en que las estructuras puramente religiosas se encontraban en las de defensa. No fue sino en las áreas de las terrazas del gran templo de México, donde los Aztecas hicieron la última resistencia a las armas de Cortés. Sin embargo, no se supone que éste fuese un pueblo fortificado, o el lugar donde permaneciese una gran población. Las cimas de las colinas son rocallosas y el suelo pobre, poco a propósito para una población de indios, que procuraban abundante agua y buenas tierras. Indudablemente, las habitaciones permanentes las tenían en el bajo, y sólo iban allí a practicar sus ritos religiosos, o a procurar su salvación en caso de peligro.

Dentro del Departamento de Comayagua se halla el llano de El Espino. Está al norte del de Comayagua, del que se separa solamente por una línea de collados, de manera que puede considerarse como una extensión o dependencia. Es regado por el mismo río Humuya, que lo atraviesa enteramente. El llano del Espino es algunas veces llamado de Manianí. Es mucho más pequeño que el de Comayagua, pero tiene doce millas de largo y ocho de ancho; y en otros respectos, como clima, producciones etc., nada puede decirse del uno sin que corresponda exactamente al otro.

Dependiente también del llano del Espino, es el pequeño valle lateral de Jamalteca, de una belleza sorprendente, y tan abundante en agua, que mantiene su vegetación fresca y vigorosa, recogiendo sus habitantes una no interrumpida sucesión de cosechas, aun durante la estación seca, en que la agricultura está en suspenso. En este valle hay algunos interesantes monumentos de los aborígenes, indicando que hubo una gran población.

Casi toda la extensión del valle del río Goascorán, que corre al Golfo de Fonseca, está dentro de este Departamento. Este valle es estrecho, y a excepción de su boca, donde se extiende a los planos del Pacífico, no contiene tierras de importancia. Es interesante todo él por la facilidad que presenta para la proyectada línea del camino de hierro.

Las montañas de San Juan o Guajiquiro, en la parte sur del departamento, son exclusivamente ocupadas por indios descendientes de aborígenes lencas. Estas montañas están estratificadas de talpetate blanco, pero tienen hermosas áreas de un fértil suelo, en que los indios cultivan trigo y otros granos, y frutas de las más altas latitudes. Tienen una exquisita raza de mulas, y manifiestan un grado de perseverancia y de industria, aunque sin la empresa necesaria, que no vi entre los semi europeos habitantes. Cada departamento en Honduras posee más o menos minerales ricos. Aunque a este respecto el de Comayagua no es superior a los otros, no es, sin embargo, menos favorecido.

El considerable pueblo de Opoteca está literalmente edificado sobre una mina de plata, que fue trabajada en una escala bien superior, y con los mejores resultados, en tiempo de la corona. Al presente, la atención de los vecinos se dirige a la agricultura, por razones muy sencillas. Cerca de Aramecina, Las Piedras y en las montañas de Lauterique hay numerosas y muy ricas minas, unas abandonadas y otras mal trabajadas. No necesitan más que inteligencia, empresa y capitales para ser productibles. El cobre se encuentra en abundancia, pero tampoco se elabora. En todo el departamento hay vastas capas de mármol azul, propio para toda clase de construcciones o para hacer cal. Las rocas predominantes son de piedra granosa, generalmente blanca y algunas veces de olor de naranja. Cerca de Guajiquiro se encuentran también inextinguibles capas de varios colores de ocres, de buena calidad. Estos fueron usados por los aborígenes, y lo son hasta el presente, para pintar. Los colores son extraordinariamente vivos.

Pinos y encinos abundan por todas las colinas del departamento; y el caoba, cedro y el lignumvitae (guanacaste), así como otras muchas maderas de uso, se hallan en la cantidad deseable en los valles de los riachuelos. Una gran variedad de cactus se encuentra en el llano de Comayagua. El más común es el llamado nopal en México, que se cultiva en los Estados del sur de aquel país, y en Guatemala, para la producción de la cochinilla. Las numerosas plantas silvestres que hay en Honduras producen lo que llaman grana silvestre o cochinilla silvestre. Los llanos de Comayagua y El Espino son admirablemente adaptables para el cultivo de la grana, café y todas las plantas de las regiones semitropicales.

DEPARTAMENTO DE GRACIAS[43] [44]

---

[43] Después de Trujillo, Gracias es la ciudad más antigua de Honduras. Enviado Juan de Chávez por el conquistador don Pedro de Alvarado a buscar un lugar aparente para establecer una ciudad entre los dos mares, después de vencer las dificultades físicas del país y las que le oponían los indios, bajo las órdenes de Lempira, cuando llegó a un lugar planizo exclamó como Colón, "Gracias a Dios", y este fue el nombre que dieron a la población. — Herrera. — El *Traductor*.

[44] Este departamento en la actualidad limita: al norte, con los departamentos de Santa Bárbara y Copán; al sur, con el de Intibucá; al este, con Santa Bárbara e Intibucá; y al oeste, con la República de El Salvador. — Nota de *"La Bandera Liberal"*.

Distritos [45]. — Gracias, Ocotepeque, Guarita, Erandique, Corquín, Gualcho, Sensenti, Camasca, Santa Rosa y Trinidad.

Pueblos principales [46]. — Gracias, Santa Rosa, Intibucá, Sensenti, Corquín, San José, Ocotepeque, Cololaca y Guarita.

El departamento de Gracias está en el ángulo nordeste del Estado, tocando a El Salvador y Guatemala. Su territorio es, en muchos respectos, el más interesante de todo Centroamérica, del que puede mirarse como un compendio. Es del único que hemos obtenido datos ciertos. Estos son debido al señor don José María Cacho, actual secretario de Estado de Honduras, que, como jefe político de este departamento en 1834, cumplió su deber, atendidas las dificultades del caso, de una manera acreditable y satisfactoria.

Su superficie es la más diversificada, y distinguida por varios grupos de majestuosas montañas. Las de Celaque ocupan casi todo el centro del departamento; y al norte tiene la línea del Merendón que, como he manifestado en otra parte, se extiende desde los límites de El Salvador hasta la Bahía de Honduras, en una distancia de ciento cincuenta millas. Es conocida con diferentes nombres en distintos puntos, como El Merendón, Gallinero, Grita, Espíritu Santo y Omoa. Ningún pueblo hay en estas montañas, a excepción de la pequeña aldea Dolores Merendón. Al pie, hacia el norte, hay varios hermosos valles, entre los que se cuentan Copán, célebre por los antiguos monumentos que contiene. Al sur, casi coincidiendo con los límites entre este departamento y el de Comayagua, están las montañas de Opalaca y Puca, ambas de una dominante altura. Se extienden al nordeste, paralelas a las de Omoa, hasta interceptar el valle del río de Santa Bárbara.

---

[45] Tiene 4 distritos: Gracias, Candelaria, Erandique y Guarita, que comprenden 21 municipios. — Nota de *"La Bandera Liberal"*.

[46] Las poblaciones principales son: Gracias con 6,590 habitantes; Las Flores, con 850 habitantes; Belem, con 1,500 habitantes; La Iguala con 1,939; Lepaera, 1,312 habitantes; San Sebastián, 727 habitantes; Talgua, 792; Candelaria, 500: Gualcinse, 2,000; Mapulaca, 900; Piraera, 325; Virginia, 224; Erandique, 2,387; San Andrés, 1,810; San Francisco, 1,825; Guarita, 4,871; Cololaca, 297; Tambla...; Tomalá, 993; Valladolid, 905; la Virtud, 1,273. —Nota de *"La Bandera Liberal"*.

Todas estas montañas estás cubiertas de maderas de construcción, de pinos y encinas. En las pendientes y valles que hay al pie, el cedro, caoba y otras maderas preciosas son abundantes. En las montañas de Merendón se encuentra el *quetzal*, el pájaro real y sagrado del reino aborigen del Quiché y uno de los más hermosos del mundo.

Este departamento, como todas las otras partes de Honduras, es profusamente regado. En él nacen los ríos más grandes de Centroamérica. Al oeste de la montaña del Merendón y de sus gargantas, salen los pequeños ríos Jila y Gualán, que caen al Motagua. A lo largo de la base este de la misma línea, corre el Chamelecón, que tiene su nacimiento a pocas leguas al norte de la ciudad de Santa Rosa. Forma un valle de gran belleza y fertilidad que, como el Copán, abunda en monumentos de una gran población aborigen. El río Santiago o Venta, que después de su unión con el Humuya tiene el nombre de Ulúa, nace en el gran valle de Sensenti, donde le dan otros varios, como Río del Valle, Alas, Higuito y Talgua. Su grande tributario en este departamento es el Mejocote o Gracias, que corre al este en la base de las montañas de Celaque. A lo largo de los límites sur del departamento, separando los de El Salvador, corre el río Sumpul, uno de los más afluentes del gran Lempa, que desemboca en el Pacífico. Algunos tributarios de consideración recibe también del propio departamento. Entre ellos se pueden mencionar el Guarajambala, Pirigual, Mocal y Cololaca.

Quizás el más interesante rasgo topográfico de este departamento, es el llano o valle Sensenti, casi circulado por las montañas de Celaque, Pacaya y Merendón. Es como de 30 millas de largo y de 5 a 15 de ancho. Apenas lo divide una línea de collados que se extiende hasta las inmediaciones de Corquín. Con propiedad puede decirse que el valle superior es el de Sensenti, y el inferior el llano de Cucuyagua. El ultimó tiene una altura de 2,300 pies, y el primero de 2,800 sobre el nivel del mar. El suelo, en general, es bueno y el clima delicioso. Constituye parte de los dominios del aborigen Lempira, que es el que más resistió a los españoles que ninguno otro de los jefes de Centroamérica. El ejército con que salió a encontrar al Gral. español Chávez, era mayor que toda la población presente del departamento. El clima de todo él es saludable. La temperatura general, como puede inferirse de la elevación del país, es fría, aunque no puede decirse que hay dos lugares iguales. El clima varía con su elevación. Intibucá, pueblo de indios, situado en el medio de un considerable plano o terraza de la montaña de Opalaca, está a 5,200 pies sobre el nivel del mar. Ocasionalmente cae alguna nieve en los meses de diciembre a enero.

Yo pasé por el país a principios del mes de julio, cuando el termómetro marcaba 56° Fahrenheit. Los melocotones, manzanas y ciruelas vienen bien en este llano, y la mora es indígena de aquellas montañas. Los pueblos de Corquín y Colohete tienen una temperatura aún más baja que la de Intibucá. Durante tres semanas que permanecí en Santa Rosa, del 9 de julio al 1 de agosto, la temperatura media, por la mañana fue de 68°, la de mediodía de 72° y a las 3:00 p.m. de 73° de Fahrenheit. De septiembre a febrero tiene el termómetro un medio más bajo.

Los productos vegetales de este departamento, actuales y posibles, llenan la lista de todas las producciones de las zonas templadas y de los trópicos. El trigo, la cebada y el centeno y las patatas, etc., vienen perfectamente bien en las montañas; mientras la cañamiel, el índigo, tabaco, café, algodón, cacao, plátanos, naranjas, etc., florecen en los llanos y valles. Las maderas preciosas son abundantes. Pinos, iguales a los mejores de North Carolina, cubren los collados. También hay inmensidad de caoba, cedro, granadillo, brasil, mora, etc., para objetos de manufacturas y para tintes. Copal, bálsamo y liquidámbar son, entre las gomas, las más comunes. El tabaco de Gracias, como se verá después, tiene una grande y conservada celebridad.

Aparte de su rica agricultura, Gracias es distinguida por sus minerales y preciosos metales. Las minas de oro y plata son numerosas y ricas, aunque apenas se elaboran, por falta de conocimientos científicos, inteligencia, máquinas y capitales. Los metales de plata y cobre de las minas de Coloal, en las montañas del Merendón, son de gran riqueza: dan un 58 p. gramos de cobre y 98 onzas de plata por tonelada. Los metales de plata de las minas de Sacramento dan 8,674 onzas por tonelada. El carbón de piedra se encuentra también en el llano de Sensenti, cerca del medio desierto pueblo de Chucuyuco. Yo visité las vetas en un lugar cortado por quebradas, y encontré el principal depósito de 8 a 10 pies de grueso, separado por una capa bituminosa de dos pies también de grueso. El carbón es también bituminoso, y en el exterior, de buena calidad. El amianto, cinabrio y la platina, se encuentran igualmente en el departamento. Los ópalos se obtienen en varias localidades, y ya se han exportado en considerable cantidad. Los más y mejores se hallan en las montañas inmediatas al pueblo de Erandique.

Según "La Gaceta Oficial de Honduras", del 1º de abril de 1851, a 31 de enero de 1853, se habían denunciado dieciséis minas de ópalos solamente en el distrito de Erandique. En el mismo periodo se denunciaron, en todo el departamento, trece minas de plata, una de oro y otra de carbón de piedra. Se asegura que cerca de Campuca se encontraron amatistas.

Inmediato al pequeño pueblo de La Virtud, en el extremo sur del departamento, está el curioso fenómeno natural, conocido con el nombre de *mina o fuente de sangre*[47], el interior de una pequeña caverna emana constantemente un líquido rojo, que al caer se coagula exactamente como la sangre. Se corrompe como esta; los insectos depositan su larva en él, y los perros y buaros van a la caverna para comerlo. En un país donde los conocimientos científicos son tan escasos como en Centroamérica, un fenómeno como éste debía ser objeto de grande y aun supersticiosa admiración, y muchas historias maravillosas se refieren a la fuente de sangre. Varias veces se había intentado hacer el análisis de ese líquido, pero nunca había sido posible, porque su rápida descomposición obligaba a romper las botellas en que se echaba. Diluido en agua, pude traer dos botellas de él a los Estados Unidos, que sometí al examen del profesor B. Silliman Junior. Sin embargo, había sufrido gran descomposición y tenía un olor muy desagradable. Había depositado un grueso

---

[47] Un poco al sur del pueblo de La Virtud, está una pequeña gruta, que en el día es visitada por los buaros y gavilanes y en la noche por multitud de vampiros que van a alimentarse de la sangre natural que sale de la caverna. Esta gruta está en los bordes de un riachuelo cuyas aguas se enrojecen con la pequeña vertiente de un líquido del mismo color, olor y gusto de la sangre. Aproximándose a la gruta se siente un olor desagradable, y al llegar se ven lagos de sangre en estado de coagulación. Los perros la comen con avidez. El difunto don Rafael Osejo fue el único que procuró mandar dos botellas de este líquido a Londres, para su análisis; pero a las veinticuatro horas se había corrompido, y rompió las botellas. — *"Gaceta de Honduras"*. de 20 de febrero de 1853.

sedimento, conteniendo rasgos de su original materia orgánica. Las peculiaridades del líquido son indudablemente debidas a la rápida generación que hay en esta gruta de alguna prolífica especie de infusoria colorada.

DEPARTAMENTO DE CHOLUTECA

Distritos. —Nacaome, Amapala, Choluteca, Sabanagrande, Texiguat, Curarén y Santa Ana.

Poblaciones principales. — Choluteca, Nacaome, Texiguat, Langue, Pespire y Sabanagrande. [48]

El Departamento de Choluteca [49] está al sur de Honduras, fronterizo a la Bahía de Fonseca, en el declive oeste de las montañas de Lepaterique o Hule, en donde nacen los ríos que lo riegan. Por consiguiente, su superficie es extremadamente variada. Los valles de los ríos Choluteca y Nacaome son anchos y fértiles, y el distrito inmediato a la bahía es distinguido por sus extensas sabanas y aluviones cubiertos de bosques. A una distancia de 15 millas, el suelo es admirablemente adaptable para el cultivo y propio para producir con abundancia todos los frutos tropicales. A medida que el país sube, que es una serie de terrazas, las sabanas son más anchas y numerosas, suministrando vastos repastaderos de ganado, que es lo que constituye la principal riqueza del departamento.

Las montañas de Lepaterique o Hule, que forman la frontera del este al norte, no tienen menos que 5,280 pies de altura, en el punto

---

[48] Sabanagrande, Texíguat y Santa Ana pertenecen a Tegucigalpa, y Curarén y Langue a Comayagua. Los distritos, pues, de este departamento, son: Choluteca, Nacaome, Amapala, San Marcos, El Corpus, Namasigüe, Oropolí y Pespire, y estas mismas son las poblaciones principales. — Nota del Traductor.

[49] El departamento tiene 31,000 habitantes. Limita: al norte, con los departamentos de Tegucigalpa y El Paraíso; al sur, el mar Pacífico; al este, Nicaragua, y al oeste, El Salvador. Se divide en cinco distritos, que son: Choluteca, El Corpus, Orocuina, Pespire y San Marcos, formados por 16 municipios. — Nota de *"La Bandera Liberal"*.

donde las corta el camino de Nacaome a Tegucigalpa. Sus cimas son anchas, ondulantes, frías, saludables y fértiles, y literalmente constituyen los graneros de los adyacentes distritos minerales. El trigo, las patatas y especialmente el maíz, vienen con lozanía. Granizos y ocasionalmente nieve, caen allí, y algunas veces ha sido en tal cantidad, que han emblanquecido el suelo por unos pocos días. De las cimas de las montañas de Hule se toma la vista de un paisaje de más de cien millas de extensión, que forman las azules masas de montañas de Sulaco, al norte, y los volcanes de Nicaragua y el Golfo de Fonseca al sur y al sudeste.

De estas montañas el viajero goza también de la hermosa vista del valle de Choluteca, que el curso del río define claramente por los verdes bosques que conserva en sus márgenes. Esta vista se obtiene en el ancho y dependiente valle de Yusguare, célebre aun en la misma Honduras por su extraordinaria belleza y por sus inagotables fuentes de riqueza. En este valle hay varios pueblos considerables de indios, cuyos habitantes son distinguidos por su industria, por su bravura y por su espíritu republicano. Los texiguats [50] y curarenes [51] obtuvieron una gran nombradía en las guerras que precedieron a la disolución del pacto federal de Centroamérica; y al presente son los más fieles ciudadanos del Estado y sus más valientes defensores.

A su rica agricultura, el Departamento de Choluteca agrega la de sus minerales, que todos son de plata. Allí está la famosa mina de El Corpus, cerca de Choluteca, que en tiempo de La Corona se consideró de tanta importancia, que indujo a la audiencia a establecer en ella un ramo del tesoro para recibir los quintos reales. Al presente se trabaja en una escala muy pequeña, estando llena de agua y obstruida con las rocas que se han desplomado. También están allí las minas del Cuyal y San Martín, que aunque no se trabajan en mejor grado que aquéllas, dan una grande utilidad. Su importancia es todavía mayor, por su proximidad a la Bahía de Fonseca, por donde pueden ir todas las

---

[50] El distrito de Texíguat pertenece hoy al Departamento de El Paraíso, y tiene 10,000 habitantes y está dividido en siete municipios, que son: Texíguat, Liure, San Antonio de Flores, San Lucas, Soledad, Vado Ancho y Yauyupe. — Nota de *"La Bandera Liberal"*.

[51] Curarén, municipio del distrito de Reitoca, en el Departamento de Tegucigalpa. Con 1,800 habitantes, indígenas en su mayoría. — Nota de *"La Bandera Liberal"*.

máquinas que se necesiten. En el Tigre [52] se han establecido máquinas de aserrar para hacer tablas de cedro, caoba y otras maderas que abundan, y exportarlas a Chile, el Perú y California.

Las islas del Tigre y Zacate Grande, de que hemos hablado, y el puerto libre de Amapala [53], están en este departamento. Choluteca, que tiene una población de cerca de 4,000 almas [54], es nominalmente la capital; pero hay algunos años que la residencia de las autoridades es Nacaome. [55]

Esta ciudad está situada cerca del río del mismo nombre, poco más o menos a ocho millas de su boca, y tiene una población como de 2,000 almas. A pocas leguas del propio río está el considerable pueblo de Pespire. En las inmediaciones de Nacaome, en el lugar llamado "Agua Caliente", hay varios ausoles, cuyas aguas son bien estimadas por sus propiedades medicinales.

---

[52] La Isla del Tigre, pertenece al Departamento de Valle. — Nota de *"La Bandera Liberal"*.

[53] Amapala, puerto importante de la Isla del Tigre, sobre la Bahía de la Fonseca, con 2,500 habitantes, capital del distrito y municipio del mismo nombre, en el Departamento de Valle. Existen allí siete consulados: Alemania, Bélgica, Chile, Estados Unidos de Norteamérica, Inglaterra, Italia, Suecia y Noruega. — Nota de *"La Bandera Liberal"*.

[54] Choluteca es hoy la capital del departamento y distrito de su nombre. Tiene 6,000 habitantes. — Nota de *"La Bandera Liberal"*.

[55] Nacaome, ciudad de 1,500 habitantes, es hoy capital y distrito del Departamento de Valle. Este departamento consta de 24,133 habitantes. Está formado por 3 distritos, que son: Nacaome, Goascorán y Amapala, subdivididos en 8 municipios. — Nota de *"La Bandera Liberal"*.

DEPARTAMENTO DE TEGUCIGALPA[56]

Poblaciones principales. — Tegucigalpa Yuscarán [57], Cantarranas, Cedros, San Antonio, Yusguare [58], Agalteca, Lepaterique, Ojojona y Santa Lucía.

El Departamento de Tegucigalpa es el más pequeño, pero el más poblado relativamente, de las divisiones políticas del Estado. Puede describirse como ocupando un *plateau* interior, cortado al norte y oeste por las montañas de Sulaco y Comayagua, y al sur y este por la de Hule y Chile. La elevación de este *plateau* es de 3,000 pies sobre el nivel del mar. Es bañado por el río Choluteca, que casi describe un círculo, llevando su curso entre las montañas, que rompe en una estrecha garganta, pasando a los ricos llanos de la costa del Pacífico.

La temperatura del departamento es fría y su clima no puede ser más saludable. Su suelo no es tan productivo como el de los otros, pero está lleno de minas de gran valor. En efecto, es un distrito mineral, y hasta que los disturbios políticos del país hicieron casi imposible la prosecución de este ramo de industria, las minas eran la principal riqueza y ocupación del pueblo. Las de Yuscarán son todavía trabajadas, así como las de San Antonio y Santa Lucía. Las de oro y plata de San Juan, Cantarranas, no pueden ser mejores, pero apenas explotadas, y es muy probable que en lo sucesivo las encomienden a compañías europeas o americanas. Los nativos no quieren establecerse en sus inmediaciones porque el clima es muy frío.

La montaña de Agalteca, en la parte noroeste del departamento, es una vasta masa de metal puro de hierro. Algunos dan el ciento por ciento y se forjan en la mina misma, sin sufrir la primera fundición.

---

[56] Capital de la República y del departamento, y distrito del mismo nombre. Tiene el departamento 74,343 habitantes, y se divide en 6 distritos, que son: Tegucigalpa, Cedros, Reitoca, Sabanagrande, San Antonio de Oriente y San Juan de Flores, los cuales comprenden 25 municipios. — Nota de *"La Bandera Liberal"*.

[57] Yuscarán es hoy capital del departamento, distrito y municipio de su mismo nombre. — Nota de *"La Bandera Liberal"*.

[58] Yusguare pertenece a Choluteca. — Nota de *"La Bandera Liberal"*.

Desde que el interés de las minas comenzó a declinar, los propietarios se han ocupado más en la cría de ganados, de los cuales venden una parte en el Estado de El Salvador.

Tegucigalpa, capital [59] del departamento, es sin duda alguna la mejor ciudad del Estado, y tiene de 9 a 10,000 habitantes. Está en la margen derecha del río Choluteca, en un anfiteatro entre montañas, y regularmente construida. Tiene seis iglesias. La parroquia es la segunda de la catedral de Comayagua. Un hermoso puente de piedra de diez arcos sobre un río, une la ciudad con el suburbio llamado Comayagüela. Tuvo primeramente algunos conventos y una universidad; esta es hasta ahora de una existencia nominal [60]. También tiene un cuño, pero que sólo acuña al presente moneda provisional de cobre, y de un valor muy bajo [61]. El comercio de Tegucigalpa se hacía todo por Omoa y Trujillo; pero desde el

---

[59] La ciudad de Tegucigalpa tiene 16,360 habitantes. Está situada a la falda sur del cerro del Picacho, en su base. Contiene un puente —hoy,1907, en construcción— que une a la capital con Comayagüela y por bajo del cual corren unidos los ríos Choluteca o Grande, Guacerique y Chimbo o Chiquito. Existen aquí los supremos poderes: Poder Ejecutivo y Judicial. Tiene buenos edificios, entre los cuales descuellan el Palacio del Poder Ejecutivo, el del Legislativo, Dirección General de Rentas, Correos y Telégrafos, Hospital General, Palacio de Justicia, Penitenciaría, Casa Ayuntamiento, la Iglesia Parroquial, Universidad, Casa de Moneda, Tipografía Nacional, varias iglesias, Banco de Honduras y otros. Cuenta con un mercado, 4 parques. —Concordia, Plaza de Morazán, Plaza de la Merced y de San Francisco—Tiene varios monumentos, entre los que sobresalen la estatua ecuestre de Morazán, en bronce, los bustos de Cabañas y Reyes y la estatua de Valle, en mármol. — Nota de *"La Bandera Liberal"*.

[60] La universidad de Tegucigalpa, cuyo rector es actualmente el doctor don Carlos A. Uclés, tiene tres facultades: de Ciencias, de Jurisprudencia y Ciencias Políticas y de Medicina, Cirugía y Farmacia. Existe también un Instituto Nacional, una Escuela Normal, una Escuela Superior de Señoritas, un Gabinete de Física y Química, una Biblioteca Nacional y una Escuela de Artes y Oficios. — Notas de *"La Bandera Liberal"*.

[61] Actualmente en la Casa Nacional de la Moneda se acuñan monedas de oro, plata y cobre. — Nota de *"La Bandera Liberal"*.

establecimiento del puerto libre de Amapala, toma una gran parte esta dirección. [62]

DEPARTAMENTO DE OLANCHO [63]

Poblaciones principales. — Juticalpa, Catacamas, Campamento, Silca, Manto, Yocón, Laguata, Danlí [64] y Teupacenti.

El Departamento de Olancho se une al de Tegucigalpa al este. Tiene un área de 11,300 millas, o algo más que todo el Estado de Maryland. Pero una pequeña porción de este vasto distrito es ocupada por poblaciones civilizadas, estando la mayor parte, comprendida toda la mitad al este, en posesión de las tribus de indios, conocidos con los nombres de hicaques, payas, pantasmas y toacas. Todas las primeras están casi enteramente confinadas en el ancho *plateau* interior, conocida generalmente por el valle de Olancho, donde el gran río Patuca, el Tinto y el Romano toman su nacimiento. Este valle es ondulante, fértil y cubierto de inmensas sabanas, conteniendo gran cantidad de ganado, que es todo lo que forma la riqueza del pueblo. En verdad, Olancho, bajo este respecto, es el primero en todo el centro, y quizá en toda la América española.

---

[62] Tegucigalpa. Degeneración del nombre indígena Teguzgalpa, que significa cerro de plata. En efecto, la ciudad está rodeada de minerales, y a esto debe su progreso. Es, como dice el autor, la más importante del Estado. Tiene un comercio un poco activo, y si se forman buenas vías de comunicación al Pacífico, tomará creces considerable. Su universidad no es antigua; esta fue la que reglamentó el presidente don Juan Lindo en 1849, después de acordada su erección en 1847, y permanece sostenida por algunos hijos de la propia ciudad. Los nombres de Trinidad Reyes, Hipólito Matute, Pío Ariza, etc., merecen los honores de la mención en este respecto; y si ellos tienen dignos imitadores, ese pequeño establecimiento, aunque ahora de poca importancia, llegará a ser lo que aquella pequeña encina que con el tiempo dio sombra a mil viajeros. — El Traductor.

[63] Su población, 40,247 habitantes. Limita: al norte, departamentos de Yoro y Colón; al sur, El Paraíso; al este, Colón y la República de Nicaragua; y al oeste, los de Yoro y Tegucigalpa. Tiene cinco distritos, Juticalpa, León, Alvarado, Manto, Catacamas y Yocón, que comprenden 20 municipios. — Nota de *"La Bandera Liberal"*.

[64] Pertenece a El Paraíso. — Nota de *"La Bandera Liberal"*.

Por su aproximación a las montañas, Olancho tiene un clima fresco y delicioso. Su pueblo es industrioso y posee no solo lo necesario, porque aún vive con lujo. Por su posición geográfica, lejos del centro de las convulsiones políticas, ha gozado, comparativamente, de quietud durante todos los disturbios a que ha estado sujeto el país. Esta circunstancia le ha sido bastante propicia para acumular alguna propiedad; y así es que, en proporción, es el más rico de todos los departamentos.

Sus principales artículos de exportación son: ganado, cueros, zarzaparrilla, tabaco, oro y plata, todo dirigido a Omoa y Trujillo, y alguna parte a Tegucigalpa y al Golfo de Fonseca. Después de sus crías de ganados, la principal fuente de riqueza es el oro en polvo. Casi todos los ríos del departamento llevan en sus arenas oro de una excelente calidad. Esto fue descubierto desde el tiempo de la conquista, y desde entonces tiene el lugar una celebridad local. Pero la política celosa de los españoles, fue dirigida a ocultar todo conocimiento de las fuentes de riqueza de este país; y su condición, desde la independencia, no ha sido la más favorable para desarrollarlas. Sin embargo, no hay duda que el oro del Guayape, el Mangulili y otros tributarios, es igual en valor al de California, y muy pronto debe atraer la atención de Europa y de los Estados Unidos. Al presente no extraen el oro más que algunas mujeres que ocupan unas pocas horas el domingo en lavar arenas, teniendo con el resultado para vivir toda la semana. En el capítulo sobre las minas y minerales se hallará una relación de las ricas que posee este departamento.

Juticalpa, capital del departamento, es la tercera ciudad del Estado, respecto a su población. Está en una hermosa situación, sobre un pequeño tributario del Guayape, no lejos de él, y se le considera como en 8,000 habitantes. Cerca está el gran pueblo de indios de Catacamas, y hay otros también de indios en todo el valle. Estos son proverbiales por su índole pacífica y hábitos industriosos.

La comunicación entre el valle de Olancho y la costa, es toda por mulas a través de valle del río Aguán a Trujillo. Primeramente se abrió un camino por el valle del río Tinto, pero era escabroso y se abandonó pronto. Hay mucha facilidad para abrir una vía de comunicación por el Patuca, que es navegable hasta el puerto de

Delón, pocas leguas de Juticalpa. Pero la falta de un buen puerto, así como de establecimientos comerciales en la boca del río, ha hecho esta natural vía de poca importancia. Actualmente sólo se extraen por ella las maderas de caoba que se cortan en sus márgenes. Pero aun este comercio tiene sus dificultades por la falta de cargadores de madera en las gradas abiertas de la barra. Por donde podría hacerse últimamente un comercio importante, de este departamento con el de Segovia, en Nicaragua, es por el río Wanks, previo un buen reconocimiento, pues que hasta ahora apenas se conocen sus capacidades.

DEPARTAMENTO DE YORO [65]

Poblaciones principales. — Yoro, Trujillo, Olanchito, Negrito, Jocón, Sonaguera, Sulaco, Cataguana.

El Departamento de Yoro comprende toda la parte norte de Honduras, al este del río Ulúa. Su área es de sobre 15,000 millas cuadradas, igual a los tres Estados de Massachussets, Conecticut y Rhode Island; pero mientras es el más grande en su territorio, es el más pequeño en población. Su superficie es extraordinariamente diversificada. Se compone de una serie de valles que forman los numerosos ríos que corren por el interior a la Bahía de Honduras. Estos tienen una dirección de norte a sur y, excepto en las playas de la bahía, donde el país es llano y aluvial, son separados por un correspondiente número de espolones de diferentes elevaciones. Las comunicaciones transversales de estos valles son muy difíciles; y por esta razón toda la población del departamento se ha concentrado a los valles de los principales ríos, que tienen puertos cerca de sus bocas, y en los caminos que conducen al interior de la costa. Las montañas de Pija y Sulaco se elevan en la parte occidental del departamento, y forman los límites orientales de los valles del Sulaco y el Ulúa. Son terraplenadas y cortadas, formando altas sabanas cubiertas de pinos;

---

[65] Tiene el departamento 17,544 habitantes. Límites: al norte, el Atlántico y el Departamento de Colón; al sur, Tegucigalpa y Comayagua; al este, Olancho; y al oeste, Cortés. Está dividido en cinco distritos: Yoro, El Negrito, Olanchito, Sulaco y Tela, que comprenden 11 municipios. — Nota de *"La Bandera Liberal"*.

pero su suelo es pobre y, por consiguiente, no ha atraído población de las partes más favorecidas del Estado. Según tradiciones, contienen minerales muy ricos; pero jamás han sido explotados, y nada se puede afirmar sobre este respecto de una manera positiva.

Los valles de todos los ríos abundan en maderas preciosas, y puede describirse el departamento como el distrito del caoba en Centroamérica. Hay cortes cerca de todos los ríos que, por su capacidad, pueden llevar a la costa las maderas que se cortan. Los habitantes, en general son cortadores de madera por profesión, permaneciendo, en la estación de cortar, en los mismos cortes, y cuando se suspenden los trabajos se vuelven a sus casas o a sus labores. Arriba de los ríos, y entre las montañas y collados que intervienen entre la costa y el valle de Olancho, están los restos de una famosa nación de indios xicaques. No se conoce su número, pero se calculan en siete mil. Son pacíficos e inofensivos, y trafican libremente con los españoles, cambiándoles zarzaparrilla, goma elástica y pieles, por algunos pocos artículos de civilizada manufactura que necesitan. [66]

La mayor parte del llano de Sula cae en este departamento. Al este de él, y formando grande extensión, está un importante territorio llamado Costa de Lean. Es tan bueno para la agricultura como el resto del llano, y bien puede decirse que, bajo este respecto, no hay una porción mejor en Centroamérica y aun en todas las islas occidentales. Su proximidad a las montañas, la falta de pantanos y la abundancia de buena agua, son circunstancias muy favorables para la salubridad, y tienen una influencia directa para atraer emigrantes. Los valles de Sonaguera [67] y Olanchito pueden también mencionarse por su belleza, fertilidad y grandes fuentes de riqueza.

---

[66] Un gran número de caribes emigrados de la isla de San Vicente, están también establecidos en este departamento; pero como se habla de ellos en otra parte, es preciso hacerlo de todos en general.

[67] Sonaguera, pueblo perteneciente al Departamento de Colón, con 855 habitantes, cabecera del distrito de su nombre, situado a 88.8 kilómetros de Trujillo. Productos agrícolas en gran abundancia, tabaco de clase superior. — Nota de *"La Bandera Liberal"*.

Yoro [68], ciudad de cerca de tres mil habitantes, es la capital del departamento [69]. Trujillo, ya descrito, es su principal puerto de mar.

DEPARTAMENTO DE SANTA BÁRBARA[70]

Distritos. — Santa Bárbara, Omoa [71], Yojoa, La Trinidad, San Pedro [72], Quimistán e Ilama.

Poblaciones principales. — Santa Bárbara, Yojoa [73], Omoa, San Pedro, Quimistán, La Trinidad, Macholoa, Ilama, Chinda, Zacapa y Tamagasapa.

Este departamento está al norte de los de Comayagua y Gracias, interponiéndose entre ellos y la Bahía de Honduras. Es atravesado por varios ríos. El Ulúa corre por el de sur a norte, y el Blanco, Santiago, Santa Bárbara y Chamelecón, también pasan por él en distintas

---

[68] Yoro, ciudad de 4,800 habitantes, capital del departamento y del distrito de su nombre, situado a 222 kilómetros de Tegucigalpa. — Nota de *"La Bandera Liberal"*.

[69] Trujillo, como se dijo en otro lugar, es hoy —1907— capital del Departamento de Colón. — Nota de *"La Bandera Liberal"*.

[70] Santa Bárbara, departamento que limita: por el norte, con el Atlántico y el Departamento de Cortés; por el sur, con los departamentos de Comayagua, Intibucá y Gracias; por el este, con el Departamento de Cortés, y por el oeste, con el Departamento de Copán y Guatemala. Está dividido en 4 distritos: Santa Bárbara, Colinas, Quimistán y Trinidad, que comprenden 19 municipios. — Nota de *"La Bandera Liberal"*.

[71] Omoa, ciudad de 1,168 habitantes, situada a 78 kilómetros de San Pedro Sula. Puerto importante sobre el Atlántico, defendido por el castillo de San Fernando. Pertenece al Departamento de Cortés. — Nota de *"La Bandera Liberal"*.

[72] San Pedro Sula. Capital del Departamento de Cortés y del distrito de su nombre, con 3,383 habitantes. Tiene ferrocarril a Puerto Cortés y La Pimienta. — Nota de *"La Bandera Liberal"*.

[73] Yojoa, Santa Cruz de. Pertenece a Cortés, población de 2,071 habitantes, cabecera del distrito de su nombre, situada a 122 kilómetros de Santa Bárbara y 10 de La Pimienta, que es la población más próxima. Produce café, tabaco y vainilla. Pertenece al Departamento de Cortés. — Nota de *"La Bandera Liberal"*.

101

direcciones. Los valles de estos ríos ofrecen terrenos de gran fertilidad, cubiertos de madera y propios para toda clase de cultivo. El gran plano de Sula, que puede decirse comienza en Yojoa, es el más distinguido rasgo del departamento. Es de la mayor extensión. Por las tradiciones del país, se sabe que fue poblado en su mayor parte por los aborígenes. Al presente está todo cubierto de altos bosques, con unos pocos pedazos de tierra cultivados en las inmediaciones de los pueblos que están diseminados a lo largo del camino real. Estos bosques están llenos de maderas, y la mayor parte de los de caoba que se han extraído de Honduras, son de ellos. El Ulúa y el Chamelecón son canales por donde se han llevado, y aún se llevan las trozas al mar. La porción del llano de Sula al este del río Ulúa, está en el Departamento de Yoro. Tomándolo en general, se puede calcular su base de sesenta a setenta millas en la Bahía de Honduras, formando un triángulo hasta Yojoa, a una distancia de cincuenta millas, y comprendiendo un área no menos de 1,500 millas cuadradas.

En el desarrollo futuro que tenga el país, este llano será el que más llame la atención, no sólo por sus ricos productos naturales sino por su inmediación a los puertos, por sus ríos navegables y por su facilidad para cultivarlo, propio para el algodón, café, cacao, y toda clase de frutos tropicales. Una gran variedad de cacao, llamado cacao mico, igual, sino superior al famoso de Nicaragua y Soconusco, es indígena en él, y los habitantes lo recogen de árboles silvestres en los bosques. La vainilla y la zarzaparrilla son abundantes. El copal, hule, palo de rosa, sangre de dragón y otras maderas preciosas se encuentran en profusión, y las exportaciones que últimamente se han hecho de estos artículos, han sido de gran valor. Inmensos palmares de todas especies varían la monotonía de los bosques, en formas bien graciosas. En un lugar en las márgenes del Ulúa, pocas leguas de su boca, hay un parque natural de palmas de coco, que se extiende a lo largo del río por algunas millas.

En las inmediaciones a Yojoa, el país se eleva por una serie de grandes terrazas, que abren al otro lado anchas y ondulantes sabanas. El suelo es bueno, y además de su natural adaptación para la cría de ganado, es propio para el cultivo. Estas terrazas forman un distinguido rasgo del país, alrededor de la ciudad de Santa Bárbara, donde está reconcentrada la mayor parte de la población del departamento.

La gran dependiente cadena de montañas del Merendón, de que se ha hecho mérito en otra parte, que corta los valles de Chamelecón y el Motagua, y termina en el mar, sobre Omoa, ofrece en sus pendientes favorables circunstancias respecto a suelo y clima, para el cultivo de granos y frutos de todas las latitudes. También es rica en oro, que se encuentra más o menos abundante en todos los ríos que corren en el declive Sur. En las inmediaciones de Quimistán hay algunos lavaderos, que hace mucho tiempo se miran como de los más ricos.

En esa porción de la espalda de la montaña de Omoa, y mirando al llano de Sula, hay grandes capas de mármol, tan blanco, fino, compacto y puro, que puede ser bien trabajado en toda clase de objetos. Es más parecido al de Carrara, en Italia, que el que se encuentra en los Estados Unidos; y puede fácilmente obtenerse la cantidad que se quiera.

El hermoso y extenso fondeadero de Puerto Caballos [74], y el pequeño pero seguro puerto de Omoa, están en este departamento. Los dos han sido ampliamente descritos en la subdivisión "Puertos de Honduras".

Los habitantes de este departamento son, en general, dedicados a la cría de ganado, del que exportan una gran parte a Belice y Yucatán y otra a Guatemala, donde lo venden de cinco a diez pesos la cabeza. Una porción de este pueblo, que vive en el llano de Sula o sus inmediaciones, se emplea en los cortes de madera, y otros pocos, todos indios, en recoger zarzaparrilla y, por intervalos, en lavar oro. Todo el departamento es saludable y posee vastas fuentes de riqueza, cuyo valor se hace más estimado por la facilidad para adquirirlas, como por la posición topográfica para la comunicación interior y exterior.

---

[74] Puerto Cortés, ciudad de 1,839 habitantes, situado a 66 kilómetros de San Pedro Sula. Puerto de la República en la costa septentrional del Atlántico. Seguro y de gran capacidad de entrada y fácil salida. Hay ferrocarril a San Pedro Sula. — Nota de *"La Bandera Liberal"*.

CAPÍTULO IX: ASPECTO NATURAL DE HONDURAS

El aspecto de la naturaleza en Honduras es variado y sorprendente. Las condiciones de la conformación de la costa, de su elevación, y por consiguiente, de su temperatura; la porción de lluvias que caen en los respectivos declives de las cordilleras, todo contribuye a diversificar las formas bajo las cuales se presenta la vida vegetal a los ojos del viajero. Sin embargo, los tres grandes caracteres son los aluviones de la costa, generalmente cubiertos de bosques, los elevados valles del interior, extendiéndose en anchas sabanas; y los altos plateaux de las montañas, sembradas de pinos y variados de encinas.

En la costa del norte, donde el Ulúa y el Chamelecón corren al mar, el país es tan bajo que ocasionalmente es inundado a largas distancias. Inmensos bosques de cedros, caoba, ceiba, hule y otras maderas, se producen allí, mezclado de palmares que se elevan sobre ellos, y que franjean las bases de todas las colinas. Los raudales pasan por arcos de verdura y ocultos al sol, mientras que los anchos ríos brillan como bandas plateadas en campos de entrecortada esmeralda. Pero aun en esos lugares, donde la tierra es la más baja, se extienden grandes praderías cubiertas de yerba, que sirven de retiro a multitud de animales; y durante la estación seca, cuando la de las colinas ha perdido su verdura, ofrecen abundante pasto para el ganado.

En el corazón de estos primaverales bosques ejecutan sus trabajos los cortadores de maderas, interrumpiendo el silencio con los ecos del hacha y con los gritos repetidos de los tiradores de trozas que, con veinte bueyes atados a un solo tronco, le arrastran hasta la orilla del río donde le echan. Las anchas praderías proveen a aquellos con sus ganados, y además, toda compañía tiene sus cazadores y pescadores que suministran raciones fijas a los propietarios de los establecimientos.

Al este de la misma costa están confinados los altos bosques en los valles propios de los ríos, teniendo a pocas distancias sabanas arenosas cubiertas de espesos pastos y grandes manchas de pinos y acacias. Pero los llanos de la costa son casi siempre estrechos. Los espolones o colinas dependientes de los grupos de montaña del interior, frecuentemente se aplanan hasta la playa misma. En las espaldas de Omoa, a tiro de cañón de las fortalezas, las montañas se elevan precipitadamente hasta la altura de nueve mil pies, mirando a los suyos propios las claras aguas de la hermosa Bahía de Amatique. Tal es lo que sucede en el Puerto de Trujillo. Los picos de Congrehoy y las montañas de Santa Cruz y Poyas, forman gigantescos fanales para los marineros que se aproximan a las costas de Honduras.

Los aluviones de la costa del Pacífico son también densamente cubiertos de bosques, pero no con extensión. A corta distancia contienen numerosas sabanas y *jicarales*, en que los pequeños árboles de calabaza [75] (jícaro), con sus redondas frutas, semejantes a la manzana, recuerdan al viajero la idea de los huertos de la Nueva Inglaterra. Estas sabanas están llenas de acacias [76] (el arbusto de la goma arábiga), y cubiertas de pastos; pero el pino no se encuentra en esta parte del continente, sino es en las pendientes de las colinas, a una altura de cerca de doscientos pies.

Los valles de los ríos, en ambas costas, están llenos de altos bosques, y cubiertos de lianas o sarmientos[77]; pero a medida que ascienden al interior, la vegetación disminuye y se reduce sólo a una franja de árboles y arbustos en sus inmediatas márgenes. Estos valles, en la parte superior del interior del país, se extienden muchas veces en anchos y hermosos llanos, mitad de sabanas, mitad de bosques, en donde los productos de los trópicos y de la zona templada, palmas y pinos, florecen de uno y otro lado.

Tales son los de El Espino y Comayagua en el Humuya, el de Otoro en Santa Bárbara, el de Sensenti en el de Ulúa, el de la Florida en el Chamelecón, el de Yusguare en el Choluteca y el de Olancho en el Aguán. En todos ellos, como en el de Comayagua, las varias formas de *cactus* [78] distinguen su aspecto, donde frecuentemente llegan a un

---

[75] Crescencia cujete, jícaro, morro, tohimo. — Nota de *"La Bandera Liberal"*.

[76] Acacia farmaciana, de Linnco. Leguminosa, llamada también aromo, espino blanco, espino de Comayagua. — Nota de *"La Bandera Liberal"*.
[77] Bejucos. — Nota de *"La Bandera Liberal"*.

[78] *Apuntia cochinillífera, apuntia ficus indica, apuntia leuco rivica, apuntia monacontha, cer. intricatus, cer. acanthodes, etc.*, son las especies de cactus —

tamaño extraordinario y casi toman el carácter de bosques. Allí cubren la tierra de una manera esférica y espinosa, advirtiendo al hombre y a las bestias de marchar con precaución, pero por ambas fases radiantes de flores y de frutos, semejantes en forma y en color a la copa del más delicado cristal, llena del dorado rubicón de Bourgogne.

Se elevan en altas y estriadas columnas, que en la confusa vista del crepúsculo se ven como ruinas de antiguos templos. Y aun de lejos se advierten las articulaciones y junturas de sus grandes y suculentas palmas, plateadas con los tachones de cochinilla escarlata, que se extienden como en adoración al sol. Otras, en formas contrastadas, se arrastran por el suelo como serpientes, enlazándose en nudos alrededor de los troncos tendidos de los árboles, y en las hendiduras de las rocas estériles. Allí es donde aparece también la agávea [79], con sus espesas y espinosas hojas, elevando sus altas ramas para florecer una sola vez, regar a su alrededor miles de semillas y morir.

Las montañas que se elevan alrededor de estos valles son accesibles por terrazas coronadas de bosques, de pinos y encinas, y alfombradas de verdes céspedes. Las cimas terminan algunas veces en picos, pero en general constituyen plataformas, más o menos ondulantes y frecuentemente extendiéndose en sabanas, cruzadas por pequeñas lomas o por bandas de verdes árboles, que caen sobre riachuelos tan claros y fríos como los de la Nueva Inglaterra. Allí la mora es indígena, y los arbustos que impiden el paso al viajero, están llenos de frutas.

Los campos de trigos que ondulan con los frescos vientos de las montañas y los huertos de manzanas y de duraznos, luchando contra la negligencia del hombre, dan a aquellos lugares todos los aspectos de la zona templada; y en la noche, cuando al brillante fuego de los pinos con que se alumbra cada cabaña, los habitantes se reúnen a su alrededor para confortarse, apenas puede creer el viajero que se halla bajo los trópicos y a 14 grados de la línea. El contraste que forman sus experimentos de hoy con los de ayer, cuando se paseaba entre los

---

tunas en el país— que en general varían en los llanos de Honduras. —Nota del Traductor.

[79] Mezcal de donde se saca el pulque. — Nota de *"La Bandera Liberal"*.

platanares y huertos de naranjas, etc., se hace más decidido todavía a sufrir la lluvia fría y glacial que cae sobre su cabeza, de un cielo nebuloso, tan oscuro y ofuscado como el de un noviembre en el norte.

Pero tanto en los llanos como en los valles y montañas, todos los árboles está cubiertos de plantas parásitas. Algunas especies de cactus, particularmente aquellos cuyos largos y enredados brazos tienen una forma prismática, no desdeñan fijarse en las ramas de los árboles de calabaza (jícaros), que las agobian con su rápido desarrollo. Tan abundantes son estas parásitas, que algunas veces es difícil descubrir la verdura de los árboles a que están asidas. Varias son tan delicadas como el algodón o la seda, y otras groseras y ordinarias; pero todas de una singular belleza, y muchas llenas de flores de brillantes colores [80]. La ciencia extinguiría su nomenclatura clasificándolas, y el viajero es bien contento al encontrar que no han sido cambiadas con las portentosas designaciones del estudio botánico (Dryasdusts), a quien la naturaleza no le dio "un puro recreo", sino un objeto para que lo clasificara y nombrara en términos griegos o latinos.

En las más altas crestas de las montañas, donde la gruesa yerba indica una temperatura demasiado baja para una lozana vegetación, las parásitas desparecen y los pinos y roñosas encinas están vestidos de una ligera capa de largo musgo gris, que flota suavemente con el viento, como despedazadas banderas en los muros de una vieja catedral. Las rocas mismas están cubiertas de musgo, y, excepto los pequeños raudales que salen debajo de ellas y que pronto se pierden con su suave murmullo, nada hay que interrumpa aquel eternal silencio; cuando más, el viajero ve una ligera sombra que pasa por su camino; es la del águila o del cuervo que se ciernen sobre los aires. Tal vez su mirada descubre a lo lejos, sobre una roca, alguna ligera y graciosa forma; pero basta un salto, y el antílope ha desparecido en la montaña.

Los rasgos geológicos de Honduras son igualmente notables e impresivos. Saliendo del Golfo de Fonseca y avanzando al norte, se presenta la línea volcánica de la costa, con sus altos picos de escoria, cubiertos también de yerba; y vastas masas de rocas blancas y

---

[80] *Epidentrum radiatum, peristeria elata, catleya, aklandice, licaste macrophylla,* etc., son las más comunes. — Nota del Traductor.

bermejas rodean los grandes núcleos de las grandes piedras de canto de las plataformas. Vistas a cierta distancia, parecen una colina de basalto y toman diversas formas de castillos, según va cambiando la posición del viajero. Entre ellas, se encuentran ocasionalmente vetas de piedras de cal azul, de cuarzo y de piedras verdes; y en diferentes puntos, se presentan atrevidamente, a través de las rocas superiores, ricos hilos de oro y plata.

A medida que se avanza al interior, las montañas se van elevando por una sucesión de terrazas, profundamente cortadas por raudales que descienden al mar. Estas terrazas son una colección o capas de piedra arenosa (talpetate), que forman puntos escarpados, que las mulas pasan con dificultad. Pero cuando se han acabado de subir, el viajero encuentra a su vista anchas sabanas sembradas de pinos, encinas y arbustos. En general, la capa del suelo es ligera, y en vano una escasa vegetación se esfuerza en suavizar el aspecto salvaje de la naturaleza.

Las rocas desnudas reflejan la luz del sol, que brilla sobre ellas, a través de una atmósfera clara y rarificada de aquellas elevadas regiones, de una manera ofuscante. El fatigado viajero busca ante sí, y traza con ojos desfallecidos la línea del solitario y estéril plano que atraviesa; y agita más y más su fiel mula con la esperanza de encontrar algún estrecho valle donde formar su aislado campo, y pasar la noche con la sola y agradable compañía de los verdes árboles y de algún suave y dulce arroyo.

Súbitamente el *plateau* en que ha marchado se disipa en varias terrazas, y luego descubre casi a sus pies un vasto llano, cubierto de bosques, sabanas y raudales, así como un gran número de pueblecillos, cuyas blancas iglesias hacen la luz como el punto de plata en la perspectiva: tan cerca se ve el primer pueblo, que le parece que arrojando una piedra con la mano, caería en medio de la plaza misma; pero camina de hora en hora, siempre descendiendo, cae la noche, mira las luces de habitaciones, y no es sino hasta después de grandes penas, que el ladrido de los perros y el paso acelerado de la mula, le indican que ha llegado al término de sus fatigas.

Al oeste de Honduras, entre las montañas de Corquín, el país es excesivamente diversificado. Los ríos, recogiendo sus aguas en los bajos interiores, rompen las montañas de pórfido y las colinas que los rodean, en ásperas y precipitadas gargantas. Sin embargo, en estas aberturas en cuyo fondo no atraviesan más que tortuosas y peligrosas sendas, se entreabren bandas de tierras aluviales, donde el indio edifica su cabaña, y donde el plátano tiene su mayor frondosidad, bajo peñas elevadas y erizadas de puntas, como gigantescos centinelas sobre rocallosas murallas.

Una gran abundancia de verdura cubre las colinas y montañas de las costas del norte, que, en consecuencia, tienen un aspecto menos agreste que las pendientes de las costas del Pacífico, donde las lluvias no son tan constantes. Las colinas son más grandes, y las montañas, aunque a igual elevación, tienen un exterior más armonioso. Pocas crestas de rocas presentan, y en sus densos bosques ofrecen más caracteres congeniales, a la multitud de formas de una vida animal, a los que han nacido bajo los trópicos.

Pájaros de brillantes plumajes esmaltan las hojas de los árboles, y tropas de monos juguetean en sus ramas. El tapir, el jabalí y el perico ligero, viven bajo su sombra, y el puma (león) y el tigre, acechan en sus guaridas. Allí es también donde el boa, el variado coral y el temible tamagás, se atraviesan con más frecuencia. Allí, donde la vainilla forma hermosas colgaduras con sus verdes sarmientos, y, donde la zarzaparrilla cruza la tierra con sus largas raíces. Y, en tanto, que en el otro extremo del continente, la plata comprimida en el duro cuarzo ofrece ricas retribuciones al hombre laborioso, allí el oro corre en las arenas de casi todos los ríos.

Así que, pródiga la naturaleza en sus dones, ha comprendido, en los comparativos estrechos límites de Honduras, una variedad de escenas, de climas y de producciones que no tienen ejemplo en el mundo. En las costas ella se viste de exuberante verdura y se corona de flores, mientras la majestuosa mar viene a besar sus pies con sus espumosos labios. Y aunque más modesta en las montañas, no por eso es una madre menos productiva. El viento levanta los encanecidos cabellos de su serena frente; y aunque sin movimiento, aún allí se eleva a proferir un lenguaje sublime y santo para los oídos de sus verdaderos admiradores. [81]

---

[81] No son estos los destellos de una imaginación poética: es la expresión pura y sincera de la verdad; es la descripción exacta de los caracteres geológicos que distinguen aquel mundo en compendio. "Si Honduras, —decía el hijo que más la

CAPÍTULO X: MINAS Y MINERALES ⁸²

ha honrado, el ilustre don José Cecilio del Valle—, no tuviese más que un territorio plano, el carro del orgullo podría pasearse de un extremo a otro, pero no habría esa escala maravillosa de climas, de animales, de plantas y de producciones de todas las zonas, ni de riquezas propias de cada una de ellas". En verdad, todo está sabiamente equilibrado por la naturaleza. No goza Honduras, ciertamente, de las ventajas que proporciona una superficie plana; pero tampoco está sujeta a las producciones de una sola latitud, ni presenta el aspecto monótono de los que la tienen. Bendiga, pues, el hondureño a la Providencia, que ha favorecido a su país de una manera muy superior a muchos otros de la tierra". — Nota del Traductor

[82] Pocos países como Honduras están dotados de una envidiable riqueza mineralógica, riqueza aún no explotada ni en la vigésima parte, por falta de vías de comunicación y por la poca confianza que tiene el extranjero, dadas nuestras continuas revueltas políticas, así como porque, hasta hoy, no se ha nombrado una comisión técnica que estudie nuestro territorio y dé a conocer con amplitud de datos las riquezas naturales en que abunda nuestro suelo. De las 616 minas denunciadas hasta hoy en Honduras, puede asegurarse que casi ninguna ha sido descubierta científicamente, sino que la casualidad, a flor de tierra ha ofrecido a algún obscuro campesino el rico filón del que extrae alguna parte y viene a presentarla a nuestros comerciantes, quienes, descuidados, pocas veces se ocupan del asunto, hasta que algún extranjero declara la riqueza de la muestra. Entonces se hace el ensaye, y, conocida la riqueza del mineral, se empieza a regatear al pobre campesino el valor de su descubrimiento y se conforma con algunas fruslerías. Este es el origen de la mayor parte de nuestras minas. ¿A cuánto llegaría el número de descubrimientos, si una comisión especial, acompañada de suficiente número de cateadores, se dedicara al estudio de las minas?

Las hasta hoy conocidas son las siguientes:

En Tegucigalpa: 5 de oro, 55 de oro y plata, 224 de plata, 3 de plata y plomo, 3 de cobre, 2 de kaolín, 1 de cristal de roca, 2 de hierro, 1 de carbón de piedra, 1 de tiza y una de azufre.
En El Paraíso: 20 de oro, 14 de plata y 2 de oro, plata y cobre.
En Comayagua: 55 de oro, 9 de oro y plata, 8 de plata, 18 de oro, plata y cobre, 3 de oro y cobre, 1 de oro, plata y hierro, 1 de estaño, 1 de plata y plomo y 2 de cobre.
En Valle: 5 de oro, 66 de oro y plata y 18 de plata.
En La Paz: 1 de oro, 3 de oro y plata, 2 de plata y plomo y 5 de plata.
En Gracias: 1 de oro y plata, 2 de plata, 4 de ópalo, y de salitre y 1 de mármol blanco.
En Copán: 9 de oro, 29 de plata, 1 de cobre, 1 de aluminio, 1 de tiza, 1 de mármol, 1 de cobre y oro, 1 de ópalo.
En Santa Bárbara: 7 de oro, 1 de cobre, 1 de hierro, 2 de aluminio, 1 de tiza, 1 de carbón, 1 de mármol, 1 de ópalo y 5 de plata. En Olancho: 20 de oro y plata, 4 de plata, 16 de oro y cobre y 41 de oro solo.
En Cortés: 5 de oro, 1 de hulla, 1 de mármol y abundantes lavaderos.

Respecto a minerales, Honduras es el primero de todos los Estados de Centroamérica.

En verdad, los ricos minerales del país parece que están confinados en los grupos de montañas que constituyen lo que puede llamarse el *plateau* de Honduras. La nueva Segovia y Chontales, los distritos minerales de Nicaragua, naturalmente pertenecen a este sistema de montañas; el mismo que comprende los distritos minerales del Departamento de San Miguel, en El Salvador, donde únicamente se encuentran minas en aquel estado. Hay algunas minas de oro y plata en Guatemala y Costa Rica; pero comparadas con las de Honduras, son insignificantes en número y valor.[83]

Las minas han sido siempre, y aun recientemente, el interés predominante de Honduras; pero ningún ramo de industria ha sufrido tan directamente como este, por las guerras y disensiones civiles que han agitado a Centroamérica durante treinta años. Por una consecuencia necesaria, mina tras mina han sido abandonadas, y una vez suspendidos los trabajos, ningún capital, ninguna empresa, ninguna inteligencia los ha restablecido. En los distritos minerales hay muchos pueblos en decadencia, cuyos propietarios se han hecho hacendados, dueños de inmensos sitios donde cultivan el ganado, que es al presente su principal patrimonio. Unos pocos establecimientos existen solamente; y aunque las operaciones son en una escala tan pequeña y de una manera tan rústica, demuestran la gran riqueza de sus minas.

En Yoro: 3 de oro, 7 de oro y plata, 5 de plata, 1 de carbón de piedra, 1 de cobre, 1 de kaolín, 1 de antimonio y hierro, 1 de litosfito y 1 de cristal de roca.
En Colón: 2 de oro y plata, 3 de plata, 1 de plomo y zinc, 1 de níkel, 1 de hierro, 1 de plomo.
En Choluteca: 47 de oro y plata, 2 de tiza, 2 de cobre y 1 de asfalto. — Nota de *"La Bandera Liberal"*.

[83] "El Estado de Honduras es el más rico en puntos minerales; allí está el famoso de El Corpus, que en otros tiempos produjo tanto oro, que se estableció en él una tesorería para solo el cobro de derecho de quintos; el Departamento de Olancho, en el mismo estado, posee el rico Guayape, de cuyas arenas se saca sin beneficio, el oro más apreciable". — Montúfar. Centroamérica. XXIII. — Nota del Traductor.

Muy pocas de éstas no fueron abiertas conforme a un inteligente sistema, ni con referencia a continuas y extensas operaciones. Sin máquinas para desaguar, los únicos medios que usan para extraer el agua que inunda muchas riquezas, son botas de cuero llevadas en las espaldas de los obreros, de cuya manera extraen también las brozas, de aberturas tan estrechas que apenas permiten que trabaje más de un hombre. Cuando las brozas están afuera, comúnmente las rompen con grandes piedras chaflanadas en los cantos, que mueven dos hombres por uno u otro lado; y sino de una manera pausada por la más grosera maquinaria, movida por bueyes y rara vez por el agua. En el último caso, el aparato consiste en una plancha vertical (movida por una rueda horizontal), por la cual pasa un brazo teniendo en las extremidades dos grandes piedras atadas con cadenas, que se arrastran sobre las brozas en un receptáculo de cal y canto, hasta que las pulveriza suficientemente para la amalgamación. Esta última operación se ejecuta poniendo la amalgama en montones en un patio, sobre un piso de madera, donde permanecen algunas semanas, hasta que la amalgamación se forma completamente, y después de lavadas las masas en artesas, se reducen por último en fuego.

Pero aun con todas estas dificultades, y a pesar de los groseros y costosos procedimientos, las minas en Honduras, como he dicho, fueron de una gran utilidad al principio. Rara vez fueron trabajadas profundamente, y los propietarios se veían obligados a abandonarlas antes de llegar a la profundidad, donde se encuentran las mayores riquezas. Otras se dejaron por la falta de conocimientos para el beneficio de las brozas, y otras, en fin, por la de vías por donde transportar las mismas brozas a los molinos.

Multitud de minas hay en el país abandonadas y llenas de agua, muchas de las cuales, sino todas, pueden trabajarse con grande utilidad, por medio de máquinas propias. Pero, como no hay caminos por donde éstas pueden ser conducidas, es preciso esperar el desarrollo general del país para lograrlo. Los escarpados y estrechos caminos de mulas, en las inmediaciones de los puertos, están llenos de fragmentos de grandes y pesadas máquinas, que los hombres, más empresarios que prudentes, han procurado introducir. Ellos son eternos monumentos que prueban evidentemente que la ciega energía que descuida los medios necesarios para llegar a los fines deseables, jamás los alcanza.

Los metales de plata son los más abundantes y más ricos de los que existen en el estado. Todos se encuentran en las líneas o grupos de montañas del Pacífico, mientras que el oro en polvo, y aun minas de oro, están al lado del Atlántico. La plata se encuentra en varias combinaciones con el hierro, plomo y cobre, y algunas veces con antimonio. El cloruro de plata es bastante común, que es uno de los más ricos metales del país. Los grupos de minas de plata en las inmediaciones de Ocotal en Segovia (Nicaragua), gozan de la más alta celebridad y se consideran de grande interés. Producen la plata en forma de sulfuro, bromides y clorudo. Algunas de ellas dan un sulfuro de plata y antimonio.

La plata de El Limón, en las inmediaciones de El Ocotal, formalmente produce gran cantidad de cloruro de plata; pero al presente no se trabaja por falta de máquinas convenientes para desaguarla. Las brozas de este distrito producen de 28 a 727 onzas de plata por cada tonelada de 2,000 libras o de 32,000 onzas.

El distrito mineral de Yuscarán, en el departamento de Tegucigalpa, tiene una grande y bien merecida reputación por el número de sus minas y por el valor de sus metales. Estas son, en su mayor parte, de plomo mezcladas con plata, y cuando se trabajan, producen de 63 a 1,410 onzas por tonelada. Todas las minas de este departamento y el de Choluteca, producen un metal semejante, estando generalmente en una matriz de cuarzo con proporciones variantes de zinc bruno, sulfuro de zinc y hierro, y óxido de hierro.

Las del Departamento de Gracias son igualmente tan distinguidas como las de Tegucigalpa. Algunas notables combinaciones de plata se encuentran en sus metales. La vieja mina del Coloal tiene sulfuro de cobre, plomo con sulfuro de plata, y en partes cobre negro, produciendo todo un cincuenta y ocho por ciento de cobre, además de setenta y ocho a ochenta y cuatro onzas de plata por tonelada.

Los metales de la nueva mina de Coloal son una combinación de cloruro de plata, un poco de sulfuro de plata, óxido de hierro y antimonio mezclado con tierra, y produce la admirable proporción de 23.63 por ciento u 8,476 onzas por tonelada de 2,000 libras.

Dependientes a los depósitos de plata de Honduras, están los de San Miguel, en el Estado de El Salvador. La plata generalmente sale en forma de sulfuro en combinación con plomo, hierro, blenda negra, sulfuro de zinc, cuarzo y verdes piedras matrices con hilos de cristal y plata natural. Las principales minas conocidas son las del "Tabanco", que son ciertamente las más ricas, y producen de 100 a 2,537 onzas por tonelada. Estas han sido trabajadas de una manera formal y han producido la mayor utilidad, y tiene la gran ventaja de su proximidad a la Bahía de Fonseca.

Las minas de oro son muy comunes en Honduras; pero a excepción de las de San Andrés, en Gracias, y las de las inmediaciones de San Juan, Cantarranas, en Tegucigalpa, no se trabajan regularmente. Las principales cantidades que se obtienen de este metal, son de los lavaderos de Olancho, que producen de una manera superabundante. El Guayape ha gozado siempre de una gran celebridad por la porción de oro que contienen sus arenas; pero casi desde el período de la ocupación de España, no se ha extraído sino en una cantidad muy pequeña por los indios, cuya ocupación casi es exclusiva de las mujeres y de los jovencitos que se dedican unas pocas horas el domingo por la mañana a lavar. Sin embargo, aun así, el valor del que se sacó en Juticalpa el año de 1853, fue 129,600.

Los siguientes parágrafos son extractados de una carta privada escrita por el Dr. Charles Dorat, que visitó los distritos auríferos de Olancho en 1853. "Entre los ríos de Olancho que hemos visitado y examinado, el Guayape y Jalán son sin duda alguna los más ricos en sus auríferas arenas. Estos dos ríos, que se unen un poco más bajo de Juticalpa, capital de Olancho, forman El Patuca. Los depósitos de oro de Guayape comienzan propiamente en un punto llamado Alemán, continuando de allí sobre el río, a una y otra margen, en gran cantidad. Nosotros encontramos oro en los aluviones a media milla del cauce del río. Dejando a Juticalpa en la dirección Nordeste, y cruzando el departamento hasta cerca de Yocón, en un área de veinte leguas de largo y diez de ancho, no hay un riachuelo, por insignificante que sea, que no contenga oro en sus arenas y en sus márgenes.

La mayor parte de estos arroyos salen de las montañas y caen al Guayape y Jalán. Hay algunos, entre ellos, los ríos Sisaca y Mangulile (el último con más proporción de oro que los otros), que se unen al

Mirajoco, el cual toma el nombre de Taguale, después de haber fertilizado el hermoso valle de Olancho, y desemboca en el mar cerca de Trujillo. En este río el oro se encuentra en depósitos abajo de las corrientes. El mejor oro es el de Guayape, Jalán y Mangulile, en el Departamento de Olancho, y el de Sulaco, Caimito y Pacaya en el de Yoro. En Alemán solamente las mujeres lavan el oro, y con la ayuda de sus miserables bateas, en pocas horas se procuran una cantidad suficiente para subvenir a las necesidades de la semana. Lo venden en el lugar, de 11.50 a 12 pesos la onza.

En Guijana se encuentra el oro en una piedra fofa, y en San Felipe, en una tierra ferruginosa y rojiza. Cerca de cinco millas de Danlí, el Jalán produce bueno y abundante, y en la época de nuestra visita, había más de cien hombres y mujeres ocupados en lavar. También se servían de bateas y jamás cavaban más de dos o tres pies de la superficie".

Los distritos del sur de Honduras, limítrofes a Nicaragua, también tienen placeres de oro, donde los indios sacan considerable cantidad. Lo mismo es en los del norte, en el Departamento de Santa Bárbara. Los ríos que corren entre las montañas de Omoa al Chamelecón, y especialmente los de las inmediaciones de Quimistán, todos llevan oro en sus arenas. Si hubiese mineros provistos competentemente para lavar, no hay duda que obtendrían una rica retribución de su trabajo.

También tiene Honduras minas de cobre de una riqueza extraordinaria. Los metales siempre contienen considerable porción de plata.

Los de Coloal, en Gracias, contienen, como se ha dicho, 58 por gramo cobre, además de 80 onzas de plata por tonelada. Los de la mina de Guanacaste, en Olancho, dan sobre 80 por gramo de puro cobre, y 29 p. de plata, igual a 1,039 onzas de plata por tonelada. Pero a pesar de tales riquezas, estas minas han sido siempre descuidadas por el interés de la plata, que es la buscada. Por las circunstancias peculiares del país, y especialmente por la dificultad de las vías de comunicación, se ha considerado ese metal de poca utilidad, y rara vez se transporta a la costa cobre puro; pero con buenas vías de comunicación y la introducción de modernos sistemas para elaborar los metales, las minas de cobre de Honduras serán las primeras fuentes de riqueza del país. También hay minas de este metal en las inmediaciones del Golfo de Fonseca, donde los comerciantes acostumbran a mandarlo como lastre, o para llenar fletes, a Inglaterra o Alemania, donde es vendido a precios ventajosos, proporcionando un buen retorno a los buques, a pesar de los costos de los transporte de tierra.

Byam, que visitó a Honduras y Nicaragua con el objeto de minas, dice "que los metales de cobre, en la mayor parte, son combinados con azufre, y, sin requerir calcinación, pueden fundirse —añade— en un horno común, con la ayuda de igual cantidad de piedras de hierro, que abundan en las colinas. Los metales son los que los españoles llaman *metal de color*, óxidos rojo y azul, y carbonato verde. Se cortan fácilmente con el cuchillo y producen de 25 a 60 por ciento. Las vetas generalmente son verticales y su frente de este a oeste".

Los metales de hierro son bastante comunes; pero ninguna mina se trabaja, a excepción de Agalteca, en Tegucigalpa. El metal es altamente magnético, y tan puro, que se puede forjar sin fundirse. Hay inextinguibles vetas de él, pudiéndose obtener toda la porción que se quiera; y, sin embargo, a diez leguas de la mina, en el mismo departamento, se vende de 10 a 12 pesos *el quintal*, ¡igual a 200 pesos la tonelada!

Se dice que tanto en el Departamento de Gracias como en el de Choluteca, existe el platino; mas las minas no han sido jamás trabajadas. El cinabrio se ha encontrado en varios puntos; pero probablemente no en cantidad suficiente que pueda dar utilidad. El zinc está en diversas combinaciones, y los metales superiores se hallan con abundancia en las islas de Guanaja (Bonacca) y Roatán. El antimonio y el estaño se encuentran igualmente; más si se halla en tal combinación que admite un producto económico, falta todavía que probarse por la experiencia.

Las minas de ópalos de Gracias se han trabajado algo y han dado utilidades considerables. Algunas piedras son grandes y hermosas; pero los indios, que estiman su valor más por el número que por el tamaño, las rompen en pequeñas piezas.

No hay ningunos datos que manifiesten el producto anual de las minas de ópalos; pero puede calcularse que las minas o trabajos en todo el departamento no bajan de ciento. Se refiere que algunas amatistas se han encontrado en este departamento, mas ninguno ha llegado a mis manos. El amianto también existe, y puede creerse con fundamento que se producirá en gran cantidad.

El carbón de piedra se ha descubierto en varias localidades. Las vetas de este fósil en el llano de Sensenti, son bien extensas. Yo visité las de las inmediaciones de Chucuyuco, en un punto donde son cortadas por los ríos que corren abajo de las montañas del Merendón y caen al Higuito. La veta más baja tiene ocho pies de grueso, separada de otra de dos pies, también de grueso, por una capa de bitumen. El carbón es el que llaman bruno, que es de inferior calidad al conocido vulgarmente con el nombre de pit coal (carbón bituminoso), que se encuentra debajo de una piedra roja y deleznable. Es una formación de tierra como la greda del valle Mississippi.

Este carbón se encuentra en grandes vetas en algunas partes de Alemania, donde lo usan en gran cantidad para las fundiciones de metales y para los hornos de reverberos. Las muestras del de Sensenti dieron los resultados siguientes:

Gravedad específica............................1, 504
Cenizas.................................24 por ciento

Pero estas muestras se tomaron de las vetas exteriores, lavados por el río, y, por supuesto, impregnadas de sustancias extrañas. El área de éstas no se conoce; pero es probable que se extienda a la mayor parte del llano. Situadas tan al interior, no es presumible que tengan más que un interés local en la reducción de los ricos metales de plata y cobre que se encuentran en las montañas inmediatas.

Otras vetas de carbón se encuentran igualmente en el valle del río de Sulaco, en el Departamento de Comayagua, y en las inmediaciones de Nacaome; pero yo no tengo datos positivos sobre el particular. En el valle del río Torola hay también grandes vetas; pero de ellas se hablará cuando se trate de los depósitos de carbón del valle del río Lempa, en el Estado de El Salvador.

En adición a esta breve reseña de las minas y minerales de Honduras, manifestaré que en todos los departamentos hay una gran cantidad de vetas de piedra de cal blanca y azul. Muchas existen a pocas millas del Golfo de Fonseca, extendiéndose hasta el valle del río de Goascorán, llano de Comayagua y valle del Humuya, hasta la Bahía de Honduras. Las colinas y montañas detrás de Omoa, tienen una inagotable cantidad de mármol blanco muy unido y hermoso, sin ningún defecto para objetos de adorno y para la estatuaria.

Por la misma carencia de datos, que he deplorado, respecto a todos los otros ramos de industria, es imposible formar un cálculo exacto o aproximado del producto de las minas, tanto en los tiempos pasados como en el presente. Según el informe de personas que han examinado algunos antecedentes, el oro que se extraía anualmente por los puertos del norte, durante los últimos años de la dominación colonial, era en valor de 3,000,000 de pesos. Desde la independencia se estableció un pequeño impuesto sobre el oro y la plata; pero las facilidades para eludir la ley eran tales, que apenas una décima parte de las cantidades exportadas se registraban en las aduanas. Por consiguiente, ni conjeturalmente se puede formar un cálculo sobre el particular.

En 1825 se hizo por el superintendente de la Casa de la Moneda de la República Federal, una relación de oro y plata acuñados en un periodo de quince años anteriores, hasta el de 1810. Este informe es como sigue:

"En quince años consecutivos, hasta el de 1810, se acuñaron 285 marcos de oro y 253,560 de plata, montando toda la suma de 2,193,832 pesos.

En otros quince años, hasta el de 1825, se acuñaron 1,524 marcos de oro y 423,881 de plata, importando todo 3,810,383 pesos".

Pero la cantidad acuñada en la Casa de Moneda de Guatemala fue insignificante en comparación de los productos del país en el mismo período. Donde había un peso acuñado en la Casa de Moneda, había veinte sin el sello del Gobierno, que eran piezas de plata cortadas y se recibían por el peso [84]. Además, con excepción de la cochinilla y del

---

[84] Thomas Gage, un religioso inglés que residió en Guatemala por espacio de doce años, a mediados del siglo XVII, nos ha dejado algunas noticias que manifiestan la superabundante producción de metales preciosos en aquella época. Habla de cien mulas que entraron a Granada "cargadas de oro y plata, que era el tributo del rey". — *New survey of the West Indies*, p. 421.

índigo, en esa época todas las exportaciones del país eran metales preciosos. Sobre este punto, el informe citado, observa: "Pero de esta relación no debe deducirse que las cantidades acuñadas sean el producto total de las minas del país. Fuera de lo que se ha empleado en objetos de uso, la mayor parte se ha exportado, especialmente desde el año 1821. Es bien sabido que todos los comerciantes de Honduras y de otras partes han extraído grandes cantidades de oro y plata, tanto que se cree por personas inteligentes, que tal vez, una décima parte será la que se ha enviado a la Casa de Moneda. Así, pues, es imposible saber a cuánto ascienden los productos de cada año, y menos aún lo exportado, porque casi todo se ha hecho clandestinamente. En todo el territorio de la República, hay minas en abundancia; pero donde se encuentran en mayor número, y donde la naturaleza ha colocado las más y más ricas, es en el Estado de Honduras. M. Gourmes, un mineralogista que ha visitado bien las minas de Honduras, me aseguró que era más fácil encontrar minas que hombres para trabajarlas; y que si se elaboraran y hubiese buenas vías de comunicación, las producciones minerales del país podrían, en poco tiempo, rivalizar a las de México y el Perú [85]". Para la administración de las minas, Honduras ha adoptado, sin modificación alguna, las famosas "Ordenanzas de Minería" de España. [86]

---

[85] En el informe citado se asegura que en el año de 1825 se descubrieron dos mil vetas de metal.

[86] Actualmente se rige este ramo por una ley especial, el Código de Minería. — Nota de *"La Bandera Liberal"*.

CAPÍTULO XI: MADERAS PRECIOSAS. PRODUCCIONES VEGETALES. ANIMALES. PECES. REPTILES. INSECTOS

Las maderas preciosas ocupan el segundo lugar de los minerales en Honduras. Al presente ellas son las que forman el principal ítem de las exportaciones del Estado. Las más conocidas son la caoba y rosa; pero la proporción que entra de la primera en el comercio, es mucho mayor, y, en este respecto, las dos son consideradas como las principales, por la porción de brazos que emplean.

El caoba de Honduras (*Swectinia Mahogoni*), por su grande y magnífico follaje, es llamado "el rey de los bosques". Comparativamente con él, todos los otros árboles parecen insignificantes. Tanto la altura y grosura de su tronco, como la extensión de sus ramas y el espacio que ocupan sus raíces, son notables. Crece con grande lentitud, haciendo un aumento apenas perceptible en los estrechos límites de la vida de un hombre.

Se ha calculado que hasta los trescientos años está de cortarse. Se podrá formar una idea de la enormidad a que llega algunas veces, sabiendo que en la parte más baja de un árbol, un tronco de 17 pies de largo, ha tenido cinco pies seis pulgadas "en cuadro", ¡igual a 550 pies cúbicos y a un peso de 17 toneladas! El caoba crece casi en todas partes de Honduras, especialmente en los valles de varios ríos. Sin embargo, donde es más abundante, es en los bajos inmediatos a los ríos que corren a la Bahía de Honduras, donde llega a su mayor lozanía, y en donde están los principales trabajos, que los españoles llaman "cortes". Como la mayor parte de los terrenos son propiedades del Estado, las maderas se cortan con licencia del Gobierno, mediante una suma fija por cada árbol. Excepto los trabajos que están en las bocas de algunos ríos para recibir, marcar y embarcar las maderas que vienen por ellos, los demás establecimientos son temporales, cambiándose de tiempo en tiempo, según van escaseándose los árboles de las inmediaciones.

De todas las ocupaciones del hombre, la más silvestre, por su naturaleza, es la de cortar caoba y aun entre los establecimientos mejor sistematizados por sus arreglos. Cuando el empresario se ha fijado sobre el valle de un río como el campo de sus operaciones, hace un depósito de provisiones y de todo lo necesario para cortar y embarcar las maderas. Allí mantiene una flotilla de pitpantes, para transportar las provisiones mismas y para mantener relaciones con los trabajos propiamente dichos, que se establecen en los puntos más abundantes de árboles, más accesibles y que presenten más comodidad para poder hacer entrar los animales necesarios para tirar la madera.

En estos puntos frecuentemente sucede que es preciso conducir los bueyes por espesos e intransitables bosques, y llevar las cadenas y ruedas en pequeños botes, contra fuertes corrientes, que pueden remontarse a costa de gran trabajo.

Una vez fijado el lugar del corte, el segundo paso es formar provisionales habitaciones; trabajo a la verdad que no ofrece ninguna dificultad, pues no son más que unas pequeñas barracas cubiertas con zacate de las ciénagas o con palmas, que salven un poco el sol y el agua.

¡Una hamaca y dos piedras para colocar su caldera, es cuanto necesita el cortador!

La estación de los cortes, que es en los últimos seis meses, comienza en agosto de cada año, porque, según la opinión de los cortadores, las maderas no pueden botarse ni henderse desde abril hasta agosto, que llaman la primavera. Para comenzar los trabajos, el cortador prepara en la estación seca, tanto los lugares en que debe establecerlos, como las canoas para extraer las maderas.

Los trabajadores son divididos por compañías de veinte o cincuenta cada una, bajo dirección de un jefe llamado "Capitán", que es el que señala los trabajos diarios a su respectiva compañía y el que aumenta o disminuye el salario de los trabajadores, según lo que hacen. Cada compañía tiene también un hombre llamado guía o monteador, cuya ocupación es buscar árboles propios para cortar. Este trabajo comienza antes que los otros, y como requiere alguna inteligencia y actividad, es pagado a un precio superior al de los simples cortadores.

Su primera operación es desmontar alrededor del pie de cada árbol, en los bosques espesos, para que los cortadores puedan fácilmente llegar a ellos, y para que los cortadores de madera los señalen.

"En esta estación del año (agosto), las hojas del caoba son de un color amarillo, y el ojo ejercitado puede a gran distancia conocer los lugares donde hay más. Así que, sin más guía que su propia observación, él marcha sin equivocarse al lugar que desea.

Algunas veces el guía o monteador tiene que valerse de algunas estratagemas para ocultar sus descubrimientos; todo su ingenio consiste en variar el camino que ha tomado, para que no lo siga alguno otro que ande en la misma especulación, lo que es bien común. Pero no siempre lo consigue, porque otros tan diestros como él, sea por sus observaciones, o por las pistas más insignificantes de los pies o de hojas secas, descubren el depósito, y muchas veces sucede que personas que cuentan con las ventajas de ciertas porciones de árboles, cuando van a buscarlos, están ya tomados por otros. Descubierto el tesoro oculto, la primera ocupación que sigue es de cortar un suficiente número de árboles para emplear los operarios durante la estación. En general, los árboles se cortan a diez o doce pies del suelo, formando un andamio para el hachero; y aunque a primera vista parece un trabajo peligroso, rara vez sucede algún accidente. El tronco del árbol, por las dimensiones que da, es más estimado, pero para objetos de lujo se prefieren las ramas por su grano y por la riqueza y variedad de sus vetas".

Cortando un número suficiente de árboles, comienzan los preparativos para tirarlos, abriéndose anchos caminos para el río donde se han de echar. La distancia de estos caminos depende de la situación de los árboles.

Cuando están dispersos, son necesarios muchos y algunos puentes. Por lo común, se hace un camino general, de donde radian los otros. El trabajo constantemente se hace por destajos, de cuenta del empresario. Un ajuste se hace para desmontar y cortar los arbustos, que no baja de cien yardas por día cada operario; y luego se hace otro también de cien yardas al día para cortar los árboles gruesos al haz de la tierra, aunque este trabajo es más penoso, porque hay árboles tan duros que resisten al hacha y es necesario aplicarles el fuego. Los troncos de estos árboles, aunque muchos de maderas de estimación para toda clase de objetos, se arrojan como inútiles en los lagunatos o arroyos que interceptan el camino, y muchas veces los ocupan para formar puentes, que algunos son de bastante extensión.

Cuando los caminos son concluidos, que casi siempre es en diciembre, se asierran las maderas en trozas de diferentes tamaños, para igualar las cargas que los bueyes deben tirar. Concluidas las trozas, se separan unas de otras y se colocan en la posición que mejor formen un cuadrado, según la figura que la extremidad de cada troza tenga. En seguida se reducen por medio del hacha de su forma redonda o natural a una cuadrada, aunque algunas de las más pequeñas se llevan en sus formas redondas; sin embargo, con los más grandes es esencial de hacerlos cuadrados, no sólo por disminuir el peso, sino por impedir que rueden en la carreta.

Los salarios que pagan los empresarios de Belice en los cortes de la costa oriental de Yucatán, son casi los mismos que en Honduras. Una compañía, se comprende, que es de un "Capitán" y cincuenta trabajadores, divididos en 30 de 1ª clase, 10 de segunda y 10 de tercera. El capitán recibe de 30 a 40 pesos al mes, y los operarios 15, 12 y 10, según su clase. Los guías de la compañía ganan 15 pesos al mes, y frecuentemente se les paga un peso o medio peso por cada árbol que descubren, según su valor.

Lo mismo que en Honduras, los operarios reciben los instrumentos y raciones, y sus pagos son en efectos y dinero.

En las inmediaciones de Belice, todos los cortadores de madera son negros, descendientes de esclavos, que se ocupaban anteriormente en lo mismo. Pero en Honduras son caribes, en su mayor parte, que, en actividad y fuerza, son superiores a los negros; también son más inteligentes y requieren menos cuidado y vigilancia. Muchos van anualmente a Belice a comprometerse por la estación y vuelven a sus casas cuando se han concluido.

Acerca del comercio de maderas de Honduras, como de todos los otros ramos de industrias, no tenemos ningún dato de sus productos. Sin embargo, aumenta considerablemente y tendrá cada día más importancia a medida que vayan disminuyendo las maderas de las islas y de la península de Yucatán, y que el mercado del mundo tenga más demanda. Los principales establecimientos, al presente, están en el río Ulúa y sus brazos, en el Aguán, Río Negro y Patuca. En los otros ríos no hay, por las dificultades que presentan para embarcar las maderas. Además del caoba, Honduras tiene una gran variedad de maderas propias de los trópicos, todas las cuales son bien conocidas y basta solamente enumerarlas. La madera de rosa (Amiris Balsamiferah, L.) es muy común en las costas del norte, donde ha comenzado a ser un artículo de comercio. El lignunvitae o guanacaste (Ramnus Sarcomphalus, L.) abunda en el valle de Ulúa y en las márgenes de los ríos del valle de Comayagua, así como en todos los del Estado.

Entre los numerosos palos de tinte de que Honduras está lleno, se pueden mencionar el fustoc o palo amarillo (Morus Tinctoria, L.); el sándalo amarillo (Santalum); el brasil (Casalpina Echinata,); sangre de dragón (Peterocarpus Draco, L.); madera de Nicaragua (una especie de brasil llamada campeche), y el Achiote (Bixa Orellana).

No son menos abundantes los árboles que producen gomas y medicinas. El arbusto de la goma arábiga (Acacia Arábiga), se encuentra en todas las sabanas abiertas en los declives del Pacífico. Y en los bosques es común la copaiba (Copaifera Officinatis, L); liquídambar (Styrax Officcinalis); copal (Hedwigia balsaminifera); palma cristi (Ricinus Communis); hipecacuana y, finalmente, el hule o caoutchouc (Siphonia Elástica). Este se halla en gran cantidad en las tierras bajas de ambas costas. Pequeñas cantidades se recogen por los caribes en la Bahía de Honduras; pero ya se comienza a hacer alguna atención sobre él.

Entre las más comunes y usadas maderas, el pino resinoso merece el primer lugar, no solo por su excelente calidad, como por su extraordinaria abundancia.

Todas las partes elevadas de Honduras, en uno y otro mar, están cubiertas de estos árboles En el declive del Pacífico comienza a aparecer en las colinas y montañas a la altura de 1, 200 pies del mar. En el interior se encuentra aún en las más bajas elevaciones, y en el declive del Atlántico abunda casi al nivel del mar. También se le halla en las bajas colinas que circundan el llano de Sula, al oeste, a 250 pies; y es bien sabido que en las sabanas inmediatas a los ríos y a las lagunas, al este de Trujillo, así como en la costa Mosquita, es característico. Los árboles no vienen unidos sino separados, permitiendo a la yerba extenderse a su alrededor, tanto que un bosque de pinos no es lo que generalmente llamamos un bosque, sino que más bien tiene el aspecto de un arreglado parque.

Frecuentemente los árboles llegan a una grande grosura; pero el término medio es como de veinte pulgadas de diámetro. Son ricos en resina, y la madera es fuerte, pesada y durable y el corazón jamás lo roen los insectos, por consiguiente, es una de las más baratas y convenientes maderas de construcción de que se sirven en el país para edificios, puentes, botes, etc. El capitán Henderson, hablando del pino de Honduras, dice: "Como madera de construcción, apenas puede ser excedida en grosura; y en general, se considera, para toda clase de objetos, muy superior al que se importa de los Estados Unidos". Y Shangeways manifiesta que las extremidades de los bosques de pinos en la costa norte, suministrarían una gran cantidad de resina, alquitrán y maderas fabriles para el comercio.

El cedro (Cedrola Odorata, L.) es el que ocupa el segundo lugar del pino en la lista de las maderas de uso común. Se encuentra en todos los valles; pero más particularmente en los de los principales ríos inmediatos a la costa. Llega a la altura de ocho a setenta u ochenta pies, y tiene un diámetro de 4 a 7 pies. No es atacado por los insectos, fácil para trabajarlo, y es tan hermoso en el color para objetos de gusto como agradable en el olor. Por esta razón es más usado en Honduras que ninguna otra madera. La mayor parte de las canoas y pipantes de los nativos, son hechos de tronco de cedro; y aunque son ligeros y durables, tienen el riesgo de que pueden romperse en las playas.

La *ceiba* o árbol de algodón (Bombax Ceiba, L.), también es abundante y distinguida por su vasta grosura, y la aplican igualmente para bongos y pipantes. He visto un bote hecho de un solo tronco que tenía siete pies de uno a otro lado. Este árbol florece dos o tres veces al año, y en la época de su florescencia, da una hermosura particular a todo el bosque. Produce una vaina que contiene una especie de suave y fino algodón, que emplean en almohadas, y que podría servir para otros objetos de más utilidad.

Además de estas maderas, las siguientes son más o menos abundantes, y todas de grande estimación, a saber, encina (Bigonia); santamaría, zumaque, zapotillo, (Achras Sapota); mangle (Rizohora Mangle); mangle grape (Coccolaba Ubifera); quiebrahacha (Syderoxylum); jícaro (Crescentia); mangle de Saragoza; algarroba

(Hymenaea Courboril); palo de percha; almendro; varias especies de encina; granadillo; gran variedad de palmas; zapote (zapote mamosa), etc. [87]

Además de la lima, el limón, la naranja y los palmales, hay una gran cantidad de árboles frutales, que son indígenas en el país. El cacao es uno de ellos, y es notablemente abundante en los aluviones del norte, donde los indios van a recogerlo. Se conoce con el nombre de cacao mico, o cacao silvestre, y se distingue del cultivado, en que la nuez es más larga, siendo bastante estimado por su buen gusto. El pimiento, que es exactamente igual al de Jamaica (Myrtus Pimienta), también es indígena. Sus vallas son más grandes que el de las islas, pero el aroma es más suave, y no tiene grande consumo en el comercio del país.

La *anona*, de varias clases, es también indígena, así como el aguacate (Persea Gratimima), la cidra (Citrus Tuberosa), el tamarindo (Tamarindus Occidentalis), la guayaba (Psidium Guajabas), la piña (Bromelia Ananas), el mango (Mangifera Doméstica), la papaya (Carica Papaya), el zapote, el granado (Punica Granatum), el mamey (Lucuma Bomplandi), el nance, el jocote o ciruela silvestre, la manzanilla, el negrito, etc. [88]

---

[87] Al catálogo anterior, podemos añadir el siguiente de las maderas fabriles más comunes y estimadas de Honduras: limoncillo, arrayán, laurel, mano de león, ébano blanco y negro, membrillo silvestre, nogal, madre de cacao, guachipilín, ronrón, hoja péndula, guayaco o guayacán —el verdadero ligunvitae—, pimientillo, nacascotle, etc.; y al de los árboles que producen gomas, el bálsamo —que es abundante en las montañas de Siguatepeque—, el jiñicuite, el copal de Ceylán Hygmenaca Vernicosa —guapinol en el país, y el copalillo Hygmenaca Courbaril— – guapinolillo, etc. — Nota del Traductor.

[88] La anona, que en la opinión de Humboldt, es el regalo más delicado que ha producido la América, es abundante en Honduras, tanto la llamada chirimoya (Anona Reticulata), como la silvestre (Anona Squasumosa); y la conocida con el nombre de guanábana (Anona Muricata). No lo es menos la guayaba llamada de sabana (Psidium Pomiferum), y la de china (Psidium Simense). En cuanto a las demás frutas, agregaremos el níspero —que es verdadero zapote— el durazno, el melocotón, el membrillo, el marañón o lebibo (Semicarpus Anacardium), el marañón de hueso (Cassinium Pomminífera), la manzana rosa (Eugenia Jambos), el caimito, la toronja (Citrus Decumanum), el sonzapote (Manguífera doméstica), el melón, la sandía, la zuncuya, etc. —El Traductor.

La zarzaparrilla (Smilax Medicinal), en ninguna parte del mundo se produce de mejor calidad y en más abundancia que en Honduras, sobre todo al norte de las costas orientales. Toda es recogida por los indios; pero nunca es una cantidad que pueda servir para cambiar artículos manufacturados de Europa, como fundadamente se debe esperar que suceda.

La vainilla (Epidendrum Vanilla) se encuentra en los mismos lugares que la zarzaparrilla, y en todo el interior del país, siendo notable por el tamaño de las vainas. No ha sido hasta ahora un artículo de comercio; pero los ensayos que se han hecho en Estados Unidos y en Europa, han producido órdenes aún para más de la que suministrarían las costas.

La pita, llamada en México Ixtle, es una especie de agávea muy prolífica y llena de fibras que varían desde el más ordinario cáñamo hasta el más fino lino. Se usa para cordelajes, hamacas, papel, etc., y siendo, como es tan sencillo su cultivo, puede ser un importante artículo de exportación y de consumo interior.

Ya he dicho que Honduras produce libremente todos los artículos propios de los trópicos. Las tierras de ambas costas son adaptables para el algodón, que hasta ahora no se cultiva sino en pequeñas cantidades y en pocos lugares, por los indios, que lo destinan a sus peculiares manufacturas. Los experimentos que se han hecho de este artículo, tanto en el Estado de El Salvador, como en el de Nicaragua, han sido tan satisfactorios como pueden serlo del artículo mismo; pero la falta de conocimientos prácticos, y sobre todo, la de cooperación para el trabajo, han hecho abandonar el proyecto de las plantaciones. Sin embargo, en un año se exportaron en los puertos occidentales de Nicaragua, cincuenta mil tercios de trescientas libras cada uno. Según M. Baily, "tuvo una alta demanda en los mercados de Manchester", donde siempre hallaría la mejor venta.

La cañamiel de Honduras, como en todo Centroamérica, es indígena y de una forma diferente a la asiática, que se cultiva en las Indias Occidentales y en los Estados Unidos; pero más blanda y más delgada, y conteniendo proporcionalmente más jugo. Crece lozanamente, tanto en los llanos como en las montañas, en elevaciones de tres a cuatro mil pies. Anualmente da dos cortes, y en circunstancias favorables, hasta tres, y no requiere nueva plantación sino es cada 10 ó 12 años. El azúcar que produce esta caña es fino, y, con algún cuidado al fabricarla, sale tan blanca y tan refinada como la del comercio. No hay grandes establecimientos de fabricación, pero por todo el Estado se encuentran pequeños molinos movidos por bueyes, que producen la necesaria para el consumo del pueblo. La mayor parte se hace "en forma de chancaca" o azúcar baja, en pequeños panes de una o dos libras, que transportan envueltos en hojas de plátano. Estas panelas, con las tortillas, forman el principal alimento de las clases pobres.

Un café de excelente calidad florece en Honduras, aunque jamás se ha adoptado como un general artículo de producción; pero ni aun es suficiente para el consumo del Estado la cosecha. He visto varios plantíos abandonados, en el Departamento de Gracias, cuyos arbustos eran agobiados con el peso de las bayas. En Costa Rica el cultivo del café se ha introducido con el mejor suceso. En 1851 el producto de este pequeño Estado fue como de 20,000,000 de libras, teniendo en el mercado inglés un precio medio de 12½ pesos por quintal, igual a 2,500,000 pesos en valor. Hay muchas razones para creer que el café de Honduras será tan bueno como el de Costa Rica, en todos respectos.

La cochinilla se cultivó antiguamente en Honduras, aunque en pequeña escala; pero al presente solo en Guatemala se cultiva, donde es el primer artículo de exportación. El nopal es indígena y abundante en el llano de Comayagua, donde se ven sus hojas plateadas con los huevos de la *cochinilla silvestre*.

El tabaco de Honduras ha conservado una gran celebridad en todo Centroamérica; y el de los llanos de Santa Rosa se considera como el primero del mundo.

Al descubrimiento de las peculiares ventajas de esta localidad para el cultivo de ese artículo, debe la floreciente ciudad de Santa Rosa su fundación, que ahora es la más importante del departamento, aunque la antigua ciudad de Gracias.

El cultivo del tabaco comenzó en los llanos de Santa Rosa, a últimos del siglo pasado, y aumentó con tanta rapidez, que en 1795 se estableció allí una factoría real con un factor nombrado por la Corona. Desde entonces el tabaco de ese lugar tomó una reputación tan grande, que no sólo se enviaba a todo el reino de Guatemala sino a México, al Perú y aun a España misma. La población de Santa Rosa aumentó en proporción, y en 1825 la Asamblea Constituyente le dio el título de villa. Las convulsiones políticas que han agitado al país y que no ha dejado de sentir Santa Rosa, han hecho decaer este importante ramo y disminuido la población. Sin embargo, el producto anual es considerable y aun se vende en Cuba, en donde se manufactura y se vende después como de la isla. Los llanos de Olancho, los de Sonaguera y Cataguana, lo producen también de excelente calidad. Algunos de los tabacos de Honduras se expenden en los otros Estados, y grandes cantidades se extraen por los puertos del Pacífico, para Hamburgo y otros puntos de Alemania. El ensayo que yo hice para la exportación de cigarros, no tuvo buen resultado, en razón de que ni la manufactura ni el tabaco estaban convenientemente preparados. Pero con el competente conocimiento sobre el particular, éste será el primer artículo de comercio del Estado.

El índigo no se ha cultivado en Honduras en grande extensión. Sin embargo, hace algún tiempo que se ha introducido en los valles de Chamelecón y en los distritos de Camasca y Guarita, en Gracias; y Aramesina, Caridad y San Antonio del Norte, en Comayagua, con los mejores resultados. Su calidad es igual al de Nicaragua y El Salvador, que se mira como superior al de la India. Se cree, con fundamento, que este artículo puede extenderse con facilidad y ventajas en todo el valle de Chamelecón y en los de otros ríos que caen a la Bahía de Honduras.

El maíz florece lozanamente y pueden levantarse dos cosechas al año, en el mismo terreno, si tiene la suficiente humedad o si puede ser regado. En el interior y en las montañas no se acostumbra sembrar los campos por segunda vez, sino es con el objeto de obtener cañas de maíz, que las cortan como zacate para las bestias. La variedad del maíz es más parecida a la de Nueva Inglaterra que a las del Valle del Mississippi. El grano es notablemente grueso y fuerte, y las espigas o mazorcas, no muy grandes, pero numerosas. Allí como en toda la América tropical, el maíz es EL BÁCULO DE LA VIDA, y en *tortillas, tamales, atole, tiste* y otras muchas formas, es el sustento del pueblo. En general, es barato, pero ocasionalmente sufre por el *chapulín* o *langosta*, una especie de locusta que viene en nubes tan grandes que, en pocas horas, destruye las *milpas* más grandes. Como la peste de la *langosta* es general, resulta algunas veces una grave escasez, que raya en hambre; y entonces el maíz llega a venderse al subido precio de cuatro, cinco y aun diez pesos el almud. Afortunadamente, el insecto no ataca los plantíos que están en las pendientes de las montañas, donde el pueblo hace sus *milpas* durante el período de la visita del *chapulín*.

El trigo y otros cereales de la zona templada, se producen en todos los distritos elevados de Honduras. Poca o ninguna harina extranjera entra al Estado, y todo el consumo se puede considerar como suministrado por el país mismo. Yo encontré los campos cubiertos de trigo en las inmediaciones de los pueblos de indios al sudoeste de Comayagua, en las pendientes de las montañas, a una elevación de cerca de 4,000 pies del nivel del mar; pero también se cosecha en las bajas latitudes. La espiga es pequeña y firme, y el grano no es tan grueso como el de las latitudes del norte. Esto puede provenir de que la clase que usa es pobre, y cuya semilla jamás se ha variado. La harina es blanca y de buen gusto, y en todos respectos igual a la de Chile y los Estados Unidos.

El arroz es generalmente cultivado, sobre todo, cerca de las costas, donde se produce con muy poco trabajo y de excelente calidad.

Las patatas, como he dicho, se cultivan poco en los *plateaux* de las montañas, pero solamente por los indios, que las llevan a las poblaciones grandes, donde se consumen todas. El *yame* y el *maníoco* o *casave*, es abundante y se cultiva en todas partes, teniendo un uso general. Los yames de las inmediaciones de Omoa, Puerto Caballos y Trujillo, son notables, tanto por su excelente calidad, como por su tamaño ¡pues hay raíz que pesa hasta cincuenta y sesenta libras! El plátano, las bananas y varias especies de judías, llamadas fríjoles, son de universal uso, y constituyen los principales vegetales del país.

El plátano es de una exuberancia extraordinaria en las costas del norte. Es el que sigue al maíz, o más bien el que ocupa el primer lugar o que sirve de primer alimento a los pueblos de los trópicos. Según Humboldt, un acre de tierra sembrado de plátanos, produce una cantidad igual a la de ¡133 de trigo, y a la de 44 de patatas! [89]

---

[89] Por vía de curiosidad, presentamos aquí la descripción que hizo del plátano el hondureño que antes hemos citado —Valle— y las observaciones que siguió,

En todo cálculo de provisiones para cualquier trabajo público en Honduras, este es el primer elemento sobre que debe contarse.

El cervato de Centroamérica es, según su inmediata posición geográfica, participando del carácter del de las regiones ecuatoriales de Sudamérica y de los distritos semitropicales de México. Así es que encontramos una gran variedad de mangostas en las costas orientales y septentrionales de Honduras, correspondiendo a las del valle del Orinoco, mientras que en los bosques del interior nos saluda con su familiar gruñido la parda ardilla de nuestras latitudes.

Entre los animales domésticos encontramos el caballo, el asno, el buey, el carnero, la cabra, el puerco, el perro y el gato, todos de origen extranjero, excepto una especie de perro que es indígena.

El caballo es común en todo Centroamérica, aunque no se usa sino muy poco en los puertos, para carruajes. Las sabanas son abundantes

---

según las de Humboldt: "En la originalidad de su figura —dice— en la belleza de su forma, en el esmalte y extensión de sus hojas, en el corto tiempo que tarda para fructificar, en el poco costo de su cultivo, en la fecundidad con que se produce, en la cantidad alimenticia de su fruto, en la harina que da cuando es verde, en los manjares a que se presta cuando es en sazón, en todos los elementos, en fin, que forman un vegetal, se distingue el plátano, gloria de la América, riqueza de sus hijos, hermosura de la tierra ****

Según Humboldt, en las inmediaciones de Acapulco y de San Blas, un racimo tiene de 160 a 180 plátanos, pesando de 60 a 80 libras. Haciendo cálculos fundados sobre esta base, 100 varas cuadradas de tierra, donde hubiese un pie a cada tres varas, tendríamos 1,089 en toda su área; daría cada pie, su racimo respectivo; habría en cada racimo 60 libras, la suma sería de 65,340 libras de cantidad alimenticia. Son varios los cálculos de la cantidad de alimentos que necesita el hombre; pero aun concediendo seis libras, que es el máximum, resultaría que en cien varas cuadradas de tierra, daría el plátano 65,340 libras y alimentaría a 10,890 individuos. En una legua cuadrada de 5000 varas, daría 3,670,000 libras, y alimentaría a 544,500 individuos".

A los cálculos precedentes, podemos añadir: que los plátanos de la costa del norte, en general, no pesan menos de 16, 17, y 18 onzas, lo que demuestra que son superiores a los de San Blas; y que un pie, como es bien sabido, se reproduce en 3, 4 y 5. Tomando pues, el número inferior, es decir 3, tendríamos, en el primer caso, que las 100 varas cuadradas darían 195,720 libras, y alimentarían 32,670 individuos; y que, en el segundo, las 5,000 varas producirían 9,801,000 libras, alimento suficiente para 1,633,500 individuos. — El Traductor.

en pastos, y lo mantiene perfectamente bien; vaga por ella casi silvestremente y rara vez se le coge sino es lazándolo. Introducido por los españoles, conserva aún muchas peculiaridades de la raza árabe. Es pequeño, de buena figura, de musculaciones firmes, y distinguido por la extraordinaria pequeñez de las orejas. Sufre mucho en estas, por unos insectos que se le introducen, haciéndoselas perder muchas veces y desfigurándolo notablemente. También es atacado con frecuencia por murciélagos (vampiros) y por una especie de *araña* que le hace perder el casco.

El buey también encuentra abundante pasto y una congenial morada en las sabanas y bosques abiertos. Como el caballo, manifiesta su evidente origen español. Crece algo más de lo que en este país se mira como de regular tamaño; es de una forma fuerte y hermosa, de un cuello poderoso, de cabeza pequeña, compacto, pero de cortos miembros. Sufre menos que el caballo por los insectos, y casi siempre se le mira gordo y lucido. Las vacas no dan una gran cantidad de leche, pero buena. Hay vastas haciendas de ganado en varios distritos del Estado, que forma la principal parte de la propiedad del pueblo. Porción de bueyes que sirven para el yugo se venden en Belice y en los cortes de madera, de diez a quince pesos el par.

El ganado, en general, se vende de cuatro a cinco pesos.

El cerdo es más pequeño que el de las diferentes clases de Europa: es casi negro, de cerdas delgadas, largo hocico, cortas piernas y corpulento. Algunas veces se le encierra para cebarlo pero, en general, sale él mismo a buscar su alimento. La raza de China o de la India Oriental se ha introducido con buen suceso por algunos empresarios del Departamento de Gracias.

No hay muchas cabras; pero se procrean rápidamente y podrían aumentarse en la proporción que se quisiera, sobre todo en los lugares elevados. Por la abundancia del ganado, no tienen ningún consumo, y se conserva en el país más bien como un animal doméstico que como un objeto de economía.

Los carneros se encuentran en más o menos número; y donde únicamente se conserva sistemáticamente es en Quetzaltenango y en otros departamentos de Guatemala, llamados "Los Altos", cuyos vecinos manufacturan la lana en telas de varias clases, que son de grande estimación en todo Centroamérica. La lana es larga y ordinaria, y la carne se consume poco. Por analogía, debe creerse que este animal podría introducirse con suceso en los puntos elevados de Honduras.

El asno se usa para la carga y para cruzar la raza con la de los caballos, en la producción de mulas. Esto es lo más común y más estimado. Se les cría en los lugares montañosos y después se trasladan a los llanos. Algún trabajo cuesta hacer esta mezcla, pero con suceso. Las mulas, en general, no son muy grandes, pero hay algunas de gran tamaño. Entre éstas, si son bien formadas, las hay desde 70 hasta 300 pesos. El precio ordinario de las de carga es de 15 a 35 pesos. No hay escasez, sino es en Guatemala; y se les fortifica el casco con el jugo de limón caliente. La carga ordinaria de una mula en Honduras es de ocho arrobas (200 libras), y en El Salvador y Nicaragua, donde el terreno es planizo, de diez a doce.

Entre los animales silvestres señala Wright en su memoria sobre la costa Mosquitia, citada por Strangeways, el *búfalo*, pero probablemente es una mezcla de ganado *cimarrín* o silvestre, de la costa, con bisonte.

El gamo (Cervus Mexicanus y Cervus Rufus), es abundante en los bosques y sabanas. La primera clase es muy semejante a la de Europa, en color, pero más pequeña y con más grandes mogotes. La segunda es más numerosa, de color bruno, con cuernos cortos y puntiagudos, y de dos dentaduras. Cuando están jóvenes, son pálidos, casi blancos, y de una carne muy sabrosa. El capitán Henderson ha confundido esta especie con el antílope, que supone encontrarse en Hondura. "Si este animal —dice— que en el país se conoce con el nombre de antílope, no lo es en realidad, difícilmente podrá saberse a qué otra clase pertenece: su semejanza y descripción es esencialmente la misma.

Es como la mitad del gamo flavo, corto de talla, con pelo en los muslos, color bruno claro, con la parte inferior de la anca blanca, cuernos como de doce pulgadas y encorvados, en forma de lira. Se encuentra en grandes cuadrillas.

El jabalí (Sus Tajasus, L.), es común en Honduras en los valles de los ríos y en las inmediaciones de las costas.

La jagüilla (Sus Americensis), es igualmente común tanto en Honduras, como en Nicaragua y Costa Rica. Henderson supone que es el ordinario puerco silvestre.

También se encuentra el tapir (Tapir Americanus, L.), en las costas septentrional y meridional, pero raramente en el interior. Es algunas veces parcialmente domesticado.

El manatí o vaca marina (Manatus Americanus, L.), se halla en todos los esteros y lagunas de las costas del norte. Jamás se ha conocido en la parte del Pacífico. Es bien sabido que pertenece a la mammalia. Crece hasta diez pies, y tiene un peso de setecientas a mil libras. Los caribes lo sacan para servirse de la carne, la piel y el sebo. La cogen con arpones, pero su pesca requiere destreza y práctica.

Los monos (Simia), son numerosos y de varias clases, incluyendo los carnudos (Simia Fatuellus, L.), brunos (Simia Apella) y capuchinos (Simia Capuchina). Los últimos son más abundantes, y es un agradable animal. Hay otra especie referida por el capitán Henderson, y que cree que no se ha hecho referencia de ella. "En forma y tamaño —dice— se asemeja a la apella; y la hembra, en la cual se encuentra más característicamente la diferencia, tiene una separada y carnosa membrana, que frecuentemente hace equivocar el sexo". [90]

La racuna (Procyon Lotor o Ursus Lator, L.), es de un tamaño medio, y se alimenta de animales, que es su propensión. Frecuentemente vive separado, y por eso los españoles le llaman "pisote solo".

El maritacaca (Didelphis Opossum), es, por lo regular, de ocho a diez pulgadas, de color gris, de una fuerte cabeza, de larga y flexible cola, y los pies son de pezuñas separadas. La hembra tiene una cavidad en el vientre, donde conserva los hijos. Cuando anda los lleva generalmente en el lomo. Se alimenta de pajarillos, gallinas, etc.

La ardilla. Dos son las especies que se encuentran en Honduras. La gris (Sciurus Cinereus, L.) y la pequeña roja (S. Guajanensis).

El perico ligero también lo hay en varias especies. El rayado (Myrmecophaga Pentadactyla) y el pequeño (M. Didactyla).

---

[90] Henderson's, *Honduras*, pág. 130.

Entre los otros animales pequeños se puede señalar el cuas (Viverra Cuasje), que se parece al icnéumon, en el mal olor.

El armadillo de tres fajas (Dasypus Tricinctus, L.), el de ocho (D. Octocinctus) y el de nueve (D. Novencinctus).

El jibeonita (Cavia Paca o Mus Paca, L.), es más abundante y fácil de domesticar. Crece al tamaño de dos pies, de un color bruno oscuro, y con cuatro series longitudinales de manchas de cada lado. Su carne es muy estimada.

El conejo indígena (Cavia Aguti), es semejante al jibeonita, y tiene casi el tamaño de la liebre común. Corre poco, pero salta bien; es fácil de domesticarlo, y los indios lo cazan mucho por la carne y por la piel. En las Islas de la Bahía de Honduras abunda más.

Entre los animales felinos que hay en Honduras, se cuenta el jaguar (Felis Onca, L.). Es de un color moreno claro, con listas negras en la cabeza, variado con irregulares manchas negras en los flancos, y el vientre blanco. Rara vez ataca al hombre, y sus guaridas son casi inaccesibles a los pies humanos.

Además del jaguar, también se encuentra ocasionalmente el tigre negro (Felis Discolor), que es el más feroz de los animales de Honduras. Llega a gran tamaño, y es notable por su fortaleza. Caza con frecuencia el ganado, en los bosques, y, una vez irritado, no vacila en atacar al hombre.

El ocelote (F. Pardalis), es semejante al gato, pero mucho más grande. Es tímido y poco sale de sus guaridas. Su piel es estimada.

El cuguar o puma (F. Concolor), es el más común, y es de una figura delgada y hermosa. Generalmente le llaman los nativos león. No es tan poderoso ni tan feroz como el jaguar, y huye de la vista del hombre.

El coyote, lobo indígena, es extraordinariamente abundante y pernicioso para la cría de ganado.

En el interior de Honduras no hay muchos pájaros, pero abundan en las costas y en los valles de los ríos principales. El más célebre es el quetzal, que era el pájaro imperial de los indios del Quitché. En los museos se conoce con el nombre de Trogán Resplendens; y donde más se encuentra es en las montañas del Merendón, en Gracias, y en el Departamento de Quezaltenango, en Guatemala. Los papagayos se hallan por todas partes, en una gran diversidad de clases y de los más variados colores. La guacamaya rosada y azul, es igualmente abundante en las costas, así como el tucán. La chorcha amarilla (Cassicus Montezuma), es demasiado familiar al viajero en los ríos de Honduras. Es notable por la hermosura de su color, como por sus colgantes nidos, que hay hasta cuarenta y cincuenta en las ramas de un solo árbol.

Entre los raptores o aves de rapiña, son muchas las especies de buitres que hay, incluyendo desde el común buaro o zopilote, hasta el hibu y el aguilucho. El cuervo, el grajo mexicano, el tordo, la golondrina y el colibrí (de numerosas especies), son comunes.

Aves acuáticas, como el pelícano, patos blancos y negros, el chorlito, la garza, la cerceta, la cigüeña, el herón, el ibis, la grulla, etc., son bastante numerosas en las playas de las lagunas y ríos.

La pava silvestre, el cuan (Penélope Cristana), la chachalaca o gallina de monte, la perdiz mexicana, la codorniz (en abundancia), la becacina o gallina ciega y una gran variedad de pichones y tórtolas, son numerosas en el interior del país.

En todas las lagunas y ríos de ambas costas, se halla el aligator. Llega a tener hasta quince pies de largo. Huye cuando el hombre se aproxima, y generalmente abandona los ríos cuando las márgenes son habitadas.

De la tribu de lagartos hay una variedad infinita. La más notable es la iguana, que algunas veces llega hasta a cuatro pies de largo. Es de un color gris y vive casi de las flores de los árboles. Es temible su mordedura, pero no peligrosa. Su carne es delicada.

Varias especies de serpientes hay tanto en Honduras como en El Salvador, pero casi todas están confinadas en las costas. La común práctica de quemar los campos en la estación seca, destruye en muchas partes los reptiles. Durante un año de permanencia en el Estado, y casi siempre ocupado en el campo, no recuerdo haber visto más que cuatro serpientes, y de ellas solamente un coral, que es de un carácter ponzoñoso. Sin embargo, en las inmediaciones a la costa son numerosas, pero generalmente de las más inocentes. Respecto a las serpientes de la costa, M. M. Müyer y Hesse, observan:

"En la mayor parte son de una especie muy inocente, y los nativos las miran con placer en sus casas, en lugar de temor o disgusto, pues que les destruyen todos los bichos. Las culebras mansas tienen en general manchas redondas en la cabeza, algunas angulares debajo y todo el cuerpo cubierto de escamas ovaladas. La quijada superior, como en mammalia, es toda cubierta de dientes muy sólidos y puntiagudos, y en la unión de la quijada tienen otra andana. La inferior es exactamente igual, de manera que abriendo la boca se le ven cuatro andanas de dientes. Son largas y delgadas, por lo común, estas culebras; la cabeza es hermosa y las escamas muy tersas. En nuestro viaje observamos varias en los bosques, y especialmente una especie de color blanco y azul, que no pudimos examinar por la rapidez con que desaparecían al aproximarnos.

Estas las llaman los indios woulah (zumbadora), y dicen que aunque se alimentan de aves en los árboles, también destruyen pequeñas víboras ponzoñosas. Las principales de éstas se distinguen por un cuerpo más grueso y corto de cola, cabeza ancha y cubierta de escamas, y, sobre todo, por los colmillos venenosos, que son puntiagudos, con un canal y una abertura en la extremidad, por donde comunican el virus. Detrás de estos colmillos tienen varios dientes pequeños, pero ocultos en el músculo. Nosotros no tuvimos la ocasión de hacer ningún experimento, aunque los indios procuraron tomar algunas, y nos contentamos con repetir lo que se nos informó. Hay la culebra dorada, el bejuquillo, el tamagás y la barba amarilla; estas dos últimas son las más peligrosas, y su mordedura causa la muerte. Según la experiencia, la raíz del guaco es un eficaz remedio para la mordedura de la culebra [91]. Se encuentra por todas partes, y especialmente en la isla de Roatán. El número de serpientes ha disminuido, a medida que ha ido avanzando el cultivo de las tierras".

En adición a las culebras mencionadas en este extracto, se deben agregar el cascabel y el coral, que son tan peligrosas como el tamagás. La última tiene los más brillantes colores, cubierta con alternados

---

[91] Además del guaco (serpentaria), se ha descubierto últimamente otro específico más eficaz, contra toda clase de víbora: en la raíz de la acacia (espino blanco en el país). La más temible es una especie de tamagás, conocida en la costa norte con el nombre de chinchintor o gorro colorado, que muchas desgracias causaba entre los colectores de zarzaparrilla. Hoy no hay ningún accidente. Estos van provistos de aquella raíz, y si alguno es mordido de la víbora indicada, o de cualquier otra, toma en el acto un poco de agua hervida con dicha raíz y se pone fomentos de la misma agua, con algunos pedazos de ésta en la parte paciente, cuya operación continúa por algunas horas, hasta que el veneno se neutraliza completamente. *El Traductor*.

anillos verdes, negros y rosados. No llega a ser muy larga, ni es común.

Las tortugas se hallan por todas partes en gran cantidad y diferentes especies. Las de tierra, todas de la especie Tabulata, tienen hasta un pie de largo. Es de una concha negra y se come en común con la de mar, pero no es tan de buena calidad como ésta. En los ríos abundan en una especie llamada Icotea. Es más pequeña que la de mar, pero no inferior en otro respecto. Llega a tener un largo de 18 a 20 pulgadas, y es notable por la grosura de la concha. Las especies de tortugas de la costa, conocidas familiarmente con los nombres de tortuga verde (Chelonia Midas) y la tortuga picuda (C. Caretta), son abundantes en las dos costas, suministran una gran porción de alimentos, y son un recurso considerable para los indios. Entre las últimas, se encuentran las de que se toman las mejores conchas para el comercio. Hay aún otra especie, que crece más que las indicadas, llamada tortuga–tronco. Su carne no se usa, pero la concha es de excelente calidad. De esta tortuga se extrae una especie de aceite de mucha estimación, y es de suponerse que en lo sucesivo se haga un considerable artículo de comercio.

Las ostras, de dos clases, se encuentran también en abundancia. Las llamadas de ribera están en nudos de diez a doce, y las de mangle, llamadas así porque se pegan a las raíces de los mangles, en las lagunas y esteros. Ambas clases son estimadas. Bastas capas hay de las primeras de la Bahía de Fonseca.

Los crustáceos, de varias especies y tamaños. Desde la más larga langosta hasta el más pequeño cangrejo, son asimismo abundantes, en particular el cangrejo de mangle, (Crapsus Cruentatus), y el blanco y negro, cangrejo de tierra (Gecarcinus), se hallan en gran cantidad en las lagunas y en las inmediaciones de las bocas de los ríos. Todos son de un sabroso y nutritivo alimento. En todos los árboles, medio podridos, cerca del agua, habitan miles de cangrejos soldados, que en ciertas épocas del año emigran a la tierra y después vuelven a la mar. Los caracoles son numerosos en todos los cayos de las costas del Norte y especialmente en los alrededores de las islas de Roatán y Guanaja.

No solamente en las lagunas y esteros hay inmensidad de peces de toda especie, sino que los ríos están llenos de ellos. En la mar se halla el pescado de roca (Labrax Lineatus), el peje-puerco (Helops), el peje-rey (Humbriana Alburumus), el baracuta (Spyraena Baracuda), el peje-papagayo (Tretadou), el grupa (Serranus) y el colorado y negro mordedor (Coraciouns), el porgo (Sargus), el sábalo (Aloza), el peje-espada, etc. Y en las lagunas el judío, el cabeza de carnero, el roncador (Macrocephalus), el sucio, sargo, dormilón, macarel, tambor, gruñidor, anguila, cuyamel, etc. En los ríos de las montañas, el sargo y el cuyamel abundan más. El tiburón es común en las dos costas.

En los valles de los ríos hay un sarmiento (Sapindus Saponaria), que lo usan frecuentemente los nativos para envenenar, o más bien para aturdir el pescado [92]. Se machaca y se echa en el agua, y mezclándose el jugo en el agua, atolondra los pescados, que se cogen con la mano en la superficie. Pero si se les deja largo tiempo en el agua, salen de su embriaguez y recobran su energía.

Diferentes especies de abejas y colmenas se encuentran en Honduras. Una (Apis Padilla), es pequeña, de color rosado encendido y de un aguijón pequeño, y no causa mal. Las otras se hallan en las montañas, y son muy diferentes a las comunes de los Estados Unidos. Las colmenas son muy usadas por los nativos, sobre todo, para extraer la cera, que consumen en las ceremonias de la iglesia romana.

La falta de mosquitos que se observa en el interior de Honduras y El Salvador, a la verdad que es bien notable, pues debe suponerse que estos insectos son la principal plaga del país. La casi total falta de ellos en las inmediaciones de la Bahía de Fonseca, es la mejor prueba de que no hay pantanos ni lagunatos.

La pulga es una eterna causa de disgusto e incomodidad. La garrapata es abundante en las tierras bajas, y mucho más en los lugares que habita el ganado. Se quitan fácilmente del cuerpo con bolas de cera, cuya provisión lleva el viajero. El chigoe o nigua, una pulga negra pequeña, que ataca los pies y se introduce en los dedos, causando dolor, no se conoce en la costa del Pacífico. En la del norte sí es común, pero rara vez ataca a las personas que conservan los pies aseados.

---

[92] Hay varias especies. Los principales son el amol y el barbasco. Las dos son comunes en todas las montañas elevadas. — El Traductor.

Entre las arañas, se cuenta la tarántula, pero no se ve frecuentemente. Una especie llamada araña de caballo ataca, como antes he dicho, los pies de los caballos. En la familia de los escarabajos, la luciérnaga es la más notable por su tamaño. Una noche, en las inmediaciones a la costa, alumbraban por todas partes como estrellas, con una brillantez y hermosura extraordinarias. Los escorpiones son más o menos comunes, pero solamente el alacrán de monte es temido. El escorpión de las casas es de un color pálido, y su aguijón es menos virulento, casi es como el de las avispas.

El cientopiés (Scolopendra Orsitans), llega en las costas del norte a ser de seis y siete pulgadas. Tiene en la cabeza dos fuertes alicates, y en el cuerpo veinte divisiones, conteniendo cada una dos pies. Es muy común en las habitaciones, pero poco mal causa. De los insectos más perniciosos en Honduras, como en todo Centroamérica, es el chapulín o langosta, una especie de locusta que, por intervalos, aflige a todo el país, pasando de una a otra extremidad, en vastas columnas de miles de millones, obscureciendo materialmente el sol y destruyendo cuanta planta encuentra. Hay columna que ocupa diez millas de extensión.

No sólo cubren la tierra levantándose en nubes por donde uno pasa, sino que los árboles están agobiados con su peso, y de un color como si el fuego hubiese pasado por ellos, llenando al mismo tiempo el aire y cayendo como una granizada. Su curso es siempre de sur a norte. Aparecen primeramente como saltones, de un tamaño pequeño, de color rojo, sin alas, y cubriendo la tierra como hormigueros. En esta época los habitantes matan grandes cantidades, abriendo fosos de dos a tres pies de profundidad y echándolos en ellos. Cuando están llenos a la mitad, les arrojan tierra y quedan sepultados y destruidos. También los queman en los campos y los echan en los ríos para ahogarlos. Varios otros expedientes emplean para salvar las sementeras, como quemar azufre, hacer tiros de fusil, sonar tambores y formar toda especie de ruido, de cuya manera se levantan y dejan aquéllas. [93]

---

[93] Por fortuna, la aparición del chapulín en Centroamérica es bien raro. Desde el año de 1805 no se había sufrido su terrible visita hasta el año de 1850 o 51, que la comenzó en el Estado de Nicaragua. — El Traductor.

CAPÍTULO XII: EXISTENCIA DE LOS ABORÍGENES. LOS XICAQUES, PAYAS, ZAMBOS Y CARIBES.

En otra parte he dicho que el indígena o aborigen es el elemento que predomina en la población de Centroamérica. Honduras no es una excepción; y en algunos distritos del Estado, es difícil decir si son los blancos los que más se asimilan a los hábitos de vida de los indios, o si son éstos los que más se aproximan a aquellos.

En la parte oriental del mismo Estado, entre los distritos del río Romano y el cabo o río Segovia, en un área de 15,000 millas cuadradas, el país está casi exclusivamente habitado por tribus aborígenes, conocidas con los nombres de xicaques y payas. Porción de éstas han adoptado la religión católica y viven en buena y pacífica armonía con los españoles. El gran pueblo de Catacamas y algunos otros no menos notables en las inmediaciones de Juticalpa, en Olancho, son habitados por indios xicaques o payas cristianizados. Pero, además de éstos, hay un considerable número que vive en las montañas y que se conforman más con sus primitivos métodos de vida.

Sin embargo, también son pacíficos, y sus relaciones con los españoles son igualmente amigables. Su comercio es la zarzaparrilla, cueros de venado, sangre de drago y otros artículos, incluyendo algún oro que lavan en las arenas de las montañas, y que cambian por otras de manufacturas civilizadas que necesitan. Tácitamente reconocen la autoridad del gobierno que, sin embargo, no interviene en el simple sistema patriarcal que observan. Algunas veces vienen pequeñas partidas a la costa, a trabajar en los cortes de madera; pero tan pronto como concluyen su compromiso, regresan a sus habitaciones. En la época de la conquista, estos indios se encontraron, respecto a civilización, inferior a los quichés, cachiqueles y nahuales que ocupaban los *plateaux* de Guatemala, El Salvador y la parte occidental de Honduras. Pero al mismo tiempo fueron avanzando más que las tribus pescadoras que ocupan las bajas playas del mar Caribe, llamado al presente "Costa Mosquita".

Al principio eran intratables, y, favorecidos por las condiciones físicas del país, resistieron por largo tiempo la dominación de los españoles; pero subsecuentemente, cuando se fueron formando establecimientos hacia la parte occidental, y el poder de los españoles se hizo más apreciado, ellos entraron en una perfecta armonía, que no se ha interrumpido por muchos años.

Los nombres de xicaques y payas pueden mirarse como una designación general. Los towcas o toacas, algunos de los cuales viven en las márgenes del Patuca y los secos, en el río Tinto, probablemente pertenecen a los payas. Young, que los visitó, los describe "con una larga cabellera negra, que les cae a los hombros, cara redonda, ojos pequeños, con una peculiar expresión de docilidad, que predispone el ánimo en su favor".

"Son pequeños —continúa— pero extraordinariamente fuertes y capaces de llevar grandes pesos por los difíciles pasos de sus escarpadas montañas, sin experimentar ninguna fatiga". Su carácter es bondadoso y altamente honrado; pero como todas las tribus de salvajes, muy inclinados a los licores espirituosos. Venden zarzaparrilla, cacao, pimienta, *quincoras*, varias especies de raíces y de animales, como patos, etc., y reciben en pago, tiestos de hierro, puñales, *machetes*, pólvora, fusiles, cuentas o abalorio y algunos artículos semejantes para uso. Son enteramente inofensivos, industriosos y hábiles en sus ordinarias manufacturas de algodón silvestre, de que hacen una especie de tela que llaman *quincora*, la cual tejen con plumas de pájaros, que tienen una hermosa apariencia.

"La más grosera superstición reina entre los poyas, al presente, y sus fiestas idólatras son como siempre; pero su carácter salvaje ha desaparecido, siendo una humilde y pacífica raza, cuya ingeniosidad en sus pequeñas manufacturas podría confundirse con las producidas por una máquina europea. Hay otra clase de indios payas o poyas, menos civilizados Se les llama salvajes, porque, como los árabes, vagan en los bosques, haciendo sus siembras, que no vuelven a ver sino hasta que van a recoger la cosecha. Sacan colmenas, zarzaparrilla, etc., que van a vender a sus hermanos más civilizados, por anzuelos, arpones, cuchillos y otros artículos. No se comunican con los zambos de la costa, y solamente por interés de los objetos indicados, visitan a los pueblos de poyas. Estos indios viven en las márgenes del río Seco, y por esos les llaman *secos*. Su carácter casi es el mismo de los poyas.

Los towcas (toacas, thuacas o juacas), son notables por su industria e inofensivo carácter. Es una raza mejor que la de poyas y secos. Hablan siempre bajo y con facilidad y tienen un aire melancólico. El sonido de la S lo hacen oír en casi todas las palabras. Son célebres por su habilidad para hacer *dorys* y *pitpantes*. Su principal residencia es cerca de la cabeza del Patuca. Los toacas, como las otras tribus, tienen una gran reputación, por su buena fe y probidad, e igualmente son afamados por su fortaleza para cargar grandes pesos. Son muy diestros para cazar animales al vuelo con sus flechas, y propios para toda cosa que demanda sagacidad y constancia. Es admirable la baratez en que valúan su trabajo. Por ejemplo, ellos venderían un pitpante por un hacha o un machete, o dos ollas de hierro, a pesar del inmenso tiempo que emplean en hacerlo".

Young visitó un pueblo de payas en uno de los tributarios del río Negro, del que nos ha dado la siguiente relación, sobre el método de vida de los indios en general.

"Este pueblo de indios es admirable. Está comprendido en una casa de forma ovalada, de cerca de 85 pies de largo y 35 de ancho, en la cual residen todos los nativos, en un sistema verdaderamente patriarcal. Cada familia vive separada en ciertos departamentos formados alrededor de la casa misma. A uno y otro lado de la casa, hay una división como de diez y seis pies de largo y diez de ancho, cubierta con hojas verdes, por el frente. En estos lugares pone a las mujeres confinadas, de donde salen después de pocos días, a tomar sus diversas ocupaciones.

A nuestra llegada, todas las mujeres estaban empleadas. Unas moliendo cazabe y harina indígena, mezclada; otras hirviendo ésta en agua, para hacer una especie de bebida llamada *oulung*, otras preparando el cazabe, para el pan de la mañana; otras, en fin, tostando cacao y sacando el jugo de la caña miel; y todas, en general, perfectamente ocupadas, bajo las órdenes de una directora o jefe, que llaman con el nombre inglés *offiicer* (empleada), cuando está ausente. Fuimos recibidos con alguna admiración, y las mujeres nos miraron de hito en hito, pero dentro de pocos minutos volvieron a sus ocupaciones. El *oulung* es una bebida agradable en un día caluroso, y, sobre todo, para los que gustan de cosas agrias; pero a la segunda vez que lo tomé, ya me gustó. El pan es demasiado agrio y sólo lo probé.

Es hecho de harina de cazabe, en bollos de cerca de 15 a 16 pulgadas de largo, y como la muñeca de un hombre de grueso. Lo envuelven en hojas. Cuando es fresco, es bueno, y el gusto agrio lo toma de guardarse. La casa está entechada en una hermosa manera de escarpe, hasta a cuatro pies de la tierra, de manera que aunque llueva fuerte, no son molestados los habitantes. Son notables por su aseo. La elección del lugar de la casa fue bien hecha. A pocas varas de ella, en un escarpado punto, pasa un riachuelo, formando numerosas cascadas, que caen sobre grandes masas de piedra. Sentados allí, oíamos la caída de las aguas y nos divertíamos con la agradable verdura de las colinas, el rico plumaje de los pájaros y la algarabía que formaban los monos en el bosque.

Observé cerca de la casa multitud de animales, como patos, pavos, cerdos, etc., y pueden obtener gamos con muy poco trabajo. El jabalí, que habita en los lugares altos y secos, no es fácil cazarlo. La jagüilla no se encuentra en las montañas poyas, sino es que algunas partidas de indios, pasando el río Negro, las busquen en los lugares donde se conoce. Pocos tienen fusiles; en general, van armados con lanzas y flechas y rara vez regresan sin un buen surtido de provisiones. Después de haber participado de un par de volátiles, de algún cacao, plátanos, cazabe y miel de caña, todo preparado para nosotros por aquella obsequiosa gente, tomamos nuestro reposo. Muy de mañana, cuando aún estaba en mi hamaca, fue una mujer a tocarme tímidamente, diciéndome "inglis" y presentándome un bollo de pan fresco; luego fue otra con una porción de *oulung*, y así continuaron hasta que me dejaron bien provisto. En retribución, yo les obsequié con un poco de tabaco, agujas, sal, y a la directora le regalé una navaja. Poco después fui agradablemente sorprendido al ver llegar varios hombres cargados de plátanos, cañas, cacao, etc., que cariñosamente nos presentaron a cambio de los anzuelos, agujas, etc. Allí nos informaron que a distancia de quince millas había otro pueblo, en el propio camino de los establecimientos españoles.

Antes de nuestra salida, llegaron una porción de indios de los puntos inmediatos, que habían sabido nuestro arribo, a vendernos zarzaparrilla de Osnaburgo; pero como nosotros no teníamos ningún artículo, regresaron llevándose la zarza en los hombros".

La costa alrededor de la laguna Caratasca, y hacia al oeste, hasta Brus, fue por muchos años ocupada por zambos, que corresponden generalmente en carácter con los de la costa Mosquita. Pero los caribes extendiéndose rápidamente al oeste de Trujillo y el río Negro, retiraron a aquellos que se han pasado al sur del Cabo Gracias a Dios, en lo que llaman territorio Mosquito.

Estos zambos o mosquitos son una raza mezclada de negros e indios. Parece que en el siglo XVII una gran porción de esclavos desembarcaron en el Cabo Gracias. Aunque al principio los negros fugitivos fueron hostilizados por los indios, por último se armonizaron y se mezclaron con ellos. Durante la dominación de los corsarios en el mar Caribe, tuvieron sus habitaciones entre ellos, y les legaron un código de inmoralidad, que las subsecuentes relaciones con los contrabandistas no han contribuido a mejorarlos. El elemento negro se aumentó de tiempo en tiempo por esclavos fugos (cimarrones), de los establecimientos españoles, y por los que salieron de Jamaica, que intentaron establecerse en la costa, a principios del siglo pasado.

Los gobernadores reales de Jamaica acariciaban a los zambos como un medio de molestar a los españoles, y con el fin de apoderarse del país. En 1740, el gobernador Trelawney procuró de algunos jefes una cesión de la costa a favor de la Corona británica, cuyo acto fue seguido por el nombramiento de un gobernador o superintendente, de erección de fuertes y otros actos de verdadera ocupación y soberanía. Sin embargo, estas pretensiones fueron abandonadas por los tratados que en seguida celebró España, quien mandó destruir los fuertes ingleses y desocupar enteramente la costa. Pero apenas dejó España de conservar su poder en América que tales pretensiones se despertaron de nuevo. Aprovechando Inglaterra la débil soberanía de las repúblicas americanas, puso en práctica su tradicional política sobre la costa Mosquita; y hoy se ve la singular complicación que todo el mundo conoce con el nombre de cuestión mosquita".

Las relaciones de los zambos, primero con los corsarios y después con los ingleses, quienes les suministran armas de fuego y otros elementos de agresión, los han hecho formidables a las tribus de indios vecinas. Frecuentemente dejaban los esteros y lagunas de las costas y se iban por algunos ríos a varios pueblos de indios de las márgenes, llevándose algunos vecinos, que vendían como esclavos. Por muchos años se tuvo un comercio semejante con Jamaica. Por esta razón, la mayor parte de los pueblos de indios inmediatos abandonaron sus posesiones, y otros compraban su seguridad por medio de un presente anual de canoas, pieles y otros productos que daban a los piratas zambos.

Empero, con la conclusión del tráfico de indios esclavos, los zambos han perdido mucho de su actividad, y entregado más y más al vicio de la embriaguez que, debilitándoles constantemente su constitución, casi los está extinguiendo.

El aumento y expansión de los caribes, como he dicho, proviene más de los zambos que se establecieron al norte y al oeste del Cabo Gracias a Dios, en el territorio de Nicaragua, al sur del cabo. Como toda la población mosquita no excede, probablemente, de seis mil, se sigue que la porción que existe en Honduras es insignificante. Todos los informes que hay, presentan una distinción entre los zambos y los indios propiamente, que es desventajosa para los primeros.

"La diferencia entre zambos e indios, dice Young, es muy notable. Los primeros son de un color obscuro, participando del de cobre del indio y del negro, y el pelo se aproxima más al de este. En general, son bien proporcionados y activos, pero más propios para sufrir privaciones que para un trabajo fuerte. Acostumbran pintarse la cara con pastillas rosadas o negras. Su inclinación al licor es excesiva, y sufren por esto grandes calamidades, porque una vez que han comenzado a tomar, continúan hasta quedar en completo estado de embriaguez, expuestos a las fuertes lluvias que con frecuencia caen.

Los desórdenes a que se entregan les extenúan su constitución, y ésta es la causa de su gradual decadencia. Parece que no tienen ninguna idea del Ser Supremo; pero los que han ido a Belice algunas veces, conocen el nombre de Dios, y frecuentemente dicen "pluga a Dios", así, así, o si quieren ser creídos, gravemente dicen: "juro a Dios". Tienen una entera creencia en el espíritu malo, que llaman *Oulasser*, a quien temen mucho; y después de ponerse el sol, ningún zambo sale solo, por temor de que en el camino se lo lleve *Oulasser*. También temen al agua espirituosa, que llaman *lerrire*. Los hombres son naturalmente apáticos e indolentes, cuando no están excitados por el licor; cazadores y pescadores, y, careciendo de toda idea de moralidad, innecesario es decir que la castidad no es para ellos una virtud. La poligamia les es común. Los chicos son bonitos en general, y se aproximan más a la sangre de los indios; pero así que van creciendo, van aproximándose a la de los zambos. Raramente se encuentra uno feo, y deforme ninguno; y por temor de esto, han establecido la práctica de destruir el último que nace. Los zambos cuentan con los dedos de las manos y de los pies, y los días por sueños y los meses por lunas. Sus casas son perfectamente hechas. No tienen divisiones en ellas, pero duermen en *tapescos* formados de madera, a cuatro o cinco pies de alto. Todo el menaje de casa y propiedades, consiste en unos pocos tiestos de hierro, arcos de flechas, cucharas, bancos, calabazos de agua, arpones, fusiles, etc., y algunas siembras de plátanos o bananos (guineos). Pero aunque los zambos son indolentes y vicioso, y aunque no tienen religión ninguna, son muy pocos los crímenes de alguna enormidad que se cometen entre ellos. No tuve ocasión de poder conocer el número de los habitantes al presente (1839); pero se calcula que toda la población, incluyendo lo que se llama costa Mosquitia, no excede de 8,000, pues hace ya muchos años que van en decadencia, aunque avanzado su civilización.

"Los zambos del Cabo y al sur de él, son de una raza mejor que los del norte y del este".

"Los mosquitos han degenerado mucho, a mi juicio, por la embriaguez y por la falta de un jefe que los estimule; y tal es su degradante condición, que dentro de pocas generaciones, casi habrán desaparecido. La raza blanca es la que avanza, así como los caribes que, con su rápida extensión, ocuparán evidentemente las posesiones de los indios, y llevarán la civilización a unas costas que por tanto tiempo han sido la cuna de la superstición y de la ignorancia".

Además de los indios zambos, hay en Honduras el activo elemento de la población de los caribes. La historia de su establecimiento en el país es tan curiosa como interesante. Ellos constituyen los restos de los aborígenes habitantes de San Vicente, una de las islas de Sotavento. Durante las cuestiones de Francia con Inglaterra, por las posesiones de las islas de las Pequeñas Antillas, los caribes de San Vicente se dedicaron por los intereses de la primera, hostilizando a las autoridades y habitantes ingleses y después de varios choques sangrientos, fueron llevados en *masa*, en número más de 5,000, el año 1796, a las desiertas islas de Roatán en la Bahía de Honduras. El costo de la deportación fue no menos que de 5,000,000 pesos. Pocos meses después las autoridades españolas los invitaron a pasar a tierra firme, y auxiliados por ellos, fundaron varios establecimientos en la costa, cerca de Trujillo.

Desde entonces se han aumentado rápidamente y extendido sus establecimientos, tanto al este como al oeste del puerto. En 1832 fueron inducidos muchos de ellos a tomar parte en la miserable tentativa que hicieron algunos emisarios españoles que intentaron cambiar el gobierno republicano. Esta no pudo ser más desgraciada, y en Omoa, como por todas partes, fueron severamente castigados los complicados en ella. Una gran porción se retiraron a Stann Creek, lugar perteneciente a la supuesta jurisdicción inglesa de Belice, donde permanecieron algún tiempo; pero después se les otorgó una amnistía, y muchos de los fugitivos volvieron a sus hogares. Cuando San Vicente fue visitado por la primera vez por los europeos, la encontraron ocupada por dos familias diferentes, que aunque poseían una lengua común, diferían en color y en métodos de vida. Estos vecinos los llamaron caribes blancos y caribes negros; y los europeos mismos engendraron los celos entre ellos, hasta el extremo de hacerlos chocar.

Sin embargo, cuando la deportación en 1796, el común peso de las desgracias hizo desaparecer su división y se armonizaron. Pero la fusión de sangre no ha sido bastante para extinguir la diferencia de colores que se observa hasta la presente. Se supone que esta distinción ha provenido de la misma manera que en la costa Mosquita, de la infusión de la sangre negra. Se dice que hacia 1675 se fundó un establecimiento de esclavos de Guinea, en una pequeña isla cerca de San Vicente, y que los negros que se fugaron se mezclaron con los nativos, de donde se les dio el nombre de caribes negros. Subsecuentes divisiones se suscitaron entre éstos y los caribes puros, en cuya situación los encontraron los europeos. No parece dudosa la aserción referida, porque la sangre negra es evidente y palpable en los caribes negros. Son más altos y corpulentos que los caribes puros, y más vivos y vehementes.

Los últimos son más pequeños, pero de una constitución fuerte. Ambos son activos, industriosos, y en todos respectos contrastan con los zambos de la costa Mosquita. Son mucho más civilizados en sus hábitos, y viven en casas bien construidas, aseadas y confortables. Conservan su lengua original, que es el verdadero caribe de las islas, aunque los más, sino todos, hablan español, así como un poco de inglés. Profesan y practican la religión católica, pero conservan mucho de sus primitivos ritos y supersticiones. Unidos forman una buena e industriosa población, y son los más inteligentes para los cortes de madera de la costa. Surten a Omoa y Trujillo, y en parte a Belice, de vegetales y provisiones frescas, y son los que más recogen pieles, zarzaparrilla y otros artículos que se exportan de Honduras. Inteligentes, fieles, aclimatados, expertos en el manejo del hacha, y con algún conocimiento en la construcción de caminos y de puentes, pueden ser de la mayor importancia para el desarrollo del país, y muy a propósito para el trabajo del camino de hierro proyectado entre los dos mares. Se calcula que hay tres mil hombres, más o menos, y precisamente instruidos en la clase de trabajo que requiere la empresa referida, y cuyos jornales se obtendrían a precios cómodos.

Todos los viajeros convienen en las buenas cualidades de los caribes (llamados karibees por Robert) de Honduras. Young dice:

"Son pacíficos, amigables, ingeniosos e industriosos. Se hacen notar por sus particulares vestidos: llevan banda rosada, como cinturón; sobrero de palma con las alas volteadas, camisa blanca, largos tirantes, frac, y con un paraguas o caña en la mano, marchan con un aire de gran satisfacción o de amor propio. Las mujeres se adornan con ramales de cuentas de varios colores. Cuando llevan a vender los productos de sus sementeras, van vestidas de calicó con corsés y gallardos talles, y un pañuelo envuelto a la cabeza cuyas puntas caen al hombro. No puede considerarse la raza caribe como muy hermosa, pero todos son fuertes y atléticos. La diferencia en el color es bastante notable, unos son negros como el carbón, y otros amarillos como el azafrán. Son escrupulosamente aseados, y tienen mucha facilidad para aprender idiomas. Gran parte de ellos hablan caribe, español e inglés, y muchos también el criollo francés y mosquito. La poligamia es general entre ellos, teniendo algunos hasta tres y cuatro mujeres; pero el marido es obligado a hacer una casa separada y una sementera para cada una; y si hace un regalo a alguna, debe hacerlo también a las otras, del mismo valor.

Divide el tiempo entre todas, de manera que una semana vive con una, otra semana con otra y así sucesivamente. Tan luego que un caribe toma a su cargo una mujer, hace una casa y un plantío, que pone al cuidado de ella, no trabajando él, sino hasta el año siguiente que hace otra siembra. La mujer sabe conservar bien tales trabajos, y al cabo de doce o quince meses, las hacen bastante productibles; y como todo es para sí, deja lo preciso para el consumo de la casa y vende lo demás para proporcionarse vestidos y lo que más necesita. Antes de navidad, las mujeres hacen grandes expediciones a Trujillo y a Belice, de raíces, judías, yames, plátanos, etc., llevando a sus maridos como marineros.

Es costumbre que cuando una mujer no puede trabajar bien en sus sementeras, el marido se pone al frente del trabajo, y aquella le paga dos pesos por semana. Las mujeres viajan a grandes distancia con sus frutos, que llevan en una cesta de mimbre (Catahure en caribe). He visto ir a algunas hasta el fuerte de Wellington, a distancia de 40 millas, para cambiar sus provisiones por sal, calicó, etc. Los hombres las acompañan en sus expediciones; pero en ninguna circunstancia les llevan sus fardos. En la estación seca las mujeres recogen madera para quemar, que venden en tiempo de los nortes húmedos. La industria y el trabajo son característicos en las mujeres caribes, y por consiguiente se proveen de lo necesario para vivir cómodamente.

Los hombres son cazadores, pescadores, muy diestros en el uso del hacha, y hacen buenas casas, botes, velas, etc. Algunos son buenos carpinteros y otros sastres; y en general, no puede haber una sociedad más útil. Frecuentemente van a algunos cortes de madera cerca del río Romano, Limas, Trujillo y Belice, que por su fortaleza y actividad, los pagan bien. Se comprometen por cinco o seis meses o más, de 8 a 12 pesos al mes y ración. Sin embargo, he visto a algunos tan inteligentes, que los pagan a 15 ó 16 pesos. Cuando concluyen su compromiso, regresan a sus hogares, llevando artículos de uso, e invariablemente buena ropa. Vi a un caribe de Capetown que regresó de Belice con un par de magníficas botas, un sombrero blanco, una levita negra, una buena camisa de color, un par de hermosos tirantes y un paraguas.

Cultivan la cañamiel de Borbón, y aseguran que el terreno es muy propio para ella; yo mismo he visto cañas de 16 pies de largo y de un grueso en proporción, en el plantío del capitán Sambuler, en el río Zacarías. El tabaco lo cultivan poco hasta ahora, así como los mosquitos en el Patuca, porque no conocen bien el beneficio. Si éste lo supieran, podrían hacer un artículo de exportación. En los pueblos españoles del interior se cultiva bastante y lo extraen mulos a Trujillo.

El de mejor calidad lo llevan en cigarros, que venden la docena por cinco peniques (poco menos de un real), y tres de cigarrillos por el mismo precio. No tiene este tabaco el mismo gusto del de La Habana, por la manera en que lo cultivan los centroamericanos, pero es igual en calidad y tamaño.

Las casas de los caribes son perfectamente bien hechas: los pilares son de quiebrahacha o subá, las vigas de palo santamaría y el techo de paja. Todas tienen ventanas que cierran cuidadosamente en la noche, por el viento de tierra, pero las abren siempre a las brisas del mar; y a esto, como al aseo, deben sin duda alguna, la salubridad de que gozan. Los viejos son sostenidos por los hijos o parientes, y tratados con el mayor respeto; vive siempre un chico con ellos, en testimonio de afección.

En varios pueblos de caribes hay muchos cerdos y animales domésticos, pertenecientes a las mujeres, pero en puntos separados, porque prefieren los plantíos; y cuando los cerdos son gordos, los llevan a vender a Trujillo y a otros lugares". En los departamentos de Comayagua, Gracias, Santa Bárbara y Tegucigalpa, hay una porción de pueblos de indios puros, cuyos habitantes conservan sus mismos idiomas y muchos de sus hábitos primitivos. La reunión de pueblos en las montañas de San Juan, al sur de Comayagua, tales como Guajiquiro, Opatoro, Similatón, Cacauterique, etc., y los de las montañas de Lepaterique, como Aguanqueterique, Lauterique, Curarén, Texíguat, etc., todos son indios. Son de industriosos, productores y pacíficos.

En los elevados distritos que ocupan, cultivan el trigo, patatas y otras producciones de las más altas latitudes, que van a vender a largas distancias. El viajero los encuentra en los más difíciles pasos, siguiendo pacientemente su jornada, sin hablar más que el primer saludo. Llevan constantemente sus flechas, pero sólo para protegerse contra las bestias feroces. Su residencia en las montañas no parece haber sido la primitiva, sino que fueron forzados a irse a ella por la gradual ocupación que los blancos hacían de sus tierras, o por evitar el contacto con éstos, que les desagradaba. Sin embargo, son excesivamente celosos de sus rústicos retiros, y jamás se excitan sino cuando creen que se les usurpan sus límites territoriales. Todos profesan la religión católica, pero las formas de su culto, y especialmente su música, son todavía de carácter aborigen. La existencia del elemento indígena en Honduras promete muy poco o nada para el desarrollo del país; pero introduciéndole gente industriosa y de inteligencia, no hay duda que progresaría admirablemente.

Frugales, pacientes, dóciles y con todas las buenas cualidades de un pueblo laborioso, sólo les falta dirección y medios para marchar con el mejor suceso. Los caribes, ciertamente, han mostrado la mayor capacidad para el trabajo, y en su presente estado de aumento, serían propios para ocuparlos en el cultivo que demandan las costas, puesto que están aclimatados en ellas y que no sería favorable para operarios extranjeros.

CAPÍTULO XIII: ORGANIZACIÓN POLÍTICA. CONSTITUCIÓN. RELIGIÓN. EDUCACIÓN. INDUSTRIA. INGRESOS. CIRCULACIÓN DE MONEDA. PROSPECTO FUTURO

La disolución de la República Federal de Centroamérica en 1838, dejó a los diversos Estados que la componían en una posición anómala. Algunos de ellos, incluyendo a Honduras, permanecen adheridos a la idea de nacionalidad, y aunque de hecho ejercen todos los poderes de distintas soberanías, cuidadosamente evitan tomar el título de repúblicas independientes. Se denominan Estados, y nombran por sí sus presidentes o directores ejecutivos. Llenan la falta de una constitución general por medio de tratados de amistad que, en ciertas eventualidades, se auxilian mutuamente con las armas.

Sin embargo, los tres Estados liberales de Honduras, El Salvador y Nicaragua, en la esperanza de reorganizar la Federación, han procurado la concurrencia de Guatemala y Costa Rica. Con tal fin, nombraron una Convención Nacional en 1842 y otra en 1847, pero por la negativa de estos dos últimos Estados, y por la dificultad de definir satisfactoriamente los relativos poderes de los aliados, los trabajos no tuvieron ningún suceso. Por último, abandonada la esperanza de inducir a Guatemala y Costa Rica a entrar en la nueva República Federal, los Estados centrales o liberales enviaron en 1849 sus representantes a León, en Nicaragua, donde formaron las bases de unión o pacto, bajo el título de "Representación Nacional de Centroamérica". Este pacto fue unánimemente adoptado por el pueblo de los tres Estados, y eligieron representantes, conforme a él, para formar una constitución general en conformidad a los mismos principios.

La Asamblea Constituyente se reunió en Tegucigalpa, en Honduras en otoño de 1852 y comenzó a cumplir con sus deberes. Pero en esos momentos el elemento reaccionario que existe en Guatemala extendió su influencia sobre el Gobierno de El Salvador, y lo indujo a que retirara sus delegados de la Convención. Nicaragua siguió pronto el ejemplo, y, por consiguiente, la Asamblea se disolvió. A Honduras, entretanto, no le ha quedado más que el honor de haber permanecido fiel a los principios de unión y nacionalidad hasta el último momento.

> *"¡Faithful among the faithless found!"*
> "¡Fiel entre infieles metido!"[94]

---

[94] La reorganización política de Centroamérica se efectuará aun antes que se piensa. No será la ley de una espada, ni el resultado de la violencia. Será el acto espontáneo del pueblo. El pueblo avanza, el pueblo quiere avanzar, la reacción contiene su marcha. El pueblo es impelido por el poderoso espíritu de la época; la reacción tiene que ceder; la desunión trae la guerra civil; el pueblo no quiere la guerra; la guerra se opone a su bienestar. El pueblo, pues, lo buscará instintivamente en el único medio de su seguridad. Cierto. ¿Qué es la guerra?

"Es un riesgo, —responde el político del día, el célebre Girardín— pero un riesgo que no existe por sí, como el del naufragio o el del incendio: existe solamente por el hombre".

¿Y cómo alejar o disminuir ese riesgo?

"Nada es más simple, —replica él mismo—: asegurándose contra él. El cálculo de las posibilidades aplicado a la moralidad humana, a los riesgos marítimos, a los incendios, etc., ha creado la ciencia de aseguro. El cálculo de las probabilidades aplicado a la vida de las naciones, a los casos de guerra y de revolución es el fundamento de la alta política. Que en lugar, pues, de ocurrir a los casos de guerra, se ocurra a los medios de aseguros, uniéndose y ligándose las naciones para la pacificación universal".

¡La pacificación universal! ¿No es posible que este gran principio, escuchado ya por la Francia y la Inglaterra, las dos naciones tal vez más opuestas en intereses, lo secunde la Nación Centroamericana, que no es ni puede ser más que una sola familia? Nada es más posible. La Confederación Germánica puede ser su guía. Allí se ve uno de los imperios más despóticos —el de Austria— marchar perfectamente unido con condados que lo son menos, y con ciudades libres. Así, pues, en Centroamérica puede un Estado ser regido por un pachá, un sátrapa, un dey o un hetman; puede otro tener un señor o un dictador; puede otro seguir las formas monarquistas, puede otro ser republicano puro, pueden unos denominarse repúblicas, pueden, en fin, otros llamarse Estados. Eso es lo que menos importa. Conserve cada uno las instituciones con que mejor se avenga, y formen un Cuerpo, Congreso o Convención, o Dieta periódica permanente que oiga y resuelva las dificultades que se susciten entre los Estados; que haga cumplir el principio de la *pacificación nacional*; que disponga del ejército de la nación para los casos de ataque exterior, que represente a ésta los negocios también exteriores, etc., etc. Con tal sistema, los Estados no se resentirán con la intervención de una autoridad extraña

Desde entonces, Nicaragua y El Salvador tomaron el título de Repúblicas [95] y aunque Honduras no lo tiene, es mirado como una nacionalidad distinta. Su constitución, formada en 1848, "en nombre del Ser Eterno, autor omnipotente y supremo legislador del universo" es enteramente liberal y republicana. La declaración de los derechos y deberes del pueblo establece:

1° La soberanía es inalienable e imprescriptible, limitada a la felicidad y conveniencia de la sociedad, y ninguna fracción del pueblo, ni individuo en particular, puede ejercerla sino es en virtud de las leyes establecidas por común consentimiento;

2° Todo poder emana del pueblo, y todo funcionario es su delegado o agente, pero que no puede traspasar los límites trazados por la Constitución o por las leyes derivadas de ella. Estos funcionarios son, además, responsables por toda la vida, al pueblo que los ha investido con el poder, en el fiel cumplimiento de sus deberes;

3° Todos los habitantes del Estado tienen un indisputable derecho a la vida, a la libertad, a procurar su felicidad y adquirir y disponer de su propiedad, con tal de no perjudicar el bienestar de otros. Pero al mismo tiempo son obligados a respetar y obedecer las leyes, y a contribuir, en justa proporción a sus facultades, al sostenimiento del Gobierno, así como con sus vidas, si la defensa del Estado lo requiere;

---

en sus propias administraciones: los gastos serán insignificantes, la paz será asegurada y la nación dejará de presentar al mundo un espectáculo tan triste y degradante.

El Salvador y Honduras son los dos pueblos más uniformes en principios e intereses. Ellos son los destinados a formar primero una *garantía común* contra los riesgos de la guerra; ellos pues, que den el primer paso. Pronto serán seguidos.

Escrita esta nota llegó a nuestra noticia la de la proclamación del sistema federal en México. ¡Flagrante suceso en apoyo de nuestra opinión! México vuelve hoy, después de una cara experiencia, al punto de donde se extravió. ¡Los reaccionarios huyen!... — El Traductor.

[95] Aunque lo mismo da República que Estado, El Salvador, sin embargo, conserva el último nombre. Hubo conatos de proclamarla República, pero esto solo fue en unas pocas personas. — El Traductor.

4º El Ejército existe solamente para la defensa del país, y ningún miembro de él, en actual servicio, puede ser elegido presidente, senador o diputado;

5º La prensa es libre, y cada ciudadano puede escribir y publicar libremente sus pensamientos, sin previa censura, siendo solamente responsable del abuso que haga de este privilegio;

6º Ningún ciudadano puede ser juzgado por tribunales militares, a excepción de los militares en actual servicio. Todo ciudadano tiene el derecho de expatriación. La correspondencia epistolar es inviolable, y cualquier intercepción es en abuso contra sus derechos;

7º Todas las diferencias entre los ciudadanos pueden terminarse por árbitros; y los ciudadanos pueden, en cualquier estado que esté el juicio, someterlas a un arbitramento, cuya decisión será final.

La organización general y poderes del Gobierno, según la Constitución, son como sigue:

Ciudadanía. — Toda persona nacida en el Estado, o en cualquiera de los de Centroamérica, y residente en territorio de Honduras, es reconocido como ciudadano. Los extranjeros pueden adquirir el derecho de ciudadanía por un acuerdo legislativo, pero puede gozar de los privilegios de ciudadano desde el momento que hayan declarado su intención ante una autoridad competente.

El derecho de sufragio pertenece a todo ciudadano de veintiún años cumplidos; "pero, después del año de 1860, se limitará solamente a los que sepan leer y escribir". Estos derechos, como el título de ciudadano, se pierden por admitir empleo en país extranjero, o por convicción de crimen. Se suspende durante la prosecución de un juicio criminal contra algunas personas, por deudor fraudulento, por conducta notoriamente viciada, incapacidad moral legalmente declarada, y por ser sirviente inmediato a la persona.

Los extranjeros pueden naturalizarse teniendo bienes raíces, o cuatro años de residencia, o casándose en el Estado. Son obligados a pagar los impuestos como los demás ciudadanos, y tienen el mismo derecho de apelación a la Corte.

Gobierno y Religión. —El Gobierno es popular representativo, y dividido en tres poderes:

Legislativo, Ejecutivo, Judiciario. El primero reside en la Asamblea General, el segundo en el presidente y el tercero en la Corte Suprema de Justicia. El Estado reconoce la religión católica, apostólica romana, con exclusión en el servicio público de cualquiera otra; pero las leyes no intervienen en el ejercicio privado de otros cultos ni en la libertad de conciencia.

Elecciones. — El Estado se divide en Distritos Electorales de 15,000 habitantes, para elegir un diputado, pero mientras se forma el censo (hasta ahora no hecho), cada departamento elige un senador y dos diputados. Como aquellos son siete, se sigue que el Cuerpo Legislativo se compone de catorce diputados y siete senadores, cuyas elecciones se renuevan anualmente, por mitad. Un diputado debe tener veinticinco años, ser ciudadano del departamento que lo elige, propietario de bienes equivalentes a quinientos pesos, o en ejercicio de alguna profesión o arte que los produzca al año.

Los siete senadores no deben tener menos de 30 años y una propiedad de mil pesos, o licenciados en alguna profesión liberal. Tres de ellos se eligen anualmente. Ocho diputados y cinco senadores forman un quórum del Cuerpo Legislativo, cuyas sesiones ordinarias se limitan a cuarenta días. La Legislatura establece los impuestos, nombra, en sesión general, los magistrados de la Corte de Justicia, vota el presupuesto de Gastos, fija el contingente militar, arregla el sistema de educación, hace la guerra o la paz, ratifica tratados y tiene el poder de declarar con lugar a formación de causa al Poder Ejecutivo y demás funcionarios del Estado.

Poder Ejecutivo. — El Poder Ejecutivo reside en un Presidente, que debe ser natural de Centroamérica, que haya gozado de los derechos de ciudadano por cuatro años, de 32 años de edad y que tenga una propiedad de cinco mil pesos. Debe obtener una mayoría absoluta de votos, y en caso que ningún candidato tenga esta mayoría, la Asamblea lo elige entre dos de los que hayan recibido más votos. El Presidente conserva su destino por cuatro años y no puede ser reelegido. Él nombra sus ministros para los varios departamentos del Gobierno, quienes tienen, *ex oficio*, asiento en el Cuerpo Legislativo, pero sin voto. Los demás deberes y poderes son los que comúnmente pertenecen a un Ejecutivo republicano, incluyendo el poder del voto.

Tiene especialmente poderes para hacer contratos de colonización, y para procurar el desarrollo de las fuentes de riqueza del Estado.

Consejo de Estado. — Este consejo se compone de un senador elegido por la Asamblea General, un magistrado nombrado por la Corte de Justicia, el ministro de relaciones interiores, el director de rentas y dos ciudadanos distinguidos por sus servicios, nombrados por la Asamblea. Sus deberes principales son aconsejar; pero en caso de revolución, puede ejercer ciertos poderes extraordinarios, sujetos a la aprobación de la Asamblea. La necesidad de un Consejo proviene de las dificultades que hay para reunir la Asamblea con prontitud en casos urgentes, por las distancias en que viven los diputados en un territorio tan extenso.

Poder Judiciario. — El Poder Judiciario consiste en una Suprema Corte de Justicia, dividida en dos secciones de tres magistrados, residentes una en Comayagua y otra en Tegucigalpa. Los magistrados deben ser abogados, de buena reputación, mayores de veinticinco años y propietarios de mil pesos. Son elegidos por la Asamblea General y conservan sus destinos durante su buen desempeño. Toman conocimiento de todas las causas de un carácter general, o que se les remitan de las cortes inferiores de distrito cuyos atributos vigila cuidadosamente. Toda persona acusada de crimen debe ser examinada dentro de cuarenta y ocho horas de su arresto, y el Juez tiene que decidir su detención o absolución dentro de las cuarenta y ocho horas siguientes.

Ninguna persona puede ser obligada a declarar contra sí o contra alguno de sus parientes hasta el cuarto grado de consanguinidad.

La pena capital está abolida.

Departamentos. — Cada uno tiene un funcionario llamado jefe político, nombrado por el Ejecutivo. Debe ser de veinticinco años y tener una propiedad de quinientos pesos en el departamento donde es nombrado. Es el órgano de las comunicaciones entre el Gobierno central y el pueblo de los departamentos, para la promulgación y ejecución de las leyes. Los funcionarios de cada municipalidad deben saber leer y escribir, y en común con el Poder Político, obran en los negocios locales.

Tales son los puntos generales de la Constitución, bajo la cual los negocios interiores del país parecen bien administrados. Pocos casos de importancia van a la Corte, y todos los de pequeña naturaleza son resueltos por los jueces de la paz.

Aunque la religión católica es la única reconocida por la Constitución, ni el pueblo ni el Gobierno son intolerantes. Hay probablemente algunos Estados de Centroamérica en donde no reina una gran libertad respecto a religión. Esto proviene de varias causas y circunstancias conocidas en la historia del país. Tanto en la época de la independencia de España, como después, durante en la que se procuraba la organización política de Centroamérica, la Iglesia, representada por un gran cuerpo de eclesiásticos, tomó una parte activa con los aristócratas y monarquistas, contra el Partido Liberal o Republicano. La lucha fue tan prolongada y terrible, como no extraña al clero; pero al fin se cortó su influencia y poder por las más serias y decisivas medidas. El primer golpe fue dirigido contra el Arzobispo de Guatemala, desterrándolo de la República. Luego lo fueron también todos los miembros de las órdenes monacales, suprimiéndose los conventos y destinándose todas sus rentas y propiedades a la educación pública. Se prohibió la promulgación de bulas papales; y, por último, en 1832, el Congreso General, reconociendo el credo católico como creencia del país, decretó la libertad de cultos.

El Estado de Honduras se distinguió por una acción todavía más decidida. Emitió una ley legitimando los hijos de los clérigos, pudiendo heredar el nombre y propiedad de sus padres y autorizando a estos a casarse legalmente, sujetándose a las mismas responsabilidades que los seculares. En vano los obispos y papas publicaron bulas de excomunión contra la República. Un anatema directo fue dirigido contra el presidente Morazán, y aunque esta extrema medida fue seguida de una especie de reacción en Guatemala, asiento de las influencias monarquistas, para el restablecimiento de los conventos y de censura sobre los libros, en los demás Estados el poder de la Iglesia es insignificante. Puede concederse bastante ignorancia y superstición en el pueblo, pero es dudoso si entre las clases superiores hay una verdadera creencia en la infalibilidad del Papa y en ciertos dogmas; y aunque el pueblo de Honduras, como todos los de Centroamérica, es católico, los hombres que han recibido alguna educación, casi no tienen una creencia fija y son, como algunas veces se llaman, *libre pensadores*. [96]

Honduras obtuvo la erección de obispado hace mucho tiempo, cuya silla se estableció en Trujillo, y después se trasladó a Comayagua, donde se edificó la catedral que existe. Por largo tiempo estuvo vacante, hasta el presente año (1855), que se consagró el actual obispo, señor don Hipólito Casiano Flores. La iglesia de Honduras se sostiene solamente por contribuciones voluntarias y una pequeña parte que paga el Estado anualmente. No tiene rentas de ninguna especie. [97]

---

[96] El pueblo de Centroamérica es eminentemente católico. Si hay uno u otro libre pensador, son, como en todas partes, aquellas personas que, procurando ostentar una instrucción poco común, o deslumbrados con máximas que no pueden digerir, manifiestan alguna indiferencia hacia la religión; pero todos concluyen con Montesquieu, —que no gozaba de la mejor reputación en este respecto— *que el evangelio es el mejor regalo que nos dejó la revelación*. —El Traductor

[97] Honduras fue erigido en obispado el año de 1531, por concesión de Paulo III. El catálogo de los obispos que ha tenido, es el siguiente:

El mismo año de 1531, llegó a Trujillo, donde existía la Catedral, el ilustrísimo don Francisco Juan Talabera.
El año de 1570, el Ilustrísimo don Francisco de la Cerda, promovido a Chiapas.
El año de 1588, el Ilustrísimo don Gaspar de Quintanilla: fundó la clase de latinidad e hizo la iglesia de la Merced de Comayagua, donde reposan sus cenizas.
El año de 1613, el Ilustrísimo don Francisco de Tresneda Galdo.
El año de 1628, el Ilustrísimo don Luis de Cañizarez.
El año de 1628, el Ilustrísimo don Nicolás Tomé.
El año de 1640, el Ilustrísimo don Juan Merlo.
El año de 1640, el Ilustrísimo don Martín Iglesias.
El año de 1678, el Ilustrísimo don Alonso de Vargas y Abarca; fundó el Colegio Tridentino de Comayagua.
El año de 1700, el Ilustrísimo don Juan Pérez de Carpintero; edificó la actual Catedral de Comayagua.
El año de 1723, el Ilustrísimo don Pedro de los Reyes.
El año de 1723, el Ilustrísimo don Antonio de Macaruya.
El año de 1723, el Ilustrísimo don Diego de Rivas.
El año de 1773, el Ilustrísimo don Francisco José Placencia; hizo la fuente de la plaza mayor de Comayagua.

Honduras conserva dos universidades: una en Comayagua y otra en Tegucigalpa. Tiene nominalmente Cátedras de Leyes, Medicina y Geología, pero en el curso general de instrucción son inferiores aún a las escuelas comunes de los Estados Unidos, excepto tal vez en la parte de idiomas. En el ramo de Ciencias Naturales y en los estudios de más importancia práctica para el desarrollo del país, como Química, Matemáticas y Mecánica, son enteramente deficientes, y muchos jóvenes van a estudiar a Nicaragua, El Salvador y Guatemala. En verdad, la mayor parte de las personas que se llaman educadas, han recibido su educación en otros puntos. Se ha hecho esfuerzos por levantar estos establecimientos en Honduras, pero es muy poco lo que se ha adelantado. Y el hecho de que cuando se han restablecido las suspensiones que han sufrido, no les faltan pupilos suficientes para los estudios elementales, y las bellas disposiciones de aquella juventud es una esperanza de que con paz y prosperidad nacional, habrá hombres que harán honor al país.

El sistema de educación de Lancaster se introdujo en Centroamérica en tiempo del Gobierno Federal, y ha continuado con algunas modificaciones en varios Estados. No hay ningunos datos sobre las escuelas generales de Honduras, excepto algunos imperfectos estados de los departamentos que se publican en "La Gaceta". Pueden considerarse cuatrocientas escuelas en el Estado, con un término medio de 25 alumnos cada una, o un número total de

---

El año de 1783, el Ilustrísimo don Jerónimo de San Miguel, trasladado a Mechoacán.
El año de 1784, el Ilustrísimo don Antonio de Guadalupe; edificó la iglesia de la Caridad de Comayagua, reedificó el Palacio Episcopal, fundó la clase de filosofía y edificó el Convento de San Francisco de Tegucigalpa.
En el año de 1793, fue nombrado el Ilustrísimo don Francisco de Molina.
El año de 1793, el Ilustrísimo señor Cadiñanos.
El año de 1802, el Ilustrísimo don Vicente Navas; murió en 1809.
El año de 1811, fue nombrado el Señor Barranco; no se consagró.
El año de 1844, el Ilustrísimo don Francisco de Paula Campoi; tomó posesión el 4 de Octubre del mismo año; murió en Octubre de 1849.
El año de 1855, el Ilustrísimo don Hipólito Casiano Flores; tomó posesión el 27 de Mayo. Es el primer Obispo nativo; y el Obispado espera mucho de sus capacidades. La iglesia de Honduras tiene la renta del diezmo, con que se sostiene perfectamente bien. — El Traductor

10,000 ¡en una población de 350,000 habitantes! No hay librerías, y a excepción de "La Gaceta" del Gobierno, no se publica ningún periódico. Hay varias imprentas, pero no sirven más que para arrojar criminosos panfletos políticos o folletos de personal carácter; de donde se sigue que la ignorancia del pueblo es profunda y triste. [98]

Tampoco hay ningún cálculo sobre el monto de los productos industriales del país, de su comercio y de sus rentas. Sobre estos puntos, toda apreciación es puramente conjetural. Sin embargo, los productos extranjeros que se consumen son considerables, y los exportados corresponden a estos.

Los principales artículos que se exportan se pueden valuar, aunque como he dicho, conjeturalmente, de la manera siguiente, que es la más aproximada:

Oro y plata bruta..	$ 400,000
Caoba y otras maderas.................................	200,000
Ganado..	125,000
Cueros, zarzaparrilla, tabaco, índigo, etc....	400,000
	$ 1,125,000

---

[98] Libertad de la prensa, progreso; restricción de la prensa, reacción. Nosotros, pues, proscribimos la restricción de la prensa. Pero al proclamar la libertad, no la deseamos tal cual se comprende en Centroamérica. Que nos ruborice el confesarlo, pero es preciso decirlo. Poco tendría la especie humana que agradecer al hijo de Maguncia, por su divina invención, si ésta hubiera servido sólo lo que a Centroamérica. La prensa periodística de este país olvidando su noble misión, se constituye en folletista; y la privada…. no hallamos nombre con que calificarla. En la prensa ilustrada, el derecho de decirlo todo lo limita el respeto de la misma prensa. La de Centroamérica no cuenta con este privilegio; y para que sea lo que debe ser, nosotros osamos proponer el sistema siguiente:

Toda Gaceta —tal es el nombre de los periódicos oficiales— que cometa un desliz y que use de un lenguaje indigno de un escrito ministerial, que sea reprochado por sus colegas, sean cuales fueren sus colores políticos.

Todo escrito particular que presente un pensamiento de utilidad pública, que tienda a ilustrar el pueblo, que contenga conocimientos generales del país, etc., que se costee su impresión por la autoridad.
Todo escrito privado que no sea más que el desahogo de pequeñas pasiones, que se haga pasar por dos, tres, o cuatro veces más de su impresión común.

De esta manera, el periodismo será moderado; y habrá más que escriban para el bien del público y menos que ofenda al público. — El Traductor.

Los ingresos pueden estimarse en 250,000 pesos. La venta de *aguardiente*, ron nativo, es estancada por el Gobierno y da un producto anual de consideración.

La moneda de Honduras ha sido viciada por el valor vago que tiene la llamada *provisional o de cobre*, es decir, cobre con una pequeña parte de plata, en cuartos o medios pesos. Nunca ha tenido un valor intrínseco por la ley, y desde 1839 ha ido teniendo una depreciación hasta el extremo de que, al presente, doce pesos de cobre valen uno de plata. Pero a pesar de la ley que obliga la circulación de esta moneda, los pueblos de los departamentos de Gracias, Yoro, Santa Bárbara y Olancho, han rehusado recibirla. Es difícil saber qué cantidad circula, pero se puede calcular en valor nominal 1,000,000 pesos, igual a 100,000 pesos de plata. Es justo observar que el actual Gobierno de Honduras ha hecho laudables esfuerzos por arreglar su valor, procurando por una gradual amortización reducirla a la denominación que tiene la de los Estados Unidos

Además de la moneda provisional, hay la que llaman *macaco*, una especie de moneda cortada del antiguo reino; y esta con los tipos de la República Federal y el americano e inglés, forman toda la circulación de Honduras. Las monedas extranjeras pasan por su valor, y no es como en la Nueva Granada, Nicaragua, y algunos Estados de Sudamérica, que tiene una ventaja nominal. Como la exportación es casi igual a la importación, la poca moneda que circula queda en el Estado para el limitado comercio del interior.

El ganado de Honduras constituye al presente el más fácil medio de riqueza. El comparativamente carácter abierto del país en el interior, y sus vastas sabanas cubiertas de pasto, son circunstancias muy favorables para llevar esta propiedad a una extensión indefinida, pero por razones bastante sencillas, el ganado no da a los propietarios las ventajas que debía, desde que el consumo interior ha disminuido, así como la demanda de los Estados vecinos. M. Baily ha sugerido la idea de poder salar carne en el Estado y llevarla a las Indias Occidentales y a otros mercados, y tiene mucha razón en pensar así. Podrá objetarse que la alta temperatura del país es un inconveniente para esto, pero ciertamente, hay una porción de lugares en el interior, cuya elevación y frío clima salvaría la objeción, si aún fuese bien fundada.

Es preciso confesar que toda la industria del país es escasa. Tal ha sido la natural consecuencia de la condición del propio país antes y después de la independencia, así como la composición de su pueblo.

El mezquino sistema colonial de España en todas sus posesiones de la América, y especialmente en el centro, había prohibido la comunicación de éstas con el resto del mundo. Ninguno de los progresos en las artes o en la agricultura, que han operado gradualmente la revolución de la industria de las naciones, era permitido que llegara a aquellos lugares. El comercio fue monopolizado por la Corona, que procuró regular el monto de las producciones de ciertos artículos, por el de los en que se distinguían las colonias. Un ejemplo demostrará mejor a donde llegaba aquella miserable y opresiva política. A principios del siglo XVIII se introdujo en la costa norte de Honduras el cultivo de la viña con el mejor suceso; pero pronto España fijó la atención en ello, y temiendo que la colonia fuese rival de la Madre Patria, mandó destruir los viñedos, cuyas órdenes cumplieron exactamente los empleados de la Corona. Desde este ensayo no se ha pensado nuevamente en tan importante ramo; pero no hay duda que se producía con abundancia y llegaría a ser una inmensa fuente de riqueza en el Estado.

Las continuas turbaciones interiores que siguieron a la independencia, no han permitido al país reparar los errores del anterior régimen, que tanto había suprimido su industria como el desarrollo de tanto elemento de riqueza. Estas conmociones han contenido a toda empresa extranjera a intentar nada, y han embarazado al pueblo mismo a usar de los pocos medios con que cuenta para promover su bienestar.

El grande obstáculo que se presenta en Honduras es la falta de buenas vías de comunicación interior. Los caminos, así llamados, no lo son más que para mulas, que sirven para pasar grandes y rápidas corrientes, o escarpadas montañas, donde se encuentran lugares tan precipitados y tan obstruidos, que el viajero retrocede desesperado de pasar. Las cargas que llevan las mulas necesariamente son ligeras, y los gastos de transporte son tan grandes que impiden la exportación de muchos artículos del país, a excepción de los que están inmediatos a la costa. Los de importación que no pueden ir en mulas, van en hombros de hombres; y los pianos, espejos y otros objetos voluminosos y de valor, se llevan de esta manera al interior, desde los puertos a distancias de sesenta o cien millas. Por la misma razón no se pueden introducir máquinas propias para el laboreo de las minas. Pero abriendo una sola buena vía de comunicación a través del Estado, y especialmente en el evento de la construcción del proyectado camino de hierro entre los dos mares, estas dificultades serían, sino en el todo, en la mayor parte removidas, y la industria recibiría un incentivo extraordinario. La importancia de estas materiales consideraciones es bien comprendida por toda la porción ilustrada del pueblo; y con tal objeto, están dispuestos a emplear todos los medios de su poder para que la empresa se realice, cooperando por su parte al desarrollo del país. Liberales en política y religión, ellos repelen las sugestiones que, con siniestra mira, les inspiran los demagogos de México y Guatemala contra los Estados Unidos.

Como una prueba de su buena inteligencia con estos, y del de conservarla, el Gobierno de Honduras nombró en el año anterior un enviado extraordinario y ministro plenipotenciario cerca de la Unión, cuyo encargo vino a desempeñar don José Barrundia, hombre que, como el más altivo promotor de la independencia de Centroamérica, como el autor de su Constitución y su presidente en otro tiempo, daba el mayor relieve e importancia a su misión. Su violenta muerte, en cumplimiento de ella, fue justamente mirada en Honduras como una calamidad nacional.

La civilización es armoniosa; y ningún progreso intelectual, político o social puede haber, sino precede el correspondiente progreso material. Esta verdad se ha ido presentando por sí misma a la parte reflexiva del pueblo de Centroamérica, y la ha convencido de que no son los repetidos cambios políticos los que operarán la regeneración del país. En esta convicción es, pues, que la Constitución de Honduras autoriza al presidente para "concluir tratados de colonización"; y, como en otra parte he dicho, solamente por un juicioso sistema se introduciría la inteligencia, la industria y el comercio, y se aseguraría la paz, la prosperidad y el bienestar del pueblo. Con vastos recursos, con un clima adaptable a cada capricho y a las producciones de cada zona, y con una posición sin igual, el poder y progreso de Honduras, tanto tiempo descuidado, se desarrollaría admirablemente.

CAPÍTULO XIV: PROYECTO DE UN CAMINO DE HIERRO INTEROCEÁNICO POR HONDURAS

"Un corto y fácil pasaje" entre el Atlántico y el Pacífico, cruzando el istmo que une el norte con Sudamérica, ha sido, por más de tres siglos, el grande objeto de la ambición humana y del espíritu de empresa. La esperanza de encontrar "el secreto del estrecho" fue la que llevó a Colón a lo largo del Continente de Honduras hasta el Orinoco, la que condujo a Magallanes a los estrechos que conservan su nombre y la que animó a Cortés, quien seguido de un puñado de soldados, avanzó hasta el corazón del hostil Imperio de México, y mandó su exploradora escuadrilla a las desconocidas aguas del gran mar del Sur. [99]

Pero desde el momento que se conoció que no había ninguna comunicación natural entre los dos mares, se fijó en la imaginación de los hombres la idea de abrir una artificial. Así que, desde 1551, se han señalado tres puntos como los más favorables para la empresa:

I. El Istmo de Tehuantepec.
II. El Istmo de Nicaragua.
III. El de Panamá o Darién.

Otras dos líneas se han indicado después, a saber: una de la laguna Chiriquí, en el mar Caribe, al Golfo Dulce, en el Pacífico; y la segunda, propiamente en el continente de Sudamérica, del río Atrato, que cae al Atlántico, al río Choco, que va al Pacífico.

De todas ellas, tres han sido las que se han designado como más propias para abrir un canal entre los dos mares: Nicaragua, Darién y Atrato. Se creyó una vez que también por Panamá y Tehuantepec

---

[99] El emperador Carlos V, en 1523, en una carta de Valladolid, recomendaba a Cortés buscase cuidadosamente "el secreto del estrecho" que uniese las costas oriental y occidental de Nueva España, y que acortase, como era de suponer, las dos terceras partes del viaje de Cádiz a las costas de Catay. Cortés contestó, lleno de las mayores esperanzas, de hacer el descubrimiento "que haría, —añadió— al rey de España, señor de tantos dominios, que se llamaría señor del mundo".

podían hacerse canales, pero desde que se hicieron los reconocimientos necesarios en estos puntos, desapareció tal idea. Los que se practicaron recientemente en Nicaragua, han demostrado que la construcción de un canal allí, aunque posible, tendrá tan grandes e inesperadas dificultades, como un costo que no permitirá fácilmente el reembolso del capital invertido. Otro reconocimiento que acaba de concluirse en Darién ha probado igualmente la impracticabilidad de un canal en esa línea. La del Atrato permanece aún abierta al examen, examen que para otras especulaciones no ha dado el mejor resultado. Pero aun cuando fuese practicable un canal por esa línea, su extrema posición meridional sería siempre un obstáculo para obtener buen suceso, en razón de que los principales puntos del Pacífico con que más importa tener prontos medios de comunicación, están en las altas latitudes del norte.

En efecto, el gran *desidérátum* de los Estados Unidos es una ruta lo más al norte posible; y ya sea por mar o por tierra, el requisito más indispensable es que haya buenos puertos en ambos mares. Sin estos, no puede haber ni fácil ni segura comunicación, y cada milla al sur de la latitud de New Orleans que tenga cada ruta, añade dos de distancia entre los Estados del Atlántico y California, Oregón, islas Sándwich y los mayores centros de comunicación oriental que están abiertos a nuestra empresa.

Así pues, la ruta que mejor llene estas dos condiciones —una alta latitud y buenos puertos— satisfará las exigencias públicas y será superior a las otras.

Y aquí debe observarse que cuando el proyecto de abrir una comunicación interoceánica por el istmo de Centroamérica llamó por primera vez la atención del mundo, no eran conocidos ni los buques de vapor ni los caminos de hierro. Por esta razón, no se habían indicado otras líneas, más que las que eran adaptables para canales; y de ahí ha resultado esa predilección, casi preocupadamente, con que se han continuado mirando ciertas líneas, aún después de que modernos reconocimientos han alterado enteramente la naturaleza de la cuestión.

Los españoles designaron los istmos de Panamá y Tehuantepec como los más factibles para abrir un canal; pero hicieron esta elección por el motivo que acabo de exponer, al cual toda otra consideración le era subordinada. Más si ellos hubieran tenido idea de la aplicación del vapor a la navegación y al tránsito por tierra, jamás hubieran vuelto a pensar en tales istmos, sino que habrían escogido otras líneas que combinasen las grandes e indispensables condiciones para una vía permanente de tránsito: "buenos puertos, clima saludable y ventajosa posición comercial".

Siempre sería deseable y útil una comunicación por agua entre los dos mares; empero, es bien sabido que al presente muchas de las exigencias del comercio, y todas las de viajar, son mejor satisfechas por caminos de hierro que por canales. Además, su mayor adaptación a las condiciones naturales, facilidad para superar obstáculos físicos y baratez para la construcción, son circunstancias que llaman más directamente la atención práctica.

A la lista, pues, de las vías de comunicación interoceánicas ya presentadas, añado otra que tiene tales ventajas peculiares que da una superioridad permanente sobre las otras, como medio de tránsito, seguridad, rapidez y facilidad para comunicar con los puntos más importantes y centrales del Pacífico. *Esta línea está dentro del Estado de Honduras, y ya tiene un concluido reconocimiento, como se verá de los resultados que se presentan.*

Comienza en Puerto Caballos, en la Bahía de Honduras, latitud 15° 49' N. y longitud 87° 57' O., y sigue un poco al sur, atravesando el continente, hasta la Bahía de Fonseca, en el Pacífico, latitud 13° 21' N. y longitud 87° 35' O. Su total extensión de fondeadero a fondeadero, o de cinco brazas de agua en Puerto Caballos, cinco brazas de agua en la Bahía de Fonseca, es de ciento cuarenta y ocho millas geográficas, iguales a ciento sesenta millas comunes. Partiendo la línea de Puerto Caballos, sigue un curso algo al este y al sur, y atraviesa el llano de Sula, hasta cortar el río Ulúa, cerca del pueblo de Santiago. De aquí sigue por el valle de este río, después llamado Humuya, hasta su propio nacimiento, en el gran llano de Comayagua, a distancia de cien millas de Puerto Caballos. A la extremidad meridional de este llano, hay una elevación que forma la cima entre el Atlántico y el Pacífico. Aquí el nacimiento del Humuya casi se toca con el del Goascorán, que corre por el propio valle a la Bahía de Fonseca.

Dos circunstancias hay que observar en esta línea:

1° Que los valles del Humuya y del Goascorán, unidos con el plano central de Comayagua, *forman un gran valle transversal que se extiende de mar a mar, cortando completamente la cadena de la cordillera.*

2° Que este gran valle transversal va de norte a sur, permitiendo la locación de la propuesta ruta, sin desviarse en todo su curso ni cinco millas de una línea recta.

Estas naturales condiciones, así como la capacidad, seguridad y excepcionales fondeaderos en las dos extremidades, y la gran salubridad del país, distinguen a esta línea para una permanente vía de comunicación interoceánica. Ella combina todas las circunstancias precisas, y bajo todos respectos, no tiene comparación con las que se han presentado a la consideración pública.

Comenzando, pues, por Puerto Caballos, y siguiendo hacia el sur, todos los hechos concernientes a ella llevarán el mismo orden.

I. —PUERTO CABALLOS

Habiéndose ya descrito a Puerto Caballos, nada hay que añadir, sino que es seguro y capaz para todas las exigencias presentes y de un comercio activo. Fue reconocido en 1853 por el Teniente Jeffers, de la marina de los Estados Unidos (véase la carta), quien concluye:

"Puerto Caballos es un excelente fondeadero, de gran capacidad, suficiente profundidad y fácil entrada. Situado en la base de las colinas, no tiene ni esteros ni lagunatos que afecten la salubridad del lugar, que es bastante amplio para el establecimiento de una gran población. La laguna, que es de agua salada y se abre a la mar, abunda en pescado".

Puede agregarse solamente que el terreno inmediato al puerto es firme, limpio y de cultivo. Su fertilidad y la abundancia de buena agua, ofrecen las condiciones necesarias para sostener una floreciente población.

II. —DE PUERTO CABALLOS A SANTIAGO

De Puerto Caballos para llegar al hermoso llano de Sula o Santiago, por donde pasan los anchos ríos de Chamelecón y Ulúa, es necesario hacer un circuito de casi tres millas, dando vuelta a la extremidad Este o base de la alta cadena de montañas del Merendón u Omoa, que es un ramal de la cordillera y que termina precipitadamente.

El plano de Sula forma un gran triángulo, cuya base tiene en el mar, extendiéndose más cincuenta millas a lo largo de la costa, al lado de afuera de las montañas de Omoa a las de Congrehoy, y pasando su ápice al Sur sobre la línea de la propuesta ruta, en dirección a Comayagua. Una porción de este plano a la derecha o hacia el Este del río Ulúa, es tan baja, que en las grandes avenidas es inundada; pero no sucede lo mismo en la parte Oeste del llano, sobre la cual se formará la ruta. Allí el terreno es firme, y los ríos tienen profundos cauces. Ni en estos lugares, como en toda la línea, no se encuentran insondables pantanos, como los que han obstruido al de Panamá. En la opinión del Teniente Jefferrs, el camino, después de dar vuelta a la base de las colinas a la espalda de Puerto Caballos, puede ir rectamente hasta el pueblo de Santiago, donde se forma el Ulúa por la unión del Santiago, el Blanco y el Humuya. Este, que tiene la dirección del Ulúa, de norte a sur, debería llevar el mismo nombre. Antiguamente existía un camino de Puerto Caballos a Santiago, que aún podría seguirse, a pesar de estar casi obstruido por el abandono del puerto. El ascenso a Santiago es tan suave e imperceptible, que no merece ser mencionado.

Santiago puede mirarse como la cabeza de navegación de vapores en el Ulúa, aunque en ciertas épocas pueden llegar también con facilidad buques de regular capacidad. El teniente Jeffers, que examinó el río minuciosamente, asegura "que vapores que calen siete pies de agua, pueden entrar en todo tiempo en el Ulúa, y de junio a enero, llegar hasta la confluencia del Humuya. Ligeros vapores pueden ascender siempre hasta la boca del Humuya, y por el río Blanco hasta cerca de Yojoal".

III. — DE SANTIAGO POR EL VALLE DEL HUMUYA, HASTA EL LLANO DEL ESPINO

Desde Santiago, la línea de la ruta es discrecional. Puede seguirse por una u otra margen del Humuya. Solamente un dilatado y prolijo reconocimiento puede demostrar cuál es la que ofrece más facilidades. El teniente Jeffers opina que la izquierda, u occidental, es la más favorable. Siguiendo esta, será necesario un puente en el Santiago o Venta, que no tendrá menos de quinientos o setecientos pies, y otro en el Blanco, que no excederá de sesenta. Puede atravesarse también el Ulúa abajo de su unión con los otros ríos; pero el puente será naturalmente de dimensiones más considerables que el de la Venta.

Pero aun sin tomar ninguna margen, la ruta puede llevar esencialmente la misma dirección. El llano continúa por cerca de diez millas más allá de Santiago, donde lo cortan las colinas y montañas que forman los límites del comparativamente estrecho valle del Humuya. Desde este punto el ascenso es más rápido. El curso del Humuya por el llano del Espino es directo; y el valle, según el teniente Jeffers, "es formado por colinas de cincuenta a quinientos pies de altura que, en general, se aplanan las márgenes del río, pero ocasionalmente se encuentran menos avanzadas y dejan la banda del mismo nivel superior a las inundaciones. Las pendientes rara vez son precipitadas, y en ningún punto requieren un trabajo serio. La alternativa de cavar y rellenar es bien favorable. Todo el terreno de la inmediaciones es generalmente abierto e interceptado por numerosos y fértiles valles; pero más propios para repastos que para la agricultura. Las montañas están cubiertas de pinos y encinas, y en las riberas de los ríos hay grandes cantidades de caoba, cedro, guanacaste, hule y otras maderas preciosas".

Casi en la medianía de Santiago y el llano del Espino, desciende el río Sulaco a la derecha y se une con el Humuya. Es un considerable río que baña un ancho y fértil valle que se extiende en dirección del rico Departamento de Olancho. La construcción del proyectado camino de hierro desarrollaría no sólo el valle de Sulaco por medio de caminos de vagones, sino que pondría también en comunicación al distrito de Olancho con la costa de Puerto Caballos.

El llano del Espino puede decirse que comienza en el pueblo de Ojos de Agua. Este pueblo está aproximadamente a cincuentaicinco millas de Puerto Caballos, y el valle está a novecientos treintaiséis pies de elevación del nivel del mar. El grado común del camino será en este punto de setenta pies la milla.

IV. — DEL LLANO DEL ESPINO AL DE COMAYAGUA

De Ojos de Agua, donde una línea transversal de colinas separa el llano del Espino del de Comayagua, no hay ninguna dificultad para la construcción del camino. Unos pocos puentes sobre pequeños ríos, que no pasarán de treinta pies, son casi las obras de más trabajo. El declive del llano del Espino hacia el norte es ligero, y ayudará a llegar a la cima sin ningún esfuerzo de trabajo. De la extremidad septentrional de este llano para llegar al de Comayagua, hay dos vías: seguir el valle del Humuya que abre una considerable banda al pasar por las colinas interpuestas, o tomar el de estas colinas, en línea recta, sobre una intermedia cima de cerca de ciento cincuenta pies.

La elección entre estas dos líneas, no dudo que será sobre la general cima, a la extremidad sur del llano de Comayagua. Si se adopta el paso de Guajoca, entonces se tomará la línea del río; y si se escoge la de Rancho Chiquito, la línea irá directamente por sobre las colinas, pasando por la ciudad de Comayagua, capital del Estado.

El llano del Espino, algunas veces llamado de Manianí, es como de doce millas de largo y ocho de ancho, y de una belleza extraordinaria. Se asegura que en tiempos de la Corona, había un tráfico establecido entre Manianí y Puerto Caballos. Últimamente han ido canoas cargadas, y aun el teniente Jeffers fue en una desde Ojos de Agua. Sin embargo, la corriente del río es rápida, y en muchas partes hay obstrucciones que hacen la navegación un poco difícil y peligrosa.

V. — LLANO DE COMAYAGUA

El llano de Comayagua constituye precisamente el rasgo de la topografía general del país, que no sólo presenta practicabilidad, sino gran facilidad para el referido camino de hierro. Está situado en el verdadero centro del Estado, en la medianía de los dos mares, y tiene cuarenta millas de largo y de 5 a 15 de ancho. Su eje principal es de norte a sur, correspondiendo casi todo él con la línea propuesta. Sus dimensiones son exclusivas de los valles laterales de los ríos que se concentran en el mismo bajo y de los del Humuya. Como el del

Espino, su declive va gradualmente al norte, y así hace los grados del camino por la cima ligeros y fáciles. Este llano es el único en Centroamérica que tiene su eje coincidiendo con el meridiano, razón porque los españoles fundaron la ciudad de Comayagua en el punto que ocupa.

"Se pensaba, —dice Juarros, historiador de Guatemala— obtener por medio de este lugar una fácil comunicación entre el Atlántico y el Pacífico. Siendo su situación casi en la medianía de Puerto Caballos y la Bahía de Fonseca, debía servir de un conveniente depósito intermedio. Además, teniendo un clima saludable y un suelo fértil, se evitarían muchas de las enfermedades y fatigas que se experimentan yendo por el nombre de Dios (Chagres) a Panamá". [100]

La línea del camino a través del llano de Comayagua, es discrecional, como he dicho. Si se elige el paso de Rancho Chiquito, el camino irá por las colinas que separan este del Espino, en línea recta poco más o menos, saliendo cerca de la ciudad de Comayagua; de aquí sigue la margen derecha del Humuya hasta un punto inmediato a San Antonio, en donde atraviesa el río y pasa rectamente hasta Lamaní. La margen derecha del Humuya es más entrecortada que la otra, pero no en el términos que requiera operaciones de construcción.

Y si se designa el de Guajoca, el camino se retirará por el valle del río, a través de las colinas, en una distancia de tres millas cuando más, pasando por la margen izquierda del río, siguiendo la parte oeste del llano y atravesando los pequeños pueblos de Ajuterique y Lejamaní, la villa de La Paz o las Piedras y la dirección de Tambla. Esta parte del llano es extraordinariamente fértil y favorable para la obra. Los ríos, con una sola excepción, son pequeños, y una inextinguible cantidad de piedra de canto y de mármol azul, hay en las inmediaciones de la línea.

En el valle del río, entre las colinas que dividen los dos llanos, fue donde en los reconocimientos se creyó que había la mayor o la única dificultad, entre la cima y el Atlántico. No hay, sin embargo, ninguna para un camino de *rails*; y, al contrario, hay lugar para una docena de caminos con poca diferencia de grados. Las colinas son altas, pero no

---

[100] *History of the Kingdom of Guatemala*, Baily's trasnlation, p.133

tan precipitadas que impidan el cultivo hasta la orilla del agua, las cuales en un país de lluvias, presupone un declive sin inconveniente para nuestro objeto.

De Ojos de Agua a Lamaní y a Tambla hay una distancia de cerca de cuarenta millas. La elevación de este último punto es de 1,944 pies, y la del segundo, de 2,016 pies sobre el nivel del mar. Así, pues, siendo la elevación del segundo mayor de la del primero, 1,008 pies, el grado será de veinticinco pies dos líneas por milla. La distancia a Lamaní es algo mayor, y el grado va ligeramente alzando, a consecuencia de la intermediaria cima de ciento cincuenta pies entre los llanos.

La distancia de Puerto Caballos a Tambla puede ser de 90 millas, y el término medio del grado de 21 pies 9 pulgadas por milla.

VI. — LA CIMA

Por cima llamo la sección entre Tambla o Lamaní y Rancho Grande, una distancia como de quince millas, que divide el punto o cima propiamente dicha, entre los dos lugares. Dentro de esta sección es solamente donde se encuentra la principal, y puede decirse la única dificultad que exige los trabajos del ingeniero. Pero aún estos no son de una naturaleza extraordinaria y mayores que los que generalmente ocurren en todos los caminos de igual extensión en cualquier país. No hay que formar túneles ni que hacer grandes excavaciones en el paso de la cima; y del lado del norte, se puede hacer el corte en una especie de talpetate parecido al yeso, que cede fácilmente al pico. Se puede cortar tan fácilmente como la arcilla, con la ventaja de que se pueden formar muros verticales sin desmoronarse.

La cima puede pasarse por dos puntos, sin que ninguno varíe de una línea recta: por Rancho Chiquito, siguiendo el camino de mulas, y por Guajoca. En el primero, la cima es de 372 pies sobre Lamaní, atravesando 6 millas, que da un grado de 65 pies por milla. De Rancho Chiquito a Rancho Grande, la distancia es de 8 millas y el descenso de 500 pies, conteniendo un grado de 62 pies 6 pulgadas por milla. Este es el *máximum* de altura de los grados del camino. En ninguna parte excede de 40 pies por milla.

El paso de Rancho Chiquito no es una cima de roca escarpada que divide las aguas que corren a los dos océanos, sino un hermoso valle, una sabana natural que es cortada al este por una línea paralela de altas montañas, y por el oeste por otra línea de colinas. En esta pradera, siempre llena de ganado, el viajero encuentra dos cristalinos ríos, separados apenas como por cien varas, que corren en direcciones opuestas. Uno es el Humuya, que va al Atlántico, y el otro es el Goascorán que desagua en el Pacífico. Un activo trabajador puede reversar su dirección en un día.

El paso de Guajoca es de 100 pies más bajo que el de Rancho Chiquito. Del pueblo de Tambla a la cima hay siete y media millas. El grado, por consiguiente, llegará a 47 pies 4 pulgadas por milla De la cima de Rancho Grande hay también de 7 a 8 millas, con un uniforme descenso de 55 pies por milla.

Como el de Rancho Chiquito, el paso de Guajoca es una ancha sabana en que las fuentes del Humuya y el Goascorán casi se unen. Al norte se eleva una continuada línea de collados de 1,200 a 1,500 pies de alto, que se extiende exactamente paralela a la línea del camino, y permite, por medio de un corte, precisamente de un grado, aproximarse a la cima del norte.

En mi opinión, el paso de Guajoca es preferible, en todos respectos, al de Rancho Chiquito. No solamente es 100 pies más bajo, sino que, cortándolo a razón de 30 pies por milla, se puede reducir 125 más; en tanto que el extremo de Tambla no bajará de 300 pies. El valle de Cururú, que la línea seguiría, es cortado por una línea de colinas, en cuyo declive no puede juzgarse más conveniente ningún grado, es decir: se llevaría éste sobre 3 u 8 millas y el camino se elevaría de 40 a 100 pies por milla, a discreción del ingeniero.

Este iría, como he dicho, por el valle del Cururú hasta la división, y de allí descendería al del pequeño río del Carrizal y del Rancho Grande, donde los dos ríos se unen y forman el segundo. Si el corte se hiciese encima, el máximum del grado sobre toda la línea del camino, no bajaría de 60 pies por milla, y no excedería de 40 en una distancia de más de seis.

VII. — EL VALLE DE GOASCORÁN

Después de pasar la cima, la línea seguirá el valle del río Goascorán a los llanos que rodean la Bahía de Fonseca. El grado será casi uniforme, aunque teniendo su término medio de altura en el declive hacia el norte. El carácter del terreno y las facilidades que presenta para la construcción del camino, las explica el teniente Jeffers de la manera siguiente:

"El país es en general del más favorable carácter. Trazándose la línea del camino sobre la margen del río, presenta el carácter de un plano inclinado desde la cima hasta el fondeadero. Poco hay que cortar, excepto en la división al uno y al otro lado de la cima; la curva será buena y los grados no serán mayores que los de todos los caminos que se han ejecutado. Ningún túnel se requiere y muy pocas excavaciones hay que hacer sobre rocas.

La elevación que hay que salvar en el paso de la cima de Rancho Chiquito, es de 2,500 pies, pero considerándose que no hay descenso, *y que es el total de los ascensos, y no la elevación de la cima* la que constituye los gastos del trabajo, se verá que no es absolutamente desfavorable.

Al sur de Goascorán hay gran cantidad de piedra de cal, piedra de canto, cuarzo y arena mezclada con lava y piedras volcánicas. En Goascorán hay extensas vetas de piedra de cal azul, y en el río, porción de granitos y piedra de canto. Esta piedra se puede cantear bien con pico, pero es bastante compacta. Prueban su duración, los diversos grabados que hay en las rocas, cerca de Aramecina, desde antes de la conquista. La excavación que se haga no tendrá un gasto mayor que sobre la tierra, con la ventaja de la duración. Sobre toda la línea hay abundante piedra de cal, arena y tierra de ladrillo.

En las colinas de Aramecina se encuentra el pino amarillo, y en San Juan y Aguanqueterique es inmensa la cantidad que hay del mayor grueso, inmediato todo al camino. El pino llega hasta 30 pulgadas de grueso y hasta 50 y 75 pies de alto, sin ninguna diferencia al mejor de North Carolina. La encina se encuentra también en abundancia, así como otras muchas maderas preciosas.

El valle no es ancho, comparado con su largura, y no hay que atravesar desde la cima más que treinta pies de agua; pero los gastos

179

en este ítem serán muy pequeños, porque todas las maderas de construcción para puentes se encuentran en la cantidad que se desee.

Los riachuelos que corren al Goascorán tienen un poder de agua suficiente para toda clase de máquinas o molinos".

VIII. — BAHÍA DE FONSECA

La magnífica Bahía de Fonseca, en los términos occidentales de la propuesta vía, "es, sin disputa alguna, el mejor puerto, o más bien, la constelación de los puertos" en toda la costa del Pacífico. Es de 50 millas de largo por 30 de ancho, perfectamente protegida, con dos o tres islas, puertos interiores de suficiente agua y hermosos lugares para establecer poblaciones comerciales o manufactureras de toda especie. Los tres Estados de Honduras, El Salvador y Nicaragua, tocan en ella. Sin embargo, Honduras es el que tiene su mayor frente.

El puerto de la Unión, en la pequeña bahía del mismo nombre, es el principal de El Salvador. Su comercio en el último año fue de 500,000 pesos, y sus ingresos de 100,000 pesos. El principal puerto de Honduras es Amapala, en la isla del Tigre. Es un puerto libre, y progresa rápidamente en comercio y en población, la cual ha doblado en los últimos dos años. Una compañía americana ha establecido en la isla una máquina de aserrar madera, que marcha con actividad. Esta compañía está pronta a contratar toda la madera que se necesite para la construcción del camino en la sección del Pacífico y para los edificios, estaciones, depósitos, etc.

El punto preciso donde termine la línea en la bahía, dependerá del examen que hagan los ingenieros con más escrupulosidad, así como de otras circunstancias particulares. Puede llevarse al puerto de San Lorenzo, a la cabeza de la bahía del mismo nombre, que tiene no menos de cuatro brazas de agua. En esta dirección irá por un terreno seco y firme; pero será preciso un puente de cien pies sobre el río de Nacaome. Por medio de otro de estacado, de cien pies, el camino puede conducir a la isla de Zacate Grande, en el punto señalado en la carta, frente a un excelente fondeadero. También puede llevarse con alguna dificultad, y a través de la parte septentrional de la isla, y que termine en la del Tigre, por un puente de estacado que no bajará de una milla, y en una profundidad de seis pies de agua.

Puede igualmente llevarse sin grandes dificultades, a un punto enfrente de la Bahía de Chismuyo; pero allí sería preciso formar un muelle de considerable extensión; mientras en San Lorenzo, Zacate Grande y el Tigre, un muelle común será suficiente para los mayores buques en "alta marea", a un lado de los depósitos de la compañía.

Tampoco sería difícil hacer terminar el camino en la Unión; pero éste pertenece a otro Estado, y no presentando ninguna ventaja particular sobre los otros puntos indicados, no hay necesidad de manifestar las facilidades que ofrece para el trabajo en cuestión.

La carta de la Bahía de Fonseca, según el reconocimiento hecho por Sir Edward Belcher, por instrucciones del Gobierno Británico, y publicada por el Almirantazgo, manifiesta la necesidad de verificar otro en esta notable bahía, que parece que el creador la marcó como el último centro del comercio del Pacífico. De un clima saludable, rodeada de un terreno de ilimitables fuentes de agricultura; con ricas e inextinguibles minas de oro, plata y carbón de piedra; abundante en pescado, ostras, etc.: poseedora, en fin, de cuanto es necesario para una próspera y grande población, la Bahía de Fonseca es, sin rival, para la adaptación de una obra de interés universal como la de que se trata.

IX. — GRADOS

En la construcción del camino de hierro, la materia de grados es de la más importante consideración. Por los precedentes datos, se verá que las primeras cincuenta millas del propuesto camino tendrán un grado medio de 17 pies por milla, y las siguientes, 40 millas de 25 pies 2 pulgadas por milla. En la división de 15 millas, cruzando la cima, no considerándose probable la disminución de grados en una cima cortada, será de 55 pies por milla, y eso solamente por una corta distancia. De allí al Pacífico el máximo no excederá de 45 pies por milla. La suma total de ascenso y descenso de mar a mar, es de 4,700, que da un grado medio de poco más de 28 pies por milla.

Los resultados son altamente favorables, como se verá de la siguiente comparación.

Tabla de grados máximos

De Baltimore a Ohio, por milla: 116 pies
De Baltimore y Susquehanna: 90 pies
De Boston y Albany: 89 pies
De New York y Eric: 60 pies
De Panamá (declive oriental): 53 pies
De Panamá (declive del Pacífico): 60 pies
De Tehuantepec (proyectado camino)[101] 64 pies
De Honduras (proyectado camino): 55 pies

El camino de Baltimore y Ohio que tiene los 116 pies de grados, *no es más que de ocho y media millas de largo*; es decir, 986 pies de alto, o casi la mitad de la suma total de ascensos y descensos del propuesto camino de Honduras. La de los del primero, o del de la división oriental de New York y Erie, en una distancia de 71 millas, hay 3,822 pies, que da un medio de 54, más que el doble del referido de Honduras. El peso de los grados, en el curso, es objetable; pero las mejoras que se han hecho en las locomotivas pueden pasar alturas que antes se consideraba imposible.

Anteriormente se evitaba el peso de los grados, y cualquier sacrificio se hacía en favor de ellos, aun cuando la suma de ascensos que hubiere que subir fuese la misma. En otras palabras, se había creído que en un camino de 100 millas de largo, y con una cima de 1,000 pies de alto, en un medio uniforme de 10 pies por milla en toda la distancia, eran preferibles 8 de nivel, y de 20 a 50 pies por milla. Pero prácticamente se conoce que los últimos arreglos hechos son más ventajosos; esto es, que la concentración de grados en un punto, compensada por un poder auxiliar, es más económica en tiempo y costo.

Empero, la aplicación de este principio pertenecerá a los ingenieros a quienes se confíe la construcción del consabido camino. Afortunadamente, la naturaleza del terreno admite esta discreción. Puede haber una considerable concentración de grados dentro de 10 millas sobre cada lado de la cima, siempre directamente; o puede

---

[101] En Tehuantepec no se considera media milla de túnel.

colocarse el camino en las bases de las filas paralelas de colinas sobre los más altos y uniformes grados.

En el mapa seccional que presenta el curso de la línea que debe seguir el camino, se verá que la disposición de grados es favorable en el tránsito general para transporte de personas y de mercancías, teniendo su mayor altura a los lados del Pacífico y del Atlántico, en cuya dirección debe calcularse que pasarán las tres cuartas partes de las segundas y los dos tercios de las primeras que van de uno a otro mar. Esta es una consideración de no poca importancia para la economía de la obra propuesta.

X. — OPERARIOS, MATERIALES, CLIMA

Casi todos los materiales para la construcción del camino existen en la línea. Hay inextinguible cantidad de magnífico mármol blanco y azul y piedra de cantería, así como el mejor pino, encina y otras maderas fabriles. El país, con excepción de una estrecha banda en la costa norte, es fresco, saludable y propio para trabajadores extra tropicales. En este respecto (de trabajadores), la propuesta línea es notablemente favorecida, pues es probable que en la división del norte se obtengan los necesarios de los cortadores de maderas. No hay, en verdad, bajo los trópicos, un número de hombres tan fuertes y propios para la clase de trabajos que se requieren en una obra semejante, como los hay para cortar maderas; pero son bien disciplinados y acostumbrados a la unidad de acción, tan necesaria para esa misma especie de trabajos. Son bien expertos en el manejo del hacha, en limpiar caminos y en la construcción de gradas y puentes.

Los caminos de madera en los cortes del señor Follin, en el Ulúa, son frecuentemente de varias millas de largo, treinta pies de ancho, cuidadosamente nivelados, desmontados y con puentes tan fuertes, que pasan las más pesadas trozas tiradas por seis yuntas de bueyes. Estos caminos se hacen por *destajo*, a un precio casi general de cincuenta pesos por milla. El salario de los trabajadores es de 15 pesos al mes [102] y ración: esta consiste en cierta cantidad de harina y un

---

[102] La mitad de los pagos se hacen en efectos a precios elevados; si todas fuesen en dinero, se conseguirían a 13 pesos cuando más.

número fijo de libras de puerco, por semana. Los plátanos, que se cosechan en la mayor abundancia en la costa, sustituyen bien a la harina.

Los ranchos que ocupan los hombres son de horcones y entechados con palmas, y rara vez exige más de mediodía su construcción. Una hamaca colgada de una a otra extremidad y dos piedras para formar la cocina, es lo que constituyen todos los útiles del trabajador. Pocas necesidades artificiales tiene, y el invierno no le impide sus trabajos. Todo lo que requiere es un abrigo para el sol y el agua. No hay duda que todo el trabajo del camino de la costa a los llanos del interior se obtendría por medio de estos hombres. En el interior y en la sección del Pacífico, los operarios del norte trabajarían con igual facilidad y menos riesgos que en los Estados Unidos. La mayor parte de la población de Centroamérica está en la costa del Pacífico, y en aquella división se tendría un grande auxilio de los Estados de El Salvador, Nicaragua y Honduras mismo. Sobre este punto, me remito a la opinión del teniente Jeffers, que dice que en esta porción de la línea "se obtendrían de Honduras y de los Estados vecinos gran cantidad de trabajadores; y que al precio común (veinticinco centavos), sería muy cómodo. Sin embargo, no sería difícil introducir allí trabajadores extranjeros, cuyo empleo sería más satisfactorio".

Después del llano de Sula, el país es todo abierto en sabanas. Los pinos y encinas no son tan densos que impidan pasar libremente a caballo en todas direcciones. Así, pues, la locación del camino en casi las dos terceras partes de su extensión será comparativamente fácil.

Respecto al clima, repetiré aquí lo que en otra parte he escrito: "No creo que haya en el mundo un clima más saludable y agradable que el de Honduras en general. En este respecto, el país es superior a los mejores puntos de Italia. La costa del Pacífico es mejor que la del Atlántico, en cuanto a salubridad, y bien podrían formarse establecimientos alrededor de la Bahía de Fonseca, sin ningún riesgo por el cambio de clima. En gente moderada y en circunstancias iguales, no dudo que en esa costa y en el interior del país se aumentarán diez años de vida que en New York. En el primer punto, las pulmonías y esa porción de muertes que causan los fríos y repentinos cambios de temperatura, son desconocidas. Las fiebres intermitentes son menos comunes que en nuestros Estados Occidentales, y ceden más fácilmente a las medicinas comunes. Hay, como en todas partes, muchas personas de costumbres irregulares que descuidan las precauciones necesarias en todo clima, y sufren sus consecuencias irremisiblemente. Por espacio de dos años yo he estado expuesto a toda especie de fatigas y, sin embargo, he gozado de la más perfecta salud; mejor aún que, en iguales circunstancias, no la he disfrutado jamás en mi propio país".

La temperatura en la línea del camino es más alta en sus extremidades. Pero la alta temperatura de la costa no es igual en el interior. La modificante influencia de las montañas inmediatas, se experimenta aun antes de llegar a su altura. La de Comayagua puede tomarse aproximadamente por la de toda la línea, desde San Pedro Sula en el norte, hasta Goascorán en el sur, es decir, en casi las tres cuartas partes de la línea.

En los meses de abril, mayo y junio, que son los más calurosos del año, la temperatura media de las seis de la mañana a la misma hora en la tarde, era de 79° 1'. El punto máximo tocado por el termómetro en estos meses, fue 88°; el mínimo 68°; y una escala extrema de 20°. Los datos sobre la temperatura del país en general, y particularmente sobre los lugares menos sanos de la costa, están ya demostrados.

XI. — RECURSOS EN LA LÍNEA DEL CAMINO

Además de las ricas fuentes de agricultura en todo el tránsito del camino, abrazando la gran variedad de los trópicos, como el café, cochinilla, algodón, cocos, azúcar, maíz, arroz, plátanos, tabaco, índigo, etc., hay otras vastas de riqueza sin explotar. Los valles del Ulúa abundan en maderas preciosas, y las colinas y montañas del interior contienen numerosas minas de toda clase de metales. Apenas hay un río en el declive del Atlántico que no lleve más o menos cantidad de oro en sus arenas. Recientes experimentos han demostrado que en las márgenes de algunos ríos hay placeres de oro en tanta cantidad y de tan buena ley, como el de California. Pero las minas del interior son más y más ricas en sus metales; y fundamente debe creerse que con la inteligencia, la industria y los capitales que la empresa del camino atraerá, Honduras será dentro de poco, y en proporción a su extensión, el país más productor de plata en el mundo.

Entre los productos del Estado, hasta ahora descuidados, puedo mencionar la zarzaparrilla, el copal, el hule o cauchouc, la goma arábiga, el fustic, sangre de drago, vainilla, brasil, liquidámbar, bálsamo, quinina, etc. El ganado es numeroso, y forma una parte considerable de la riqueza del Estado. Los cueros, que al presente apenas pagan el transporte a la costa en mulas, serán un importante artículo de exportación cuando se establezcan nuevos y baratos medios de conducción.

En suma, el establecimiento de regulares vías de comunicación con Honduras, y entre sus puertos y el interior, abrirán al mundo un rico y extenso campo a la industria y al espíritu de empresa; creará nuevos mercados para nuestras manufacturas, suministrará multitud de artículos para nuestro uso, y dará un nuevo impulso al comercio.

XII. — NAVEGACIÓN INTERIOR

Las capacidades del río Ulúa, que coincide en su curso con la línea del camino propuesto, y que ofrece un accesorio medio de navegación general, se han indicado incidentalmente en otros párrafos. Como se verá en las delineaciones del mapa que se acompaña, el gran río Ulúa y el pequeño Goascorán corren paralelos en la proyectada línea. El primero puede ser navegable ahora por vapores a una distancia de 60 millas de la boca, y hasta un punto de cerca de 90 millas de la Bahía de Fonseca. El otro, con algunas mejoras, puede servir para el transporte de maderas y materiales de construcción.

Respecto al Ulúa, el teniente Jeffers dice:

"La boca del Ulúa es obstruida por una barra que sólo tiene nueve pies de agua; y puede decirse que es impasable por buques de gran capacidad, en razón de que afuera se necesitan fuertes brisas para remontar la corriente, y cuando éstas son frescas, la mar es muy alta. Vapores que calen siete pies pueden entrar en todo tiempo, y de junio a enero, hasta la confluencia del Humuya.

De diciembre a marzo pueden fondear en la boca los buques que van a cargar madera. Sin embargo, hay que hacer una curva hacia el oeste, donde se puede ejecutar mejor la operación en todo tiempo, excepto en el de los nortes. De este punto a la boca hay una distancia de 200 varas y ligeros vapores llegarían siempre hasta la boca del Humuya, o, por el río Blanco, hasta Yojoa.

El Ulúa puede servir accesoriamente, y para la construcción del camino sería de la mayor utilidad. Pequeños vapores podrían ascender en todas las estaciones hasta la unión del Humuya, y en varios meses, hasta la boca del Sulaco; más allá no es navegable y no puede servir más que para la extracción de maderas. Las grandes corrientes que súbitamente se elevan del nivel, y lo rocalloso que es, alejan toda esperanza de mejorarlo más arriba".

La Venta o el Santiago, que es el más grande tributario del Ulúa, y que pasa por los ricos departamentos de Santa Bárbara y Gracias, puede ser también navegable en alguna extensión, así como el Chamelecón, en ciertos puntos. En todos respectos, los valles de estos ríos ofrecen ventajosos medios de comunicación con los departamentos mencionados, por caminos carreteros, para cuya construcción existen abundantes materiales en sus inmediaciones.

Acerca del río Goascorán, el teniente Jeffers dice:

"El Goascorán puede considerarse como un medio de transporte en el invierno, o mejor dicho, en la estación de las lluvias, y con algunas mejoras en todo tiempo. La boca de este río es obstruida por una barra de arena; pero en la marea se puede entrar hasta una cuarta parte; también puede limpiarse esta barra fácilmente. Arriba hay otras causadas por grupos de pedernales, pero éstas serían removidas sin dificultad del centro del río, y se formaría una especie de canal para navegarlo hasta Caridad y probablemente hasta San Juan. Para extraer maderas y transportar materiales, sería esto de grande utilidad".

Sin embargo, aunque el Ulúa y otros ríos ofrecen grandes ventajas para la navegación, el objeto de la compañía no es sino servirse de ellas como un medio accesorio para la construcción del camino, en cuyo respecto será de la mayor importancia. Casi en general, en toda ruta interoceánica, los transportes por buques son inadmisibles.

XIII. — RESUMEN DE LAS CONCESIONES

En 23 de junio de 1853 se firmó una contrata entre los señores don Justo Rodas y don León Alvarado, comisionados de Honduras, y M.E. Geo Squier, comisionado por la compañía para construir el proyectado camino interoceánico, cuya contrata fue ratificada por la Asamblea Legislativa y publicada por el Presidente de la República en 28 de abril de 1854. No puede ser más liberal en los privilegios que concede a la compañía y está fundada en bases tan explícitas, simples y de mutua utilidad, que casi es imposible que se suscite ningún desacuerdo entre el Estado y la compañía. Sus privilegios son los del resumen siguiente:

Sección I.— Se concede a la compañía el derecho exclusivo para una comunicación interoceánica por navegación o por camino de hierro a través del territorio de Honduras, dando a la compañía todas las tierras y materiales naturales necesarios para el objeto. A los ocho años de ratificada la contrata, la obra debe ser concluida, con privilegio de extender el término en caso de interrupción por causas naturales imprevistas. El privilegio es por setenta años de concluida la obra, en cuya expiración el Estado puede comprar el camino por su justo valor, o extender más el privilegio, como mejor le convenga.

Sección II. — La compañía tiene el libre paso por todas las tierras públicas o privadas en la línea, y además se le conceden doscientas varas a cada lado de la línea misma; libre uso de maderas fabriles, piedras y materiales naturales de todos los ríos y fondeaderos del Estado; de todas las máquinas, instrumentos, provisiones y otros materiales para el propio objeto. Los operarios del país que se empleen en el trabajo serán excluidos de todo servicio civil y militar. La compañía tiene el derecho de constituirse en acciones de compañía, y todos sus derechos, instituciones y propiedades, son libres de todo impuesto por el Estado.

Sección III. — La compañía pagará al Estado la suma de un peso por cada persona que pase por el camino y que tenga de diez años arriba. La misma compañía recibirá todos los reos convictos, en términos equitativos; y arreglará los derechos de tránsito y de comercio a los precios más bajos y compatibles con sus intereses.

Sección IV. — Todos los ciudadanos de los Estados Unidos y de las naciones que están en paz con Honduras pasarán libremente por el camino sin pagar ninguna contribución ni necesidad de pasaporte. Todos los efectos y mercancías *in transitu* pasarán también libremente, con excepción de una suma de registro que pagará la compañía. Los bagajes de los pasajeros no pagarán nada, ni serán registrados.

Sección V. — Cede a la compañía 4,000 caballerías de tierra que, según la ley, son 640,000 acres, o 1,000 millas cuadradas. También tiene la compañía el derecho de comprar, sea en la línea del camino o en otros puntos, hasta quince mil caballerías, pagaderas en acciones de la compañía, al par. Todas las personas que se establezcan en las tierras de la compañía gozarán de todos los privilegios de los ciudadanos nativos, y se excluirán por diez años de toda clase de impuestos y de servicios, excepto los que voluntariamente quieran servir civil o militarmente.

Sección VI. — Se estipula que los puertos en las extremidades del camino serán *puertos francos*. Una comisión de dos personas por el Estado, y otras dos por la compañía, elegirán una quinta, y todas formarán "un tribunal de referencia", que establecerá los reglamentos y regulaciones necesarios, conforme al espíritu de la contrata y resolverá todas las disputas que puedan suscitarse entre el Estado y la compañía. El Gobierno de Honduras abrirá negociaciones con todas las naciones marítimas para garantizar la perpetua neutralidad de la ruta, conforme a la convención de Washington del 5 de julio de 1850 [103]. La compañía tiene el derecho de construir un telégrafo magnético. El Gobierno da 50 acres de tierra a cada persona que no sea casada, y

---

[103] *Extracto de la Convención entre los Estados Unidos y Gran Bretaña, firmada en 19 de abril de 1850; y ratificada y publicada en 5 de julio de 1850.*

Artículo VIII. — Deseando los gobiernos de los Estados Unidos y la Gran Bretaña cumplir no solamente un objeto particular, al formar esta convención, sino establecer un principio general, extenderán su protección a cualquier otra vía de comunicación practicable, por canal o por camino de hierro, a través de los istmos que unen el norte y el sur de América, y especialmente a las comunicaciones interoceánicas por canal o por camino de hierro que se proyectan al presente por Tehuantepec o Panamá. Garantizando su protección, etc.

75 a toda casada que vaya a Honduras y declare su intención de naturalizarse.

Además de lo expuesto, la compañía goza del privilegio establecido en la contrata de "navegación de buques de vapor" de pasar por todos los puertos y ríos del Estado, libre de derechos de toda especie.

XIV. — COMPARACIÓN DE LAS RUTAS DE LOS ISTMOS RESPECTO A DISTANCIA

El *tiempo*, y no las *distancias*, es la verdadera medida de las relaciones entre los lugares.

La economía del tiempo, es verdad, depende más o menos de la distancia que hay que salvarse, y la más corta siempre será un elemento importante de cálculo para las ventajas de las respectivas vías entre los Estados del Atlántico y California. Pero éste no es sino un elemento. Buenos puertos, donde los buques puedan embarcar y desembarcar rápidamente los pasajeros y cargamentos, y muelles convenientes, en lugar de botes y canoas, es otro elemento de no menos importancia, no sólo en cuanto a economía de tiempo, sino respecto a conveniencia, costos y seguridad. Otro elemento es la posesión de puertos fácilmente accesibles, y de un libre curso para salir, sin la oposición de vientos contrarios o de causas semejantes que causan embarazos. Y, por último, otro elemento, de bastante consideración, es el evitar las dilaciones que resultan de la frecuencia de transportes. Esto no sólo consume tiempo, sino que es una fuente de disgustos e incomodidades para los viajeros.

La propuesta ruta, *vía* Honduras, es, pues, no sólo respecto a distancia, sino en cuanto a inconvenientes o retenciones por malos puertos, vientos adversos o cambios frecuentes, de una grande y enfática superioridad sobre todas las otras proyectadas en los istmos de Centroamérica. Por lo que hace a distancia la siguiente carta del teniente Maury será la más concluyente prueba:

"Observatorio Nacional, Washington, 26 de junio 1854.

E. Squier, esq.:

Señor: Contesto a Ud. la nota en que desea saber las distancias de New York a San Francisco, vía las varias rutas de los mismos:

Ud. conoce que esas distancias no pueden señalarse exactamente por las cartas que hasta ahora tenemos. Supongo que Ud. no necesita las distancias en general, sino las de puerto a puerto exclusive de las que los buques tienen que hacer después de atravesar la barra o entrar al puerto. En tal virtud envío a Ud. la cuenta de las más cortas distancias de puerto a puerto, en números redondos:

		Millas
De Nueva York a San Francisco, *vía* Panamá	5,200
—— Nicaragua	4,700
—— Honduras	4,200
—— Veracruz y Tehuantepec	4,200

Ningún cálculo se ha hecho de las distancias a través del continente.

De Ud., respetuosamente.

"*M. P. MAURY*".

La distancia del continente en Panamá es de 54 millas, en Nicaragua de 184, en Honduras de 160 y en Tehuantepec de 186. En consecuencia, las distancias en general son de Nueva York a San Francisco, vía Panamá de 5,254 millas, por Nicaragua 4,884, por Honduras 4,360, y por Tehuantepec 4,386.

Pero debe tenerse presente también que no todas las más cortas distancias "en la carrera de vapores" son siempre practicables. Así pues, después de los Cabos de la Florida, los vapores no pueden ir con seguridad a Veracruz. Deben tomar bastante al norte para evitar los peligrosos arrecifes y bajos que embaraza el gran banco de Campeche al norte de Yucatán. Esta vuelta aumenta la distancia entre Nueva York y Tehuantepec algunos cientos de millas, y esto hace la relativa superioridad, respecto a distancia, de la ruta de Honduras.

XV. — COMPARACIÓN DE RUTAS RESPECTO A PUERTOS [104]

---

[104] "Es preciso advertir que además del clima y consideraciones políticas, hay otro punto en conexión con cualquier ruta que se quiera establecer, sin el cual ningún

Para poder formar una imparcial comparación entre todas las rutas interoceánicas proyectadas, las tomaremos según su clase. Miraremos las de Tehuantepec, Honduras y Panamá como más fáciles para un camino de hierro; y las de Nicaragua y Atrato para canales. Dejaremos las líneas de Chiriquí y Darién, como enteramente impracticables. Nicaragua lo es también para un camino de hierro continuado de un mar al otro. Para construir un camino en el valle del río San Juan, sería preciso pasar por grandes escabrosidades, y además sería de 119 millas de largo. Y aun así habría necesidad de pasar el lago en botes (porque era imposible salvarlo) y luego pasar una reasunción de tierra que hay que atravesar del otro lado.

La posición geográfica de la línea del Atrato hace innecesario un camino de hierro, por su aproximación al de Panamá. Por consiguiente, la cuestión de puertos respecto al Atrato y Nicaragua, no es de importancia. No obstante debe observarse que uno y otro son excesivamente defectuosos sobre el particular. La presente línea de tránsito de Nicaragua no tiene absolutamente puerto en el Pacífico; y no puede encontrarse un término adecuado en aquella mar más que el puerto del Realejo, una distancia de más de 300 millas de San Juan de Nicaragua. La ruta del Atrato tiene la misma desventaja en el Pacífico; porque Cupica es un pequeño puerto y expuesto a los vientos sudoeste; y en el Atlántico el Atrato tiene una mala barra, con sólo cinco pies de agua.

No hay que dar, en este respecto, mucha consideración a Panamá. Sus términos en el Atlántico no son menos que a siete grados de latitud al sur de los de la línea de Honduras; y los del Pacífico tienen no menos que cuatro días de distancia bajo la latitud de los correspondientes de la línea de Honduras. Pero suponiendo todas las circunstancias iguales, la economía en la distancia de la línea de Honduras sobre la de Panamá no admite comparación. Además, los puertos de Panamá en uno y otro lado son malos: malos respecto a clima, y, si no absolutamente inseguros, ciertamente inadecuados, pues en la Bahía de Panamá en el Pacífico, los buques son obligados

---

suceso permanente se podrá obtener: es el de buenos puertos. Sin estos a las extremidades de la línea, sea canal o camino de hierro, los buques no podrán entrar en todo tiempo, y sufrirán dilaciones, gastos, etc., si no hay un buen fondeadero". – – *Capitán Fitzroy, Journal Royal Geographical,* loc, XX, p.165.

a quedar a algunas millas de la costa, en un punto que no puede llamarse puerto. El tiempo que se pierde en embarcar y desembarcar por medio de botes, sin contar los gastos, molestias y peligros, será siempre una gran desventaja.

De aquí se sigue, pues, que las rutas que, en cuanto a economía de distancia, pueden ser comparadas, son las de Honduras y Tehuantepec. Estas son las únicas que llenan las exigencias del comercio y de los viajeros. Y aquí debe advertir el lector que en la latitud 14° N. el continente no va de norte a sur, sino casi al este y oeste. Los términos norte de la proyectada ruta de Tehuantepec son en latitud 18° 8'N.; la de Honduras en latitud 15° 49' N.; y los términos sur en la latitud 16° 12' y 13° 21' N. respectivamente. La absoluta diferencia en latitud es, en este caso, de 2° 19'; y aunque Tehuantepec está en longitud 94° 30'O., y Honduras en longitud 87° 57' O, es inmaterial en el viaje de New York a San Francisco. Por ejemplo, sea que la vuelta al oeste se haga por el Golfo de México o por el Pacífico, excepto, quizá, por el Pacífico es un mar más suave que el del Golfo, y se haría más pronta y fácilmente que por éste.

Resulta, pues, que Tehuantepec tiene una absoluta ventaja sobre Honduras de 2° 19' de latitud, igual a 4° 38' o a 270 millas náuticas en todo el viaje de New York a San Francisco. Pero esta *aparente ventaja* es nada en consecuencia de ciertas dificultades en la navegación del Golfo de México, y de ciertas condiciones de la contrata para el camino de hierro de Tehuantepec, que deben mirarse como un punto esencial, a saber: las de la "compañía mixta". Esta contrata establece que los buques en conexión con el propuesto camino, llegarán a Veracruz, y que allí todos los pasajeros y cargamentos serán trasbordados a buques mexicanos antes de ir al istmo. [105]

Veracruz es establecido como el único puerto de entrada en el Golfo. Además, de todas las detenciones que estos trasbordes

---

[105] Artículo III. — La compañía se obliga a establecer una línea de vapores suficiente para el servicio de la comunicación de la ruta, bajo bandera mexicana, conforme a las leyes del país, que transitarán de Veracruz al punto donde comience el camino en el río Coatzacoalcos.

ocasionan, debe agregarse la fatalidad del clima de Veracruz, y la inseguridad de su puerto. [106]

Todos los buques de los Estados del Atlántico deben evitar el banco de Campeche, y sus mil arrecifes y bajas islas, alejándose siempre hacia el norte. No podrán ir, como he dicho, en línea recta de los estrechos de la Florida por Veracruz, sino haciendo un circuito para evitar los Alacranes y otros peligros en la navegación al norte de Yucatán, donde la compañía inglesa de vapores a la India Occidental perdió algunos, hasta que se dieron estrictas órdenes de pasar al norte del banco de Campeche.

Tomando en cuenta esta vuelta, y el aumento de distancia que es consiguiente yendo a Veracruz, la aparente ventaja de Tehuantepec sobre Honduras no solo desaparece, sino que se la da a este de más de 200 millas menos.

Ahora vamos a la cuestión de puertos, sobre la que el capitán Fitzroy da una fuerza que ninguno de los que han hecho investigaciones de esta especie considerará enfática. Para evitar toda imputación parcial en la materia, yo soy bien contento de citar autoridades cuya imparcialidad no puede ponerse en duda, y que prueban que Tehuantepec no tiene puertos propiamente dichos en ninguno de los dos mares. Respecto al Pacífico:

"El puerto de Tehuantepec no es más favorecido por la naturaleza que el de Nicaragua. Toma su nombre de los huracanes que soplan del N.O., y que impiden a los buques llegar a los pequeños puertos de Sabinas y Ventosa" [107]. Con referencia al mismo Tehuantepec, M. Michel Chevalier, en su obra sobre comunicación interoceánica, observa:

"Sería necesario remediar, si fuese posible, la necesidad de un puerto conveniente en el Pacífico. A Tehuantepec, muy apenas puede dársele el nombre de rada. La mar de día en día retrocede más de sus playas; el anclaje cada año es peor, las arenas depositadas por el Chimalapa aumentan en altura y extensión en las barras a la entrada

---

[106] "Veracruz no puede ni aun tener el nombre de *rada*; es un desagradable anclaje entre bajos". — Humboldt, *Nueva España*, vol. I, p. 2.
[107] Humboldt, *Nueva España*, vol. I, p. 20.

del primer lago al segundo y de allí al mar, de manera que Tehuantepec casi no es accesible más que para pequeños buques".

En efecto, el plan de ocupación al puerto de Tehuantepec fue abandonado por los ingenieros que practicaron el reconocimiento. En consecuencia, propusieron crear un puerto artificial en Ventosa por medio de una especie de canal de 2,000 pies de largo. La dificultad, por no decir imposibilidad, de construir anclajes artificiales, quita toda importancia, como fácilmente se comprende y no hay necesidad de hacer ninguna observación.

En una palabra, Tehuantepec no tiene ningún puerto al Pacífico. Menos favorecido es aún en el Atlántico, pues en él no tiene nada que parezca puerto.

Esta falta se pretende suplir entrando por el río Coatzacoalcos, que es sin ningún abrigo en su boca y que corre directamente a la mar abierta. Además, tiene una mala barra que en mal tiempo sería imposible que pasasen buques de más de 100 toneladas. *"La profundidad del agua en la barra es de cerca de 13 pies, bajando hasta 11"*. Tal es la confesión de los mismos que más se han identificado con el proyecto de Tehuantepec [108]. Sobre este punto la autoridad del general Orbegoso, que fue el primer empleado por el señor Garay para examinar el istmo de Tehuantepec, no puede ser aceptada. Asegura que hay de 21 a 23 pies de agua en la barra, cuando los ingenieros de la compañía de Tehuantepec encontraron solamente de 11 a 13, y el comodoro Perry 12. El señor Moro parece que pertenece a la misma escuela. Dice que en la barra, boca-barra y Tehuantepec hay 23 pies de agua, en tanto que la autoridad del informe sobre Tehuantepec refiere solamente ocho. Sin embargo, siguiendo el erróneo supuesto de que el Coatzacoalcos tiene 18 pies en su barra, en lugar de 10 o 13, el capitán Liot, superintendente de la Compañía de vapores ingleses a la India Occidental, observa:

"Por los precedentes resultados (aún los más favorables al proyecto) se ve que el fondo es absolutamente insuficiente para buques de bastante capacidad y llenos de carga; porque aunque el principal canal de la barra tuviese siempre una profundidad de 18 pies (como el señor Orbegoso asegura, pero que después admite que por

---

[108] The istmos of Tehuantepec, being the results of a survey, etc., p. 115.

extraordinarias circunstancias tal vez no tendrá), ¿cómo podría pasar un buque de 600 toneladas que calase por lo menos 18 pies? Si hubiese agitación en la barra, sería peligroso aún para los buques que calasen sólo 15 pies. Así pues, el proyectado canal sería útil sólo para buques, de menos de 300 toneladas, y en la estación de los nortes tendrían gran riesgo al aproximarse a aquella parte de la costa, donde no hay ningún puerto más que el de Veracruz (120 millas al nordeste de la barra de Coatzacoalcos).

Durante los nortes, la tierra no es más que una playa desierta, fuera de la cual los buques no tendrían ningún escape, sino es pasando los riesgos de la barra, lo que difícilmente conseguirían sin un buen piloto; y además en un norte fuerte la marejada de la costa es tan pesada que los pilotos no pueden abordar, sean cuales fuesen los peligros que se quisiesen evitar. [109]

En evidencia a lo expuesto, y aún en un lenguaje más enfático, se pueden acumular infinitas autoridades. [110]

---

[109] *"Considerations upon the question of communication between the Atlantic and Pacific Ocean, by W. B. Liot"*. P. B.

[110] El Coronel Abert, jefe de la oficina topográfica de los Estados Unidos, en una revista publicada por el Congreso, acerca de los tránsitos, dice:

"La barra del golfo no se la puede considerar más que como de 12 pies de agua. Al lado del Pacífico no hay ningún fondeadero… La Bahía de Tehuantepec es baja, peligrosa y expuesta a frecuentes tempestades". El Comodoro Subrick, comandante de la cuadrilla del Pacífico, en una carta al secretario de Marina, datada el 7 de octubre de 1847, dice: "Hay un anclaje en la Bahía de Tehuantepec; pero, según todos los informes que hay y las cartas de M. Forbes es excesivamente tempestuoso. El Capitán Hall dice que en ninguna parte ha experimentado tempestades más grandes que en esta bahía, que los españoles llaman "Ventosa"".

M. J. H. Alexander, en una comunicación a la comisión especial del Congreso, expone: "Cuanto se ha dicho hasta ahora de los defectos del puerto de San Juan del Sur, en conexión con la ruta de Nicaragua, se puede aplicar a otra que ha llamado mucho la atención: la del istmo de Tehuantepec… En sus inmediaciones, por ningún lado lo ha favorecido la naturaleza; y la Bahía de Ventosa explica perfectamente bien el carácter de la rada, en tanto que sobre el lado de Coatzacoalcos, nada hay que pueda proteger la entrada por el río, de los nortes del Golfo de México". —J. H. Alexander, *Congressional report*, N.° 145, (1849), p. 44.

L. M. Pitman, en su obra sobre la practicabilidad de una comunicación interoceánica (p.204) concluye: "La opinión de todas las autoridades demuestra que

Como hemos visto, el medio propuesto para llenar la falta de un puerto en el Pacífico es construir un fondeadero artificial, a cuyo fin debe formarse una especie de canal de 2,000 pies de largo y de 36 de profundidad. Además de otras consideraciones, basta solamente atender el costo y a lo poco adecuado que sería el medio que se propone, para estimarlo en su verdadero valor.

El reconocimiento oficial de la entrada del río Coatzacoalcos por el comodoro Perry, publicado por el Gobierno, demuestra que no hay más de 12 pies de agua en un canal de 150 de ancho; fuera de este canal el agua baja a 11, 10 y 9 pies.

Los buques que generalmente se han empleado para el tránsito de California, son el Ohio, Georgia, Illinois, etc.; cada uno de los cuales tiene una capacidad de más de 3,000 toneladas. El Falcon, uno de los vapores más pequeños, tiene 750 toneladas, y cala 15 pies de agua, o *tres más que la total profundidad de la barra de Coatzacoalcos*! El lago de Tehuantepec requiere buenos puertos; y no hay uno que llene las condiciones precisas para una comunicación interoceánica. Sería difícil, sino imposible, encontrar en el Golfo de México, o en el Atlántico, en toda la costa de América, un punto más peligroso o menos adecuado para una comunicación a través del continente, que el de Tehuantepec. Los nortes que soplan del gran valle del Mississippi, tienen allí su mayor influencia; y, como observa el capitán Liot, ningún vapor ni buque de capacidad ordinaria podría pasar la barra de Coatzacoalcos cuando aquéllos reinan, que es de septiembre a marzo. Por lo común, las olas son de 5 a 6 pies ordinariamente, y con un viento moderado de la costa que chocase con la corriente del río, la mar rompería sobre la barra.

Respecto al clima de Tehuantepec, el señor Moro dice que frecuentemente ha visto el termómetro a 92° Fahr, a las 7 de la mañana. El vómito (fiebre amarilla), es común, como en toda la costa de México, desde Veracruz hasta Campeche.

---

la boca del río Coatzacoalcos no tiene un buen puerto. Tampoco lo hay en la boca del río Tehuantepec, capaz de recibir buques de considerable tonelaje, y no hay medios para mejorar el presente… De todas estas consideraciones, además de las expuestas anteriormente, se concluye que la proyectada ruta es insegura, y, si no impracticable, al menos inadecuada para un extenso comercio".

XVI. — COMPARACIÓN DE RUTAS RESPECTO A SEGURIDAD

Para establecer una ruta permanente de comunicación interoceánica en la presente época de investigaciones y descubrimientos, preciso es que nos fijemos no sólo en las condiciones más obvias y palpables que se requieren para que la empresa tenga suceso, sino también en las circunstancias incidentales que puedan afectarla. Hace pocos años que se ha dirigido la atención sobre las corrientes de vientos, y su influencia en la navegación y el comercio, y sus prolijas investigaciones han producido importantes resultados, que son prácticamente observadas por los buques que hacen sus viajes con más rapidez y seguridad. La economía de tiempo, la propiedad y la vida, que vale más que todo, debe ser la gran combinación del público.

Ahora, haciendo el viaje al Istmo de Centroamérica, no sólo tienen los buques que atravesar más de 1,000 millas de agua en el Atlántico, el más turbulento de los océanos, sino que, para evitar las corrientes del estrecho del Golfo, pasan a Barlovento de Cuba. Frecuentemente es el regreso de los vapores de Panamá y Nicaragua entre Cuba y Santo Domingo, y naturalmente al este o al exterior de Jamaica.

De consiguiente, no bien han pasado el tormentoso Atlántico, cuando entran a la parte del mar Caribe, donde soplan con más frecuencia los huracanes. Los dos grandes centros de esta terrible visita son las Indias Occidentales y a la mar China. Más allá de esos límites, es bien rara.

TABLA CRONOLÓGICA

de los principales huracanes que han ocurrido en las Indias Occidentales, dentro de 150 años.

FECHAS Y LOCALIDADES

1675 — agosto	31 —	Barbados.
1681 —		Antigua.
1707 —		Antigua.
1712 — agosto	28 —	Jamaica.
1722 — agosto	28 —	Jamaica.
1726 — octubre	22 —	Jamaica.
1740 —		Antigua.
1744 — octubre	20 —	Jamaica.
1751 — septiembre	2 —	Jamaica.
1768 — agosto	13 —	Santo Domingo.
1772 —		Antigua.
1780 — octubre	3 —	Sabana La Mar (Jamaica).
1780 — octubre	10 —	Barbados, Martinica, Puerto Rico, Bermuda, Haití.
1781 — agosto	1 —	Jamaica.
1784 — julio	30 —	Jamaica.
1785 — agosto	27 —	Jamaica.
1786 — octubre	20 —	Jamaica.
1791 — octubre	20 —	Jamaica.
1792 —		Antigua.
1804 — septiembre	3 —	Antigua.
1804 — septiembre	19 —	Bahamas.
1805 — julio	25 —	En la parte sept. de Bahamas.
1806 — septiembre	—	En las inmediaciones de Bahamas
1807 — octubre	14 —	Entre Jamaica y Sta. Marta.
1809 — agosto	3 —	Puerto Rico y Santo Domingo.
1812 — agosto	14 —	Puerto Rico y Santo Domingo.
1812 — octubre	12 —	Jamaica.

1813 — agosto	1 — Jamaica.
1815 — octubre	18 y 19 — Jamaica.
1816 — septiembre	10 y 12 — Islas Caimán y Campeche.
1818 — septiembre	19 — Altevala, Santo Domingo.
1818 — septiembre	21 — Barbados y la Dominicana.
1818 — septiembre	22 y 25 — A Barlovento de Antigua.
1818 — octubre	7 — Puerto Real, Jamaica.
1819 —	— Barbados
1821 — septiembre	1 — Bahamas, Carolina, Massachussets.
1827 — agosto	17 — San Martín y Santo Tomás.
1830 — agosto	12 — Santo Tomás.
1830 — agosto	22 — Al norte de Bahamas.
1830 — septiembre	29 — Al norte de las Islas Caribes.
1831 — junio	23 — Trinidad, Tobago y Granada.
1831 — agosto	10 — Barbados.
1835 — agosto	12 — Antigua, Nevis, Santo Tomás.
1835 — septiembre	3 — Barbados.
1837 — julio	10 — Barbados, San Vicente, Sta. Lucía.
1837 — julio	26 — Barbados.
1837 — agosto	2 — Antigua y Santo Tomás.
1837 — agosto	16 y 25 — Al norte de las Pequeñas Antillas.

Se observará que de los 55 huracanes, solamente dos han cruzado la ruta propuesta para la línea de Honduras por tierra, hasta la Florida y de allí por vapores hasta Puerto Caballos.

Además, precisamente en la línea de toda comunicación con Nicaragua y Panamá, es donde encontramos la región de los huracanes caribes, como lo manifiesta el profesor Johnston. Todo se evitaría en la dirección por Honduras.

Es, pues, evidente que la propuesta línea de comunicación interoceánica por Honduras, sería libre de los riesgos de los huracanes. Cuando consideramos que no menos de 75,000 personas pasan anualmente por los istmos de las costas del Atlántico a las del Pacífico, la seguridad de los peligros de tantas vidas es un punto de la mayor atención. La pérdida de un buque mercante, que lleva tras sí la de diez o doce personas y algunos pocos miles de pesos, es sensible, no hay duda; pero se puede mirar como insignificante, comparada con la de un paquete de California con los 500 o 600 pasajeros y los millones de pesos que trae. Por consiguiente, toda disminución de peligros que haya en el curso de este tránsito, es un bien positivo y de la mayor importancia para el público.

Hay otro punto de la carta del profesor Johnston, que merece ser mencionado: Es el curso de los "nortes", en el Golfo de México, que con frecuencia han producido las mayores desgracias a la navegación. Estos soplan abajo del valle del Mississippi, atravesando el Golfo de México, en el seno del mismo Golfo, entre la Península de Yucatán y los Estados más bajos del propio México. Por espacio de seis meses, de septiembre a marzo, son más o menos constantes, y a veces con una fuerza terrible, llevando casi una línea directa de la boca del Mississippi al istmo de Tehuantepec. A medida que avanzan en el Golfo, su fuerza aumenta, porque la contracción de la tierra contribuye a darles más poder, tanto que a veces equivalen a los huracanes de las Antillas. Esto, añadido a la circunstancia de que Tehuantepec no tiene absolutamente un puerto en los términos del norte, en que los vapores y buques puedan refugiarse, es el mayor inconveniente para llevar a cabo la proyectada vía de comunicación interoceánica.

XVII. — COSTO DE CONSTRUCCIÓN Y RENTA QUE DARÁ

Conozco bien la dificultad de calcular los gastos de una grande obra, como la del camino de hierro de Honduras, no sólo antes sino después de un exacto reconocimiento; también sé que presentando un cálculo de esta especie de gastos, el costo del de Panamá se añadirá como una desaprobación conclusive de su exactitud, sin una justa consideración de las condiciones naturales y enteramente diferentes de los istmos de Panamá y Honduras, y con la inteligencia de otras circunstancias casi no menos importantes.

El camino de hierro de Panamá tiene un largo total de 49 millas, y ha costado según el informe presentado por la compañía a la Legislatura de New York, en enero de 1855, una suma redonda de 5,000,000 de pesos. Se necesitaría aún otra suma de 1,000,000 de pesos ó 2,000,000 de pesos para la construcción de un puerto artificial en la Bahía de Panamá; pero ésta será independiente del costo del camino propiamente dicho, del que se deducirá el costo del de la formación de la ciudad de Aspinwall, que ciertamente no bajará de 500,000 pesos.

Así, pues, el costo neto del camino de hierro de Panamá es de 4,500,000 pesos que, en 49 millas, de un término medio de cerca de 91,000 pesos por milla. Siguiendo el mismo cálculo, tendríamos que para las 160 millas de la línea de Honduras se necesitarían $ 14,560,000.

Pero no vacilo en decir, en vista de la diferencia y favorables circunstancias del caso, que el camino de Honduras no costará la mitad por milla, de lo que costó el de Panamá.

1° Las primeras 23 del camino de Panamá están en un terreno que bien puede llamarse un *continuo pantano*, que bajo los trópicos y dentro de una zona en que constantemente llueve, equivale a decir que es la sección menos posible para la construcción de un camino de hierro. La mayor parte del camino en esta distancia ha sido construida sobre estacados y frecuentemente terraplenados. Puede decirse que las dificultades que los ingenieros tuvieron que vencer en esa sección, jamás se han encontrado en ninguno otro, desde que los caminos de hierro se establecieron; y que esa obra debe considerarse como una maravilla de habilidad y de constancia, aunque su costo no ha podido ser más caro respecto a vidas y dinero. En esta sección es precisamente donde la compañía de Panamá hizo los mayores gastos.

La línea de Honduras no tiene ninguna clase de pantanos, y es de creerse que no requerirá ni 100 varas de estacado en toda su extensión.

2° Según el informe citado, "hubo que hacer un corte sobre la cima, de 1,300 pies de largo y 24 en su mayor profundidad, conteniendo 300,000 varas cúbicas de excavación, que se supuso ser de una fácil ejecución, pero que se encontró más difícil que en ninguna parte del istmo, ocupándose toda la fuerza por dos meses en vencer dificultades que se creyó no pasarían de dos semanas".

En toda la línea de Honduras no hay que hacer corte de esta especie.

3° Siendo el istmo de Panamá estrecho, despoblado y sin ninguna clase de provisiones ni de materiales, tuvo la compañía que mandarlo todo de los Estados Unidos. "Aun la madera de construcción para tirantes, fue obtenida, —continúa el informe— de los Estados Unidos y de varias partes de nueva Granada".

En un parágrafo anterior se ha visto que toda la madera necesaria de construcción se encontrará en el propuesto camino de Honduras, en el lugar mismo de la línea o cerca de ella. El caoba, guanacaste, cedro, encina y pino, son abundantes; y la compañía americana que ha establecido una máquina de aserrar en el Tigre, está pronta a contratar todos los tirantes del camino a precios más bajos que lo serían en los Estados Unidos.

4° En cuanto a trabajadores, la compañía de Panamá ha encontrado insuperables obstáculos. "Los operarios, —continúa el informe referido— fuesen nativos o extranjeros, eran pagados en el istmo de 15 a 50 pesos cada uno, precio superior al que se da en los Estados Unidos en trabajos semejantes; y casi todas sus provisiones fueron enviadas de los Estados Unidos mismos". "Las enfermedades, —dice el ingeniero en jefe— aunque no en la exagerada proporción que se han calculado, han sido no obstante, un considerable *ítem* de gastos".

Por lo que hace a esto, nada hay que agregar a lo que antes se ha dicho respecto a la línea de Honduras. No hay duda que para la sección del norte se encontrarán todos los trabajadores necesarios de los cortadores de maderas de la costa. Fundamentalmente debe creerse que los propietarios mismos de los trabajos se comprometerían en la obra, pues que sería de mayor utilidad para ellos para transportar sus maderas, materiales, ganado, etc. Y por lo que toca a las otras secciones del camino, habría gran cantidad de operarios del populoso

Estado de El Salvador y de Honduras mismo. Respecto a clima, no puede ser más favorable para introducir la cantidad de extranjeros que se quiera.

5° Del informe indicado, aparece que la causa principal que retardó la apertura del camino por un período de 18 meses, "fueron las continuas lluvias" de 1853 a 1854. Estando bajo una zona de constante precipitación, de una estación seca puramente nominal, no hay duda que esto es lo que ocasionó los mayores gastos, el retraso y la pérdida de tantas vidas.

Honduras ofrece un contraste absolutamente favorable.

Además, Honduras puede suministrar una gran cantidad de bueyes para tirar madera, y la que se quiera de ganado para el consumo, a precios más baratos que en ninguna parte del mundo, a excepción de Buenos Aires, quizá. Habiendo en toda la línea o sus inmediaciones una población de más de 100,000 habitantes, en un país que produce ilimitadamente el maíz, plátanos, yucas y todos los vegetales de los trópicos, se obtendrá toda la demanda de provisiones que sea necesaria.

En vista de estas consideraciones, como de la que aún en la llamada estación de aguas, el trabajo no puede suspenderse, no tengo embarazo en decir que el costo del camino de hierro de Honduras será menos de la mitad del de Panamá por milla; y consiguientemente, todo el costo del camino con sus dependencias, no pasará de 7,000,000 de pesos.

Respecto a la economía del trabajo, ninguna comparación puede haber en atención al gran costo que ha habido en hacer y reparar el camino en un clima y en un país tan destituido de recursos como el de Panamá.

El que se ha calculado para el de Tehuantepec, excluyendo el indefinible gasto para abrir un canal y construir un puerto en la Bahía Ventosa, como también la excavación de la barra de Coatzacoalcos, es el siguiente:

Exclusive de dependencias ....$ 6,729,000.00
Dependencias, etc. 1,118,000.00

Costo total...$ 7, 837, 000.00

Muelles de 60 pies de largo, tanto en Puerto Caballos como en la Bahía de Fonseca, podrían hacerse para entrar vapores de la mayor capacidad, con toda seguridad, al lado de los depósitos mismos del camino de Honduras. Por otra parte, el costo de abrir la boca del río Coatzacoalcos y de construir un puerto artificial en la Bahía Ventosa, si fuese posible el proyecto de Tehuantepec, y el de formar un término en una isla pantanosa, construyendo otro puerto artificial en Panamá, son enteramente obvios en Honduras, por la existencia de sus dos excepcionales puertos en una y otra extremidad.

Ahora vamos a las rentas del camino que probablemente daría el de Honduras, el que, como se ha dicho y se verá, economizaría de cinco a ocho días de tiempo. Esta sola circunstancia atraería por él toda la mayor parte de viajeros entre los dos mares. Pero si a ella agregamos la facilidad del tránsito comparada con los cambios y trasbordes de la línea de Nicaragua, y el embarque y desembarque que se hace en la de Panamá (donde los buques en el Pacífico fondean a algunas millas de la playa, y a donde los pasajeros y cargamentos tienen que ir en botes), las ventajas son mucho mayores. Y si a todo se añade la salubridad del clima, libre de "las fiebres de Chagres" y de las "calenturas de San Juan", la superioridad de la línea de Honduras no puede ser más manifiesta, y garantiza la aserción de que atraería la mayor parte de viajeros entre los dos mares. Las malas tomarían esa expedita ruta; y una gran cantidad de cargamentos de los que ahora se expiden por Nicaragua y Panamá, con los inconvenientes que he indicado, la seguirían igualmente. ¡Quince centavos por libra o 300 pesos por tonelada, es el precio presente por el transporte de bultos en el istmo de Nicaragua!

Las rentas, pues, que tendría el camino propuesto, serían de malas, pasajeros expresos y otros cargamentos, incluyendo el oro y la plata.

Hay otra consideración todavía acerca del referido camino de Honduras, y es que el país mismo tiene inmensas fuentes de riqueza, tanto minerales como agrícolas que, construyendo el camino, se explotarían y contribuirían a darle más utilidad. No es aventurado decir que un país tan favorecido como ese, respecto a terreno y clima, una vez abierto el camino, atraería una emigración extraordinaria para toda clase de empresas, que proporcionaría considerables utilidades.

Pero dejando estas consideraciones eventuales, y contrayéndonos al constante comercio entre los dos mares, no hay duda que las rentas de este camino serían superiores a las de ninguno de los conocidos hasta ahora.

Los autores del informe del Istmo de Tehuantepec calculan que el número de pasajeros que hubo en los cuatro años anteriores a 1852, entre los Estados del Atlántico de los Estados Unidos y California, fue de 412,942, de los cuales 241,522 fueron por Panamá y Nicaragua. Asimismo calculan que la suma de cargamentos que se han llevado por los istmos, en el mismo período, fue de 47,000 toneladas, el montante en oro a 138,620,000 pesos, y el término medio de peso de las malas, 9,000 libras. Además de los pasajeros indicados, 11,021 fueron por el Cabo de Hornos.

Excluyendo el año de 1848, aparece que en los tres restantes, la emigración anual entre los Estados del Atlántico y California, fue de 141,350. De estos, 80,190 fueron anualmente por mar.

Puede alegarse que estos guarismos son de los años en que la emigración a California estaba en su mayor auge, y que, al presente, han bajado. No es así. El número de pasajeros entre los Estados del Atlántico y California, en 1854, es bien sabido que disminuyó por la general depresión financiera durante los últimos seis meses del año. Sin embargo, el número de las personas que salieron y llegaron a San Francisco, ascendió a 59,000; en los últimos seis meses, hubo 9,000 menos que en los primeros. En otras palabras, si hubiera sido sostenida la emigración en todo el año, como a principios de él, el número hubiera sido 70,000 personas, sin contar con las que llegaron y salieron por tierra.

Estos datos, respecto al número de partidas y llegadas, son tomados de una tabla publicada recientemente por los periódicos de California. En los estados de la Aduana de New York, encontramos las siguientes:

Salidas de New York a California, y llegadas a New York de California, por vapores, hasta el fin del año. — Marzo 16, 1855.

Salidas por	Nicaragua, en vapores	13,373
——	Panamá	11,746
——	Independientes	4,172
Llegadas por	Nicaragua, en vapores	11,195
——	Panamá	8,025
——	Independientes	3,345
	Total........................	51,851

Esto es sin contar los pasajeros por Sudamérica y los puertos del Pacífico. Tales cifras son concluyentes en un punto de mucha importancia para el cálculo de las rentas del camino de Honduras, a saber: *que los pasajeros tomarán siempre la ruta más corta y expedita entre los puntos dados.* La de Nicaragua es casi dos días menos que la de Panamá, y esta circunstancia le ha dado una mayoría de pasajeros, no obstante que sus vapores son inferiores en comodidades, a pesar de los miserables botes del río San Juan, así como de los cuatro o seis trasbordos que hay que hacer según la estación. En la seca, cuando el agua del río es baja, además de los cambios de San Juan del Norte y San Juan del Sur, hay otros en las corrientes de Machuca, en las de Castillo, en las del Toro y en la Bahía de la Virgen.

Los productos del camino por las mercancías aumentarían cada año considerablemente. En verdad, no hay paralelo entre la actividad de nuestro comercio con el que se ha desarrollado por el Pacífico. El número de tonelajes que ha salido de los Estados Unidos para las islas Sándwich, China, Indias Orientales y el océano Pacífico, generalmente exclusive California y el Oregón, por tres años, de 1850 a 1852, es el siguiente:

Años	Americanos	Extranjeros	Total
1850	93,588 ton.	11,640 ton.	105,228
1851	114,330 ton.	28,880 ton.	135,210
1852	198,210 ton.	91,640 ton.	289,850

Aumentó en dos años 173,522, o cerca de 140 por ciento.

Pero sin necesidad de otras observaciones, hay datos positivos para estimar los productos del propuesto camino, deducidos de la experiencia de una sola sección del de Panamá. En el informe de los directores de la compañía, a la Legislatura de New York, encontramos:

Productos. — Los de febrero de 1854, siendo en
la mayor parte del tiempo, de 23 millas .... $ 771,526.41

De febrero a 31 de octubre de 1854, en cuyo
periodo se abrieron 34 millas 416,000.00

        Productos en general .... $ 1,187,526.41

Gastos comunes...................................... $ 324,720.95

Crédito a la Nueva Granada 13,090.28

Transporte de malas 217,632.63

Proporción de malas de la Nueva
Granada 3,470.68   588,914.54

Productos netos .... $ 628,611.87

Fuera de los cuales y de los de noviembre y diciembre, se han pagado los dividendos de la manera siguiente, además de pagar el interés de los bonos:

Julio, 1853, 5% sobre	$ 2,194,064.10	$ 109,703.10
Enero, 1854, 3 ½ % sobre	2,716,372.00	95,080.02
Julio, 1854, 3 ½ % sobre	2,832,000.00	99,120.00
Enero, 1855, 3 ½ % sobre	2,875,000.00	100,625.00
Total		$ 404,928.12

Es decir, que en 31 millas de camino, y llevando menos de la mitad de pasajeros, el camino ha dado, a razón de 52,000 pesos por mes, igual a 624,000 pesos por año. Si esta ruta tuviese un monopolio de tránsito como el que probablemente tendría la de Honduras, sus productos serían de 1,250,000 pesos por año, en 31 millas de camino, igual a 25% sobre el costo de él. Este ha sido menos que la mitad del producto general, teniendo la misma proporción en lo futuro, la utilidad neta que dejará el camino será ¡de un 15% sobre el capital!

Ahora bien, disminuyendo el costo del de Honduras, en razón de la abundancia y baratez de recursos de toda especie; siguiendo las mismas bases, incuestionablemente daría un interés anual sobre su costo, de 2,000,000 de pesos, no menos que de 18%.

En otros términos, yo calculo que los productos del camino de Honduras no serían menos que 1,750,000 pesos por año; y con el natural aumento del comercio y de pasajeros que habría, cuando el camino estuviese en toda su perfección, llegaría a 2,000,000 de pesos.

Hay aún otra consideración que, aunque toca de una manera directa los productos del camino, no debe desatenderse; es la de la utilidad pública. Es demostrado que por la referida vía habría una economía de tiempo de los Estados del Atlántico a California, no menos que de siete días, en término medio. En consecuencia, resultaría:

1° Que sobre las bases de 70,000 pasajeros por año, habría una economía de 490,000 días al público. A dos pesos por día, a una baja valuación de tiempo en los Estados Unidos, sería igual a 1,000,000 pesos.

2° La economía en cuanto interés, seguridad, etc., de metales preciosos en el tránsito.

3° La economía de siete días en la transmisión de la mala, y la consiguiente facilidad y actividad que tendrían las transacciones de los negocios entre las costas del Atlántico y el Pacífico del Continente.

Yo sé perfectamente que muchos de aquellos cuyos intereses se perjudiquen, mirarán todos estos cálculos como aserciones infundadas. Como quiera que sea, el camino de Honduras será, tarde o temprano, construido, y no temo de arriesgar mi juicio sobre su práctica ejecución, a saber:

"Que su construcción no costará más de *7,000,000 de pesos*; que sus productos en los cuatro primeros años de su establecimiento no bajarán de *2,000,000 de pesos* por año; y que tendrá un término medio de 7 días de economía de tiempo, sobre las líneas existentes, en el viaje de New York a California".

CAPÍTULO XV: COMUNICACIÓN INTEROCEÁNICA DE HONDURAS. EXPLORADORES MODERNOS. ORIGEN DEL FERROCARRIL INTEROCEÁNICO DE HONDURAS.

En el año de 1850, que ocupaba yo la posición de representante diplomático de los Estados Unidos en Centroamérica, tuve el designio de visitar la Bahía de Fonseca, que ocupaba un punto geográfico de bastante importancia entre los Estados de Nicaragua y El Salvador, en el océano Pacífico. Durante mi permanencia en el puerto de La Unión, me llamo la atención la circunstancia de que parte de la bahía sufría los fuertes vientos del norte, haciéndose inferir que debía existir una interrupción en la gran cadena de montañas de la cordillera que, de otra manera, debía oponer una insuperable muralla a los vientos que soplan en aquella dirección. Mayores fueron mis presunciones cuando supe que los vientos del norte no se experimentan allí, sino es en el período en que dominan en la costa del Atlántico; y por último se confirmaron, por la adicional circunstancia de que estos vientos corren, hasta llegar al Pacífico, por un estrecho espacio que no excede de 10 millas.

Así, pues, subiendo el volcán de Conchagua, que se eleva sobre el puerto de La Unión, fije mi anteojo hacia al norte, y sin ninguna sorpresa vi que en efecto las montañas de Honduras estaban completamente cortadas en aquella dirección.

Este hecho no me intereso entonces sino como un rasgo notable del carácter físico del país; y no fue sino hasta el año de 1852 que me ocurrió la idea de establecer por allí una *comunicación interoceánica*. En este tiempo los reconocimientos prácticos del Istmo de Tehuantepec, con objeto de establecer un camino de hierro entre los dos mares, habían dado por resultado la falta absoluta de puertos a propósito en los dos océanos. Además, el proyecto de una comunicación por aquel punto envolvía, políticamente, un grado de esperanza muy pequeño para proseguirlo con suceso, sino es hasta que un nuevo orden de cosas se estableciera en México, el que, según la historia de aquel país, no debía esperarse dentro de muchos años.

Este triste convicción persuadió al público que, en la necesidad de pasar para California, tenía que continuar la molesta y dilatada ruta del Istmo de Panamá.

Entonces fue que las observaciones que yo había hecho en La Unión me indujeron a investigar si sería factible establecer un camino de hierro que cortara el continente y terminara en la Bahía de Fonseca, lo que debía cumplir la predicción que había aventurado "de que, por su posición y capacidad, debería ser con el tiempo el emporio del comercio y el centro de las empresas en aquella parte del continente". Pronto encontré que en el año de 1504 los empleados de la Corona de España habían descubierto un pasaje entre los dos mares en esta línea, y que habían fundado la ciudad de Comayagua en la medianía del Atlántico y el Pacífico, "con objeto de comunicar fácilmente con uno y otro, evitando las enfermedades, fatigas y privaciones que había experimentado en el viaje del Nombre de Dios a Panamá".

Habiendo comunicado mi pensamiento a unos pocos amigos personales y hombres de bastante espíritu público, fue adoptado por ellos, y se aprontaron a concurrir con el contingente necesario para los gastos de un prolijo reconocimiento del país en cuestión.

En el acto procedí a la organización de un competente cuerpo de *reconocimiento*, y la fortuna me favoreció con la concurrencia y asistencia de personas de grandes conocimientos científicos y de una práctica habilidad. Debo aquí mencionar los nombres del teniente W. N. Jeffers, últimamente profesor de matemáticas en la Academia de Navegación de los Estados Unidos; del Doctor S. W. Woodhouse, cuyas calificaciones en la expedición del Gobierno de Colombia, bajo las órdenes del capitán Sitgreaves, habían sido satisfactoriamente formadas; y de M. D. C. Hitchcock, que acompañaba la expedición, como dibujante.

Esta salió de los Estados Unidos en febrero de 1853, y en abril siguiente comenzó sus operaciones en el terreno, tomando la Bahía de Fonseca por punto de partida. La exactitud de mis primeras experiencias pronto se verificó. Una línea de observaciones y medidas barométricas fue seguida a través del continente por el teniente Jeffers. Otra igual, desde León, de Nicaragua, hasta la ciudad de Comayagua, en Honduras, llevó el Dr. Woodhouse; y otra tomé yo mismo desde Comayagua hasta Santa Rosa, en el extremo occidental de Honduras, y de allí a la ciudad de San Salvador, en el Estado de El Salvador, recorriendo éste desde Sonsonate hasta La Unión, punto de nuestra partida.

Sobre las observaciones y hechos recogidos en este reconocimiento, está fundada la memoria que, precipitadamente escrita, presento ahora. No creo demás manifestar que mi primitiva intención fue ilustrarla con un pequeño MAPA DE HONDURAS Y EL SALVADOR; y que si he dado la forma y extensión que tiene el que acompaña este volumen, ha sido en la convicción de que el interés público no sería satisfecho con un simple detalle de los rasgos físicos y característicos de aquellos poco conocidos, pero importantes Estados.

En el deseo de presentarlo de una manera inteligible, he tenido que seguir en un todo mis propias observaciones. En verdad, todo ha sido preciso formarlo; no hay una sola autoridad acreditada; no hay una solo dato que pudiese servir de núcleo para una agregación de hechos. La condición primera de Centroamérica, bajo el celoso y exclusivo sistema colonial de España, y las deplorables circunstancias en que se ha encontrado desde la independencia, han sido bastante desfavorables para toda clase de investigaciones, aun en los departamentos geográfico y estadístico. Todo lo que pertenece a la historia, caracteres naturales, clima, población, producciones, comercio y riqueza del país, está en una casi completa ignorancia. Aun las personas que se supone estar mejor instruidas sobre las peculiaridades del país, no son capaces de dar un informe circunstanciado y exacto acerca de ellas, y el investigador tiene que sujetarse a su propio trabajo, tan penoso y difícil que no deja de desalentar. En vano se buscan libros impresos o documentos que lo ayuden. De los pocos que pude recoger, no hay una sola colección completa, y en vano se buscan también datos en los archivos públicos, donde un total abandono y falta de orden hace imposible adquirir ninguno.

Podía suponerse que respecto a la geografía general del país, o de algunos Estados, fuese fácil encontrar los informes claros y positivos; pero, excepto un mapa del solo Estado de Guatemala, hecho por don Alejandro Marure, intitulado ATLAS DE GUATEMALA, *en ocho cartas formadas y grabadas en Guatemala de orden del jefe del*

213

Estado, ciudadano Dr. Mariano Gálvez, año de 1832, puede decirse que ninguno haya grabado del todo o parte de Centroamérica. Los pocos mapas, así llamados, que existen en los archivos de algunos Estados, apenas difieren en las rudas pistas que forman los indios para guiar a sus compañeros en el camino de la guerra. Sin embargo, fui bastante afortunado en encontrar en poder de una persona residente en El Salvador, un mapa sin concluir, intitulado MAPA DEL REINO DE GUATEMALA, *año de 1810, por el Coronel LACIERRA, ingeniero real*. Este mapa, por lo que hace a Costa Rica, Nicaragua y Guatemala, está concluido, y según mis observaciones en los puntos que he recorrido, es exacto. Empero, para mi trabajo fue de muy poca importancia, porque los Estados de Honduras y del Salvador están completamente en blanco, y aun sin definir la línea costa del Pacífico.

Así que, no lo he seguido más que en lo que toca a la llamada "Costa Mosquito", cuya exactitud he confirmado por mí mismo. El mapa de Marure, siendo, como he dicho, solamente de Guatemala, tampoco pudo auxiliarme para la construcción del que presento, no teniendo, por consiguiente, ninguna fuente que pueda llamarse nativa o indígena.

Cuando Humboldt intentó la información de un mapa de la Nueva España, notó la insuficiencia e inexactitud de todos los publicados. No sólo lugares de importancia fueron equivocadamente colocados, sino que muchos caracteres geográficos, cadenas de montañas y grandes ríos se pusieron donde no existían, y los que realmente debían incluirse, se omitieron. "Muchos de los mapas americanos ejecutados en Europa, observa, están llenos de nombres desconocidos en el país mismo. Estos errores se han perpetuado y difícilmente se puede encontrar su origen". [111]

México era un país, comparativamente, mejor conocido que Centroamérica; y si sus mapas eran equivocados, los de éste debían considerarse como *absurdos geográficos*. Aun en los últimos tiempos en que las costas se han definido con exactitud, el interior ha permanecido en una oscuridad como cien años antes. Los últimos mapas, algunos de ellos bastante pretenciosos, son en su mayor parte conjeturales, y las descripciones geográficas que contienen, son

---

[111] Nueva España, I, vol. p. XXXV, Introducción.

absolutamente inaplicables al país que quieren representar. Citaré un solo ejemplo que demostrará mejor el poco conocimiento que el mundo ha tenido de Centroamérica, no obstante que el proyecto de abrir una comunicación entre los mares, vía de Nicaragua, se discutía hace trescientos años, todos los mapas que habían llegado a mis manos presentaban una alta cadena de montañas, interponiéndose entre el lago de Managua y el Pacífico. La ciudad de León, la colocaban sobre una montaña, o rodeada de estas; y en todo lo que tenía relación con el canal interoceánico, se hacía referencia, como muy importante para la empresa, de un río llamado "Tosta", inmediato al puerto de Realejo. Y bien: montaña alguna no hay entre el lago de Managua y el océano; la ciudad de León está en el propio centro de un vasto llano, y el tal río "Tosta" no ha existido jamás, como se demuestra en el mapa de aquel Estado, que publiqué en 1851.

Y aun en el de Mr. Baily, publicado en Londres en el mismo año, se presenta una no interrumpida cadena de montañas, que se extiende desde el lago de Managua hasta el Golfo de Fonseca; cuando no hay tal cadena, pero ni una montaña, excepto una serie de conos volcánicos, enteramente separados uno de otro, que se elevan en plano. Estos errores son todavía más sorprendentes, en razón de que Mr. Baily fue empleado por el general Morazán, presidente de la antigua Federación de Centroamérica, para hacer un reconocimiento en el Istmo de Nicaragua, sobre el proyectado canal.

Por otra parte: la ciudad de Comayagua, capital de Honduras, que era grande y floreciente antes que Hudson descubriera la Bahía de New York, algunas veces varía más de un grado de su verdadera latitud y longitud, y en muchos mapas lleva el nombre de Valladolid, que hace más de ciento cincuenta años que no se usa. La ciudad de Tegucigalpa, la primera de Honduras, en punto a población, tiene todavía una posición más variada.

Entre las costas desagradables para viajar en Centroamérica, es el estereotipado uso que hacen los mapas de nombres de lugares que, si alguna vez lo han tenido, al presente son desconocidos, o que son miserables aldeas que no merecen ser colocadas sino es en mapas locales, mientras que muchos de importancia no se encuentran absolutamente. Así es que vemos en los de Honduras a Tambla, y no están Las Piedras y la Villa de San Antonio, que existen en el mismo llano. ¡Y Tambla no es más que una aldea de 200 habitantes, en tanto que Las Piedras tienen 5,000 y la Villa de San Antonio 2,500! Además en el Departamento de Gracias, en el mismo Estado, Guancapla, una colección de pocos ranchos, es claramente indicada, y Santa Rosa, una grande y hermosa ciudad que contiene 6,000 habitantes, está absolutamente omitida.

Estos ejemplos pudieran llevarse a lo infinito, pero ellos son errores debidos a los pocos informes que el mundo ha tenido de estos países. Los que se han ocupado en formar mapas, destituidos de toda especie de datos exactos, se han visto obligados a copiar las obras de sus antecesores, y han contribuido así a la perpetuación de los errores. Los que los han hecho, con poco o ningún cuidado, son en cierto punto excusables, porque el poco interés que se había tenido del país, no los estimulaba a hacer una exacta investigación de él. Hoy todo es diferente: no sólo se conoce el valor de Centroamérica en todos sus puntos de vista, sino que ya el espíritu de empresa se dirige progresivamente sobre aquellos lugares privilegiados.

Pero aparte de los errores puramente geográficos, hay otros mapas de Centroamérica que no tiene excusa ninguna. Hablo de esa servil perpetuación seguida por los mapas americanos, de la arbitraria división política del país hecha por las autoridades inglesas, sosteniendo así las injustas pretensiones del Gobierno británico. Este servilismo de los autores americanos demuestra cuán poco trabajo se han tomado para verificar los hechos que han procurado representar, y cuán profunda ha sido la ignorancia en que han permanecido acerca de las pretensiones inglesas en Centroamérica. Varios mapas publicados en el espacio de un año, en los Estados Unidos, merece la más severa censura en este respecto.

Tomaré, para probar la justicia de esta censura, y para aprovechar la oportunidad de corregir varios desatinos sorprendentes, un mapa intitulado JOHNSTON´S ILLUSTRATED AND EMBELLISHED MAP AND CHART OF THE NEW WORLD. — New York, 1854. Entretanto, debo observar que, aunque este mapa está lleno de errores, por lo que toca a Centroamérica, tanto geográfico como políticamente, no es más digno de crítica que las nueve décimas partes de los otros.

1° En primer lugar, encontramos en todos los mapas a Verapaz como un Estado independiente. Este es y ha sido siempre un departamento del Estado de Guatemala.

2° Los límites del establecimiento británico de Belice, que son claramente definidos por los tratados celebrados entre Inglaterra y España, extendiéndose solamente del río Jabón al río Hondo, se representa incluyendo cuatro veces más territorio que el que legítimamente corresponde, y extendiéndose desde río Hondo hasta la Bahía de Amatique. Tales límites jamás fueron reconocidos ni por España, ni por los herederos de su territorio en esa cuarta parte del mundo, ni por los Estados Unidos, ni por ningún país civilizado. Esas son pretensiones imprudentes, que los autores de mapas ingleses, accesoriamente a los designios de su Gobierno, han adoptado sin escrúpulo. Si se colocara el Estado de Michigan como una parte del Canadá Occidental, sería la mayor ofensa a la verdad; y si los autores americanos aceptaran tal pretensión, no sería más absurdo que admitir las serviles divisiones políticas de Centroamérica hechas por las autoridades inglesas.

3° Honduras, que se extiende de mar a mar, teniendo un frente de más de 50 millas en el Pacífico (Golfo de Fonseca), es representado en este mapa como enteramente cortado antes del océano por los Estados de El Salvador y Nicaragua; cuando, como he manifestado, estos son separados por territorios de Honduras.

4° Casi una tercera parte de todo Centroamérica está señalada como "Costa Mosquito", que se presenta como un distinto Estado soberano. El término "Costa Mosquito" jamás ha tenido una significación política, sino que siempre se ha usado geográficamente para designar una porción de la costa oriental de Centroamérica. Los indios conocidos con el nombre de "Mosquitos", son solamente unos pocos miles de miserables salvajes, confinados en la costa sin ninguna clase de establecimientos. Esencialmente pescadores, apenas obtienen una escasa subsistencia en las numerosas lagunas cerca de la costa, y su tráfico consiste sólo en unas pocas conchas de tortuga y alguna zarzaparrilla. Pero aun cuando estos salvajes se consideraran en el rango de nación, jamás podrían tener una pretensión de soberanía sobre la gran porción de territorio que este mapa señala. Mas no sólo no tienen ninguna soberanía sobre la pequeña fracción que ocupan; no sólo no la reclaman ni la desean, sino que ni tienen idea de nada; y es solamente la GRAN BRETAÑA, por miras siniestras, que la ha tomado a nombre de aquellos, hecho altamente reprobado por los Estados Unidos y por todas las naciones del globo. La porción de territorio atribuida a la ficticia nacionalidad mosquita por este mapa, es hasta sobre el río Segovia, más allá de Honduras, tomando parte de Nicaragua. [112]

5° Los límites de Costa Rica, al norte, no son exactos, ni concedidos por Nicaragua. Pero este error puede excusarse en razón de la disputa que hay entre estos dos Estados; mas no parece propio que el autor de un mapa sea el que venga a decidir cuestiones de límites. Los verdaderos de Costa Rica están definidos en su propia Constitución, extendiéndose desde abajo de la boca del río San Juan hasta el río Salto de Nicoya o Alvarado, cayendo al Golfo de Nicoya. Consiguientemente, el territorio de Costa Rica no toca ni al río San Juan, ni al lago de Nicaragua, sino que pasa por el sur de los dos. El mapa en cuestión es también erróneo en este respecto. En suma, en todo lo que concierne a Centroamérica, no puede mirarse como una autoridad; puede servir solamente para confusión y extravío.

Sin embargo, debe advertirse que es general en su carácter y que no pretende ninguna específica exactitud. No sucede lo mismo con un gran mapa recientemente publicado en Londres, y que ha sido generalmente aceptado como autoridad, llamado MAPA DE CENTROAMÉRICA, *incluyendo los Estados de Guatemala, Honduras, El Salvador, Nicaragua y Costa Rica, etc., por John Baily, esp.—Trelawney Saunders, London, 1850.*

No nos admira encontrar en este mapa comprendidas todas las pretensiones territoriales y la arbitraria división política hecha por el Gobierno británico. Unas pocas brochas con colores han bastado para indicar la soberanía inglesa en las dos terceras partes del Departamento de Verapaz, en Guatemala, y convertir las islas de

---

[112] Escándalo del mundo, ofensa a la razón y a la justicia, es la última división hecha por los agentes británicos de este territorio. Muchos son los pueblos de Honduras y Nicaragua que declaran "Mosquitos". Su línea comienza en punta de Castilla, tomando el puerto de Trujillo, casi todo el departamento de Olancho, parte del de Tegucigalpa, y todo el de Segovia, hasta el fuerte de San Carlos. Decidlo, hombres imparciales, ¿es esto respetar las propiedades de las naciones? —El Traductor

Honduras, en la Bahía del mismo nombre, en dependencias británicas; y llevar la jurisdicción mosquita más allá de la mitad de los Estados de Honduras y Nicaragua. No ha sido menos potente colocar la cuestión de límites entre el propio Nicaragua y Costa Rica, a favor de éste, en donde, por una singular coincidencia, ha predominado siempre la influencia británica [113]. Tales peculiaridades, atendido su origen, no deben absolutamente sorprender. Los que lo formaron, bien deben haberse reído al conocer con que servil ignorancia lo copiaron de este lado del Atlántico.

Confesaremos, no obstante, que en ciertos puntos es el que más se aproxima a la exactitud, aunque en algunos rasgos geográficos y políticos es deficiente, y en otros totalmente erróneo. Dejando a Guatemala y Costa Rica, hallamos en los otros Estados una porción de errores bastante trascendentales, que son tanto más notables, cuanto que Mr. Baily ha permanecido muchos años en Centroamérica y viajado por algunos puntos de su territorio. Por ejemplo, en el Estado de El Salvador coloca el río Lempa como divisorio entre este Estado y el de Honduras, cuando corre en la mayor parte de su extensión por el centro longitudinal del último, y forma su límite norte en unas pocas millas de su curso. Luego las aguas superiores del río Santiago, en el Departamento de Gracias, las marca describiendo el segmento de un círculo de este a oeste, antes de tomar su curso general de este a norte, hasta el mar, cuando es precisamente todo lo contrario. Por consecuencia de este error, el pueblo y ruinas de Copán caen al territorio de Guatemala, siendo evidente que están bastante al interior de los términos de Honduras. La laguna de Yojoa se halla en la singular circunstancia de tener cinco bocas. El curso del río Humuya está demasiado inclinado al este de su verdadero curso. El Guayambre y el Guayape que, en efecto, unidos forman el Patuca, que corre a la Bahía de Honduras, en Brus, son señalados como los principales

---

[113] Si la excepcional influencia inglesa que ha ejercido en Guatemala y Costa Rica hubiera sido puramente local, los pueblos de Centroamérica la habrían visto con la indiferencia o la compasión con que se ven los extravíos de la razón humana; pero, desgraciadamente, a esa influencia deben los otros Estados la mayor parte de sus divisiones; a ella deben los ultrajes, los despojos y las exacciones injustas que sufrieron del cónsul Chatfield; y ella fue el agente más temible que se empleara para alcanzar ciertos fines de partido ¡Pueda en fin el nombre centroamericano ocupar el lugar que se había cedido a pequeños intereses! —El Traductor.

afluentes del gran Segovia, que va al Mar Caribe, en el cabo Gracias a Dios. También está representado este río, que nace en las montañas de Chile, alrededor del Ocotal o Nueva Segovia, como naciente al este de aquellas montañas, y la cabeza de las aguas del río Escondido o Bluefields, sustituyendo a las de aquel. El río Goascorán, que toma su nombre cerca del Humuya, y corre al sur a la Bahía de Fonseca, no se encuentra. Los errores sobre la colocación de los lugares, no son menos notables, e infinitamente más numerosos. Estos, empero, son más disimulables, porque ellos serán puestos sin duda alguna por informes de personas mal orientadas de las distancias.

El distinguido geográfico prusiano Berghaus, es el primero que ha indicado, con más aproximación a la verdad, los grandes caracteres físicos de Centroamérica, en lugar de admitir una continua cadena de montañas extendiéndose por aquel país, desde Tehuantepec hasta Panamá, dividiendo las montañas de Centroamérica en tres sistemas o grupos: 1° el de Costa Rica, cuyo núcleo es el volcán de Cartago; 2° el de Honduras; 3° el de Guatemala. Entre el primero y el segundo se interpone el bajo transversal del lago de Nicaragua, con una misma altura de 180 pies, y entre el segundo y el tercero el plano de Comayagua, con sus dependientes valles, termina en una altura máxima de 2,000 pies. Bajo este respecto, y en todos en general, el mapa de Berghaus, publicado en su *Physikatischen Atlas*, en 1840, ha sido, en un período reciente, el mejor de Centroamérica.

En explicación del de Honduras y El Salvador, que ahora presento, debo advertir, que los puntos sobre que la línea del proyectado camino de hierro de Honduras debe pasar, fueron determinados por el teniente Jeffers, por numerosos y prolijas observaciones astronómicas. Estos constituyen las bases calculadas de las relaciones de los lugares visitados por la expedición o sus miembros. Estos cálculos tienen la adicional confianza de que, tanto en Honduras como en El Salvador, el gran número de montañas y picos volcánicos, que constantemente se presentan a la vista del viajero, dan la mayor facilidad para determinar su posición con la mayor exactitud. Cuando se presentaba la oportunidad de examinar la situación de estos puntos, no se descuidaba, lo cual ha servido satisfactoriamente para la información del mapa. Se notara que aquellos cuya posición se considera como aproximada a la exactitud, están señaladas con una pequeña raya debajo. Los otros son de la más cumplida que se han podido obtener, y son muy pocos los que se han colocado como conjeturales. El curso del río Patuca, en la relativa posición de los pueblos situados en su cabecera, es tomado de un rústico mapa formado por los cortadores de madera establecidos en el río y sus tributarios. Muchos de los datos que contiene el mapa, dentro de los límites del Departamento de Gracias, son extraídos del que formo don José María Cacho, de 1834, actual secretario de Estado de Honduras.

De pase hare observar la poca confianza que se puede tener en los "itinerarios" que se publican en apéndice de algunos "calendarios", en Centroamérica, respecto a las distancias. Las computaciones son en leguas, obtenidas en general de los arrieros del país, que calculan tan vagamente las distancias, como lo confiesan algunas veces con sencillez, "según las cualidades de sus mulas". He visto que en los comparativos terrenos planos de Honduras y El Salvador, el valor de una legua raramente excede dos millas inglesas; y que en los distritos montañosos disminuyen milla y media de distancia horizontal.

Cuanto he dicho acerca de los datos geográficos que contiene esta memoria y mapa incluso, puede considerarse también respecto de los hechos estadísticos que se representan. Ellos son el resultado de observaciones y trabajos personales, pero formados de una manera que naturalmente deben tener imperfecciones. Por ejemplo, los hechos sobre la población han sido recogidos, unos de los registros parroquiales, y otros de las irregulares tablas publicadas por las gacetas oficiales de cada estado. Pocos de los que no hayan emprendido un trabajo semejante, podrán comprender cuántas fatigas e investigaciones se necesitan para obtener algún resultado en tan desfavorables circunstancias, y que después de agotar todos los esfuerzos posibles, no se puede alcanzar una completa exactitud, nadie más que yo mismo siento los defectos y deficiencias que esta memoria tiene sobre muchos puntos de interés general. Sin embargo, me lisonjeo de que ella será de alguna importancia sirviendo de punto de partida para lo sucesivo, y que, corrigiéndose sus errores, y llenándose las omisiones que tenga, se concluirá por dar al mundo un todo completo y exacto del carácter, clima, riqueza, población y condición física y política de los Estados de Centroamérica; y tengo la esperanza de que estos ensayos influirán en despertar la atención del pueblo y Gobierno de aquel país, en recoger y publicar lo que contribuya a este objeto.

No hay más que una obra impresa en Centroamérica que intente dar una idea del país acerca de su carácter, riqueza, etc. Esta es la *Historia del reino de Guatemala*, por Juarros. Pero esta obra no es más que una pequeña trascripción de las crónicas municipales y monacales de Guatemala. Raramente se hace referencia de los rasgos físicos del país, y aun en un exagerado y maravilloso tono, que siempre denota la falta positiva de conocimientos. Historietas de la producción de una planta, como la calabaza, o de los depósitos de los huevos de un insecto conocido con el nombre de chapulín, son las que se encuentran en Juarros. ¡Extraño parecerá decir, pero nada es más cierto, que todos los escritos que se han publicado en Centroamérica sobre el país mismo, no ha sido más que una repetición servil, rara vez cambiando de lenguaje, de las aserciones de Juarros!

Después de la Independencia, don José del Valle, y posteriormente don Alejandro Marure, dedicaron su atención al estudio del país, bajo su aspecto físico, y a la reunión de datos ilustrativos sobre su riqueza y condición política; pero excepto una memoria sobre el canal de Nicaragua y una breve lista cronológica de algunos acontecimientos históricos de Centroamérica, no tenemos nada de Marure, aunque se dice que escribió bastante en común con Valle, respecto a todo. El único nombre que merece ser mencionado es el de don José María Cacho, como el sólo hijo de Centroamérica que ha hecho un trabajo completo del Departamento de Gracias. Sus breves notas acerca de él, son de grande interés, y pueden servir como un modelo que deben seguir sus conciudadanos.

Todo lo poco que se ha escrito sobre Centroamérica ha sido por los extranjeros; pero sus obras, en la mayor parte, no han contenido más que rápidas narraciones de viajes y aventuras, desnudas de observaciones e inexactas en sus asertos. Pocas son las que se han escrito por personas de competente capacidad, o acostumbradas por hábito a hacer investigaciones formales y ciertas. Especialmente dedicadas a hechos políticos, están llenas de incidentes y conmociones, cuyo origen y significación son incognitos para sus autores. Puedo, quizá, excluir las obras de Thompson, Henderson,

Young, Roberts, Dunn Baily y Brow, que, ciertamente, contienen hechos y observaciones de mérito.

Como una revista de todo, yo creo que haré un servicio al público incluyendo, en apéndice a esta memoria, una lista de los libros y panfletos concernientes a Centroamérica en general, o a alguna de sus partes, que se han publicado desde el principio de este siglo, y que he tenido a la vista. Mi objeto ha sido hacer esta lista tan completa como fuese posible, sin atender al mérito de las obras. Se observará que los títulos siguen unos a otros en orden cronológico.

APÉNDICE

I

En una carta original de don Francisco Irías, que bajó el río Coco, Wanks o Segovia, en 1842, observa que tiene varios grandes tributarios, como el Coa y el Poteca, por el Norte; y el Bocay y el Pantasma, por el Sur; y luego dice:

"Ahora voy a describir las grandes y precipitadas corrientes que comienzan en el lugar llamado Pailla. Estas son: Gualiquitán, que es de una fuerza extraordinaria, y aunque pasa en un estrecho canal de rocas, puede subirse sin el menor peligro. Ulacuz, que es igual, pero también sin peligro, a cuya derecha caen las aguas del río Ulacuz, de la espantosa montaña que, en mi opinión, se extiende al sudoeste. Guascuru, que aunque algo precipitada, puede pasarse sin riesgo. Quiroz es semejante, y aunque hay una caída antes de llegar a ella, la naturaleza ha formado un canal que no impide la navegación. Turriquitán es una corriente estrecha, y solamente peligrosa para transportar ganado, a causa de una gran roca que hay en medio del río, en la que, si los remeros no son diestros, la balsa se romperá. Pero pocos accidentes ocurren, porque los remeros están acostumbrados a esta especie de navegación desde su juventud. Suguinquintán es otra poco importante corriente. Crautara es fuerte; pero el paso es enteramente practicable, así como la de Pistalquitán. La de Cairas atemorizará a primera vista al viajero con su ruido y sus borbotones de agua, pero no impide el paso, porque la naturaleza, maravillosamente ha salvado la dificultad, haciendo un canal al lado, antes de llegar al punto peligroso, por donde los botes pueden pasar en una hora con toda seguridad. Tirlas y Quipisque, que son las últimas, son de poca importancia.

Estas son las únicas obstrucciones que tiene el río desde el punto de embocadero hasta el mar, en el cabo Gracias a Dios. Al presente se emplean diez días en el descenso. Dos se ocupan en el paso de las corrientes bajando, y cuatro subiendo. Se observará que sólo la quinta parte de todo el curso del río es obstruida. La mayor demora en el viaje es causada por la molestia de descargar y volver a cargar en algunos de los puntos mencionados. De la última al cabo casi no hay ningún inconveniente. Toda la parte del país por donde pasa el río es de la mayor hermosura, por los abiertos llanos, que se presentan cubiertos de pastos y sembrados de árboles. Es una sección bien adaptable para la cría de ganado vacuno y caballar, así como para establecimiento de colonias, que dentro de poco tiempo adquirirían ricas propiedades, cultivando un suelo virgen, cuyos productos podrían ser exportados con facilidad por el cabo a las Grandes Antillas. Las mulas y caballos se criarían abundantemente y se venderían con buena utilidad en Cuba, Jamaica u otros puntos donde tienen valor.

Es lamentable encontrar una costa tan hermosa habitada solamente por unos pocos miserables *moscos* (mosquitos), carentes de toda civilización, y sin esperanza de mejorar en lo futuro. Daré alguna idea de su salvaje situación y costumbres. Los más de ellos subsisten de la caza y de la pesca, y muy pocos de una rústica agricultura, sembrando en pequeños pedazos de tierra, a las márgenes del río, plátanos, yuca, caña y algodón, el cual hilan y tejen las mujeres en una especie de manta y lona, para velas de sus canoas y para hacer alfombras de plumas. Algunas de éstas son de la mayor hermosura. Hacen una tela de la corteza de un árbol que llaman uni, que les sirve para vestidos y coberturas.

Celebran el aniversario de la muerte de sus parientes y amigos, con los más lúgubres y armoniosos cantos. Sus lamentaciones mortuorias son ejecutadas por las mujeres bajo una tienda de corteza de hule. Algunas de las ceremonias son caminar para adelante y para atrás, a una distancia como de cien varas, de la manera siguiente: caminan cuatro o cinco pasos y se tiran de bruces con una fuerza aparentemente grande, como a matarse ellas mismas, cuya bárbara ceremonia repiten hasta que entra la noche. Algunas se pintan con achiote o tile, y aunque casi tienen el mismo color de éste, se hacen horribles con la operación. Son muy inclinadas a las bebidas fuertes, y cuando se les da una copa manifiestan la mayor satisfacción, y se esfuerzan en querer retribuir lo que su situación les permite dar.

Parecen bondadosos, y se interesan en complacer a los extranjeros que los visitan; y aunque entre ellos hay algunos indios malos, son muy pocos los que intentan hacer alguna violencia al viajero, sobre todo, por temor a sus jefes, a quienes respetan bien. Por ninguna falta o crimen son tan severamente castigados, como por el insulto que hacen a un traficante. Son muy apasionados por las danzas, para las que preparan licores fermentados de caña y yuca, en abundancia; y cuando llega el día fijado, se reúne un gran número de familias, todas pintadas. Cuando todos están reunidos, dos danzadores designados abren la ceremonia, los cuales aparecen súbitamente del bosque donde están ocultos, vestidos de palmas y pintados en varios colores. Estas extraordinarias figuras entran en un lugar cuadrado, cubierto con hojas de pacaya, donde danzan todo el día, en unión de mucha gente. Entretanto, la mayor parte de los invitados permanecen en la barraca del huésped principal, bebiendo el licor fermentado, que pronto les causa náuseas y vómitos. Cuando han restablecido un poco y que el sol comienza a declinar, los hombres forman su baile aparte del de las mujeres, cuya música es un tambor y unas pipas, que hacen un ruido espantoso, a medida del cual, tanto los músicos, como todos en general, danzan hasta las 9 ó 10 de la noche. Las mujeres, también aparte, comienzan su baile de las ocho de la noche hasta las 5 de la mañana. Forman una línea recta, asidas todas las manos, separándose ocasionalmente y tocando una calabaza, cuyo sonido acompañan con un bajo canto. Puede decirse que ninguna de estas danzas son conocidas; pero ciertamente, por su extravagancia misma, divierten al espectador civilizado.

Algunos de estos mosquitos crían yeguas y vacas, y tienen un pequeño comercio con Belice, en cuya plaza compran telas, tiestos de hierro, fusiles, hachas y otros artículos que llevan a diferentes puntos del valle de Pantasma y al pueblo de Talpeneca, donde los cambian por vacas paridas, que llevan en balsas.

El jefe o rey que gobernaba a aquellos salvajes era de pequeña estatura, de nariz aguileña y de color oscuro, descendiente de los xicaques-moscos antecesores, quien tenía alguna educación. Era hospitalario con los viajeros, invitándoles siempre a que se hospedaran en su habitación, que estaba en la margen del río.

Desgraciadamente, el cabo Gracias a Dios no tiene ningún comercio; pero su situación es pintoresca y favorable. Enfrente tiene una laguna de agua salada de gran capacidad, separada del océano por una lengua de tierra cubierta de mangles, que se abre a la mar, hacia el sur, donde los buques pueden llegar hasta el pueblo. La costa es ocupada por moscos y zambos, entre los cuales hay unos pocos ingleses. Uno de éstos, llamado Stanislaus Thomas Haly, tiene como 100 cabezas de ganado, algunas yeguas, y caballos de silla. El clima es saludable en este punto, así como en todo el valle del río, pues en mi viaje no vi más que una persona enferma.

De la isla a la costa no tengo ningún conocimiento personal. Mr. Haly me aseguró que podría abrirse un camino por donde se iría al cabo en seis días. También me dijo que, en su opinión, con un costo de $10,000 se removerían todos los obstáculos del río".

La costa de Centroamérica, limítrofe al mar Caribe, desde la laguna Bluefields (70 millas al norte de San Juan) hasta el cabo Camarón, a alguna distancia hacia el norte y al oeste del cabo Gracias a Dios, tiene unos extensos límites bajo la vaga designación de "Costa del Mosquito" o "Costa Mosquito". Este nombre ha sido siempre puramente geográfico y jamás ha envuelto ninguna idea de separación política del resto de Centroamérica. No es derivado, como algunos han supuesto, por la abundancia de insectos llamados mosquitos, sino de una horda de zambos o indios mezclados con negros existentes allí, que los españoles llamaron moscos, los filibusteros mustics y los ingleses mosquitos. Estos bárbaros jamás han ocupado el todo de la costa, sino que siempre han estado confinados a un estrecho lugar de ella en la inmediación a la Bahía Arenosa.

Esta costa, como ya he tenido ocasión de observar, es en la mayor parte aluvial. El clima es húmedo, más caliente que el del interior y no tan saludable, aunque en este respecto se le considera como más alto que ninguno de las Indias Occidentales. Además de los ríos Wanks y Escondido, la atraviesan otros bastante grandes que nacen en los *plateaux* de Nicaragua y Honduras. Cerca de su origen son precipitados y correntosos, pero así que se aproximan al océano, pierden su carácter violento y corren majestuosamente a la mar. Algunos de ellos han formado una gran laguna de agua salada, que constituye su buen fondeadero para buques de pequeña capacidad. La mayor parte del terreno es fértil, y propio para producir una gran cantidad de algodón, cañamiel, café, índigo, arroz y tabaco. También tiene inmensas sabanas cubiertas de pastos, que pueden ser útiles para la cría de ganado; y una inextinguible cantidad de caoba, cedro, rosa y otras maderas fabriles, existen cerca de los ríos [114]. Roberts nos asegura también que detrás de los ríos hay anchos planos de arena, cubiertos de pinos propios para mástiles de buques. "El pino de estas sabanas, añade, es parecido al que produce North Carolina". Los cayos, bahías e islas inmediatas a la costa abundan en tortugas, que ya son un artículo de exportación.

La geografía de la costa Mosquito es imperfectamente conocida. Sin embargo, en esta costa hay muy buenos fondeadores y posiciones capaces para formar colonias. La laguna Bluefields toma su nombre del de un pirata holandés llamado Blanvelt, que tuvo allí su cuartel general en la época de las filibusterías en aquellos mares. Es una considerable porción de agua, como de 30 a 40 millas de largo. Tiene una barra en la entrada, con sólo 14 pies de agua; pero en el interior hay de 4 a 6 brazas. El gran río Escondido y algunos otros pequeños caen a ella.

A 30 millas al norte está la laguna Cayo-Perla. Tiene un regular fondeadero para buques pequeños; pero los grandes no pueden entrar en la boca. El considerable río Wawashman desemboca en ella. El terreno que la rodea corresponde en general con el de las inmediaciones de Bluefields. Treinta millas más al norte cae a la mar el río Grande. Tiene una peligrosa barra en la boca, pero pasada esta, se dice que es navegable por pequeños botes hasta la distancia de 100

---

[114] El pasaje siguiente es de una memoria sobre la costa Mosquito, formada por el Consejo de Estado de Jamaica, y trasmitida al Tribunal de Comercio y Agricultura en 1773:

"El clima de la costa Mosquito es más dulce que ninguno de las Indias Occidentales y el aire más saludable. El terreno es bien regado y excesivamente fértil. Es rico en un grado superior. Presenta por todas partes no sólo lo necesario, sino aun para vivir con lujo. En los ríos, lagunas y la mar, abunda el pescado; y la costa ofrece gran cantidad de tortugas, en tal proporción, que no la hay en el mundo, en una extensión igual de terreno. El algodón, cacao y vainilla florecen en todo él. El índigo es nativo y parece ser el mismo que produce Guatemala, que es el más estimado. La cañamiel viene como en ninguna de las islas; y el caoba y zarzaparrilla, que se exporta anualmente, es en una cantidad tan considerable, que hace ya el establecimiento de la mayor importancia para la Gran Bretaña. 800,000 pies del primero y 200,000 libras de la segunda, exclusives 10,000 libras de carne de tortuga, se mandaron a Inglaterra en 1769. En las márgenes de los ríos y en las lagunas hay tanto palo de campeche como en ninguna parte de Honduras, y tenemos razón de creer que será el lugar que más lo suministrará a Europa".

millas al interior. Más al norte están el Prinzapulka, el Tongla, Brackmtan, Wawa, Ducwara y otros ríos considerables. En el mismo sigue el río Wanks al cabo Gracias a Dios. Los caracteres geográficos más importantes sobre este cabo son las lagunas Caratasca y Brus, y los ríos Patuca y Tinto o Negro. [115]

Ya se ha dicho que sólo una muy pequeña parte de la costa es habitada por los llamados indios mosquitos. Su número no es grande, y todos son zambos (indios cruzados con negros) e hijos de los capitanes de los buques guardacostas de Jamaica con mujeres indias, negras o zambas. El elemento negro se introdujo allí por los esclavos de un buque que naufragó hace cerca de 200 años en el cabo Gracias a Dios, por los fugitivos de los establecimientos españoles, y por los que llegaron de Jamaica cuando la Inglaterra intentó tomar posesión de la costa, a mediados del siglo pasado. Al principio esta raza estuvo confinada en las inmediaciones de la Bahía Arenosa y el cabo Gracias [116], pero después, ayudados de los piratas y de los traficantes de Jamaica, se extendieron al sur, en Cayo-Perla y la laguna Bluefields. Empero, jamás han ocupado más porción de la costa que la indicada, aunque no es dudable que ocasionalmente ocupaban los puntos de los filibusteros ingleses.

El número total de estos no excede, probablemente, de 2,000. En los cálculos anteriormente hechos, con objeto de dar a la costa mosquito una importancia mayor, se incluían los indios puros (wolwas, tonglas, cookras, etc). Pero estos indios nunca han reconocido la llamada "autoridad mosquita", y han estado siempre en un estado de hostilidad con los zambos.

Los verdaderos mosquitos están principalmente establecidos en Bluefields, Cayo-Perla, Prinzapulka, Río Grande, Bahía Arenosa y cabo Gracias. Su carácter y hábitos han sido imparcialmente descritos

---

[115] Una gran parte de esta costa, dice Roberts, es inundada durante la estación de aguas, y es fácil de pasar en una canoa de la laguna Perla al río Wawa. Esto sucede, generalmente hablando, en todas las bajas sabanas desde la Laguna Perla hasta el río del Plátano.

[116] Robert Hodgson, que fue enviado en 1740 por el gobernador Trelawney, a excitar estos indios contra los españoles, dice que el territorio ocupado por ellos era de 8 millas hacia el sur del cabo Gracias. Su extensión hasta la laguna Bluefields fue después ayudada por los ingleses.

por el coronel Irías, los cuales corresponden a toda la raza en general. De las criminales relaciones con los traficantes y marineros y de la falta de matrimonios, han contraído una especie de lepra, semejante a la que tanta destrucción ha causado en las islas Sándwich. Por esta razón, como por el odio que les tienen, las tribus de indios del interior no permiten ninguna mezcla con ellos; y, según se dice, castigan con pena de muerte a los culpables. La naturaleza de sus relaciones sociales puede inferirse de la que hace Roberts, un negociante inglés en la costa. En su obra escrita en 1827, dice:

"Jamás he conocido un matrimonio entre ellos. Todos sus contratos son tácitos, y algunas veces se disuelven por mutuo consentimiento. Los chicos aquí en Bluefields (que es la capital), son bautizados por los capitanes de los buques mercantes de Jamaica, quienes, en su visita anual a la costa, practican la ceremonia sin ninguna reverencia, en todos los que han nacido en su ausencia; y muchos de los bautizados son hijos de estos mismos capitanes. En prueba de esto, puedo señalar más de una docena de chicos que conozco de los capitanes, que parecen haber adoptado, sin escrúpulo ninguno, la idea indígena de la poligamia, en su mayor extensión. Por esta licenciosa e inmoral conducta, se han identificado tanto con los nativos, que han obtenido una especie de monopolio en la venta de sus efectos".

"Esta libre y fácil comunicación no se ha alterado mucho hasta el presente, pues M. Gregor, en su informe sobre la cuestión Mosquito, formado y publicado por orden del Parlamento en 1849, hace la siguiente confesión, que ilustra, incidentalmente, el origen de la influencia británica en la costa:

"En la costa Mosquito no es mal mirada la pluralidad de mujeres. No es circunstancia poco común encontrar a un súbdito británico con una o más mujeres en diferentes partes de la costa. Ellos han adquirido grande influencia, etc."

De la frecuente mención que se ha hecho en los últimos años, de un personaje titulado "rey de los mosquitos", alguna parte del público pudo haber caído en el error de suponer que los que se llamaban indios mosquitos, reconocían algún potentado. Nada de eso. Ninguna forma de gobierno ha existido jamás entre ellos, excepto un jefe local, que ha sido un motivo de continuas discordias entre sí. Algunos han asumido el título de gobernadores, otros de generales y otros de almirantes, sin comprender lo que significan estos términos. Así, en el tiempo de la visita de Roberts, un jefe llamado gobernador Clemente, era reconocido en la costa, desde Cayo-Perla hasta la laguna de la Bahía Arenosa; y otro, titulado general Robinson, tenía la autoridad en las inmediaciones al cabo Gracias. Cuando al superintendente de Belice le ocurrió fabricar un rey en la costa Mosquito, mandó reunir un número de estos jefes, y después de algunas liberales aplicaciones de ron, los indujo a poner unos signos en un papel, de donde resultó el acta de obediencia a un zambo elegido por los agentes británicos. Pero ninguno de estos jefes comprendió lo que hizo, ni volvió a ver el papel. La ficción, sin embargo, correspondió al objeto, como se verá cuando se hable de las pretensiones británicas sobre la costa Mosquito.

Desde que los agentes ingleses han ido a residir en ella, Bluefields ha sido el lugar de su permanencia. Roberts dice que cuando él estuvo, ese lugar estaba bajo la influencia de dos jóvenes que se llamaban parientes del último superintendente de Belice, y "que aunque no era reconocido por el Gobierno como un establecimiento británico, debía considerarse como tal". ¿Qué se hicieron esos dos jóvenes? No se sabe, pero Bluefields es al presente la residencia del supuesto "rey de los mosquitos". La siguiente descripción es de un papel inglés publicado en Belice, el cual es el que más habla sobre el particular.

"Bluefiedls es la capital mosquita. Está situada en el río y laguna del mismo nombre. En medio de las palmas inmediatas al río está la residencia del rey y su tutor o guardián inglés, donde flota la bandera inglesa. A poca distancia está la casa de justicia, sobre la cual se halla la bandera mosquita. Mc. Gregor dice "que una insignia y una bandera de la nación mosquita le mandó la Inglaterra". En octubre de 1847, Bluefields y sus dependencias contenían 599 habitantes de toda edad, de los cuales 111 eran blancos y 488 negros. Ocupaban dos reducciones, siendo la principal la misma Bluefields, que tenía 78 casas; y la otra, Carlsruhe, de la colonia prusiana, con 92 habitantes y 16 casas. Pocas de éstas son construidas de madera; y en una de ellas reside Mr. Walker, Agente diplomática y cónsul general de Inglaterra, con quien vive S. M. mosquito. No hay ninguna iglesia ni clérigos; es

Mr. Green, un doctor inglés, el que lee algunos pasajes de la biblia, los domingos, en la casa de justicia".

Los mosquitos no tienen ningún establecimiento, excepto inmediato a la costa. El interior del país está ocupado por un número de tribus que, en general, o universalmente, reconocen las autoridades españolas, y, más o menos, la mayor parte hablan español. Entre Bluefields y San Juan, están los ramas, que se dice es un pueblo humilde e inofensivo, que tiene comunicación con las otras tribus. Sobre el río Escondido o Bluefields, están situados los cookras y wolwas, de quienes se tiene hasta ahora poco conocimiento, y no se sabe más sino que tienen una constante hostilidad contra los mosquitos, proveniente desde cuando éstos, en unión de algunos vecinos de Jamaica, invadían su territorio para capturar prisioneros y venderlos. Entre los ramas y wolwas y el río de San Juan, está una tribu o fragmento de tribu, llamada "los melchores". Byam, un viajero inglés, asegura que son caribes que fueron llevados de las islas por los piratas ingleses. Añade que tienen gran temor a los ingleses, y que no se comunican con ningún blanco mientras no están ciertos de que no hay un inglés. Sobre el río Grande y el Prinzapulka, y al norte de los wolwas y cookras, están los toacas y payas. Sobre éstos, y en dirección a las lagunas Caratasca y Brus y el río Patuca, están los caribes de las islas de Sotavento. Se extienden hasta Trujillo, formando parte de los habitantes del puerto. Son temidos por los mosquitos, y han avanzado tanto en civilización como ninguna otra de las tribus de la costa. Hay algunas otras, incluyendo las antiguamente llamadas xicaques, pantasmas, tahuas, gaulas, iziles, motucas, etc., que están diseminados en todo el territorio y que intervienen entre la costa y las regiones montañosas del centro del continente. Ninguna de éstas tiene relaciones con los mosquitos, ni reconoce su autoridad; ni pueden incluirse en ningún cálculo de población del fantástico llamado REINO MOSQUITO.

II
(NOTA AL CAPÍTULO VI)
LAS ISLAS DE LA BAHÍA

Las Islas de la Bahía de Honduras, como he tenido ocasión de manifestar, son de gran belleza, salubridad, fertilidad; y poseen grandes y seguros puertos. Estas circunstancias dan particular significación al hecho que, en 17 de julio de 1852, por una disposición del superintendente de Belice, se declaró que, SU MUY GRACIOSA MAJESTAD LA REINA, SE HABÍA DIGNADO CONSTITUIR UNA COLONIA DE LAS ISLAS DE ROATÁN, BONACCA, UTILA, BARBARETA, HELENA Y MORAT, DESIGNADA CON EL NOMBRE DE "COLONIA DE ISLAS DE LA BAHÍA". Esta resolución se tomó, como se ve por la fecha, casi dos años después de la formal promulgación del convenio de Washington, de 5 de julio de 1850 (conocido por Tratado de Clayton-Bulwer), que, entre otras cosas, establece "que ni el Gobierno de los Estados Unidos, ni el de la Gran Bretaña ocuparán jamás, ni fortificarán, colonizarán, ni asumirán o ejercerán ningún dominio sobre Costa Rica, Nicaragua, Costa Mosquito o cualquiera otra parte de Centroamérica". Aquí debe hacerse observar que la organización de esa colonia llamó, como era justo, la atención del Congreso de los Estados Unidos. La comisión de Relaciones Exteriores del Senado, después de una amplia consideración sobre el negocio, expuso: "que las islas de Roatán, Bonacca, Utila, etc., en la Bahía de Honduras y cerca de ella, constituían parte del territorio de la República de Honduras, que siempre había formado una parte de Centroamérica; y que, en consecuencia, toda ocupación de estas islas por la Gran Bretaña, era una violación del tratado de 5 de julio de 1850".

Esta violación del tratado, como la de los derechos de Honduras, invadiéndose su territorio, me ponen en el deber de hacer un ligero compendio de todos los acontecimientos que han dado lugar a ese extraordinario resultado, aunque sea lejos del objeto de la presente memoria.

Bonacca, en otro tiempo Guanaja, fue descubierta por Colón, en su cuarto viaje, en 1502.

Tomó posesión de ella en nombre de la Corona de España, y sucesivamente descubrió y tomó posesión también de Roatán.

Entre las naciones marítimas, y en toda época, los descubrimientos se han entendido dar un título de soberanía; y estas islas y costas del continente fueron por la misma razón reconocidas como dependientes del dominio de España. Las poseyó sin disputa ni inquietud alguna, hasta que las hordas de filibusteros inundaron el Golfo de México y el mar Caribe.

La mayor parte de éstos eran ingleses, no malayos ni borneses; sus buques eran de construcción inglesa, no groseras y bárbaras embarcaciones. Ninguna escuadrilla había mandada por oficiales ingleses, para imponer un ejemplar castigo a los piratas, como en el caso de Saribus Dyaks. Al contrario, los ingleses de Jamaica los protegían desembozadamente, y, con poca excepción, eran tan piratas como ellos. En aquella época, Jamaica era casi sostenida por filibusteros, y es bien sabido que sus gobernadores se ligaban con los jefes principales y dividían con ellos el botín. Tan escandalosa fue la conducta de algunos de esos funcionarios, que la Corona, aunque poco dispuesta a cortar un sistema que le producía ricas remisiones, se vio obligada a removerlos. "El rey de Inglaterra, dice el pirata Esquemeling, que escribió en 1670, para satisfacer al de España, llamó a alguno de los Gobernadores de Jamaica; pero esto no impidió que los piratas continuaran como antes".

No satisfechos con sus depredaciones de mar y animados por el buen suceso, desembarcaron, capturaron, pillaron y quemaron cuantas poblaciones españolas eran accesibles. Organizaron un sistema de piratería por tierra, mucho más terrible que el que habían ejercido por mar. Hacían incursiones a Costa Rica, Nicaragua, Honduras y Guatemala, así como a las provincias de la frontera de la Nueva Granada y México. Formaron residencias permanentes en varios puntos separados, tanto en tierra firme como en las islas adyacentes, que era donde se reunían después de sus incursiones, para dividir sus presas y para combinar nuevas expediciones. Bluefields y cabo Gracias a Dios, en la costa Mosquitia y en la parte de Guatemala, ahora llamada Belice, eran los puntos favoritos de sus reuniones. Belice y Bluefields derivan sus nombres de dos jefes piratas.

Desde luego se comprenderá que Roatán, con sus buenos puertos, excelente clima y abundantes producciones, no debía salvarse de las plantas de los ladrones. Un destacamento inglés, de aquella honrada comunidad, desembarcó en ella a principios del año 1642, y al mismo tiempo tomó a Guanaja y las demás islas inmediatas. "Esta ocupación —dice el historiador Juarros— fue excesivamente ventajosa a ellos, y muy perjudicial a los españoles, porque estando tan cerca de la costa, los ingleses (piratas), podían ir cuando querían, y con igual facilidad interceptaban el comercio de España con el reino de Guatemala. Estos males, por último, llegaron al extremo, y el virrey de Guatemala, en unión del gobernador de la Habana y el presidente de la Real Audiencia de Santo Domingo, organizaron una expedición para expulsar a los ingleses de sus fuertes posiciones.

La expedición consistía en cuatro buques de guerra, bajo las órdenes de Francisco Villalba y Toledo, que intentó sorprender a los piratas; pero no pudo. Encontró los puertos fortificados, y tuvo que ir a tierra firme a buscar refuerzos. Luego volvió, y en marzo de 1650, después de una reñida acción, logró desalojar a los piratas de las islas. España recobró estas posesiones, encontrando solamente ruinas. Los pocos nativos que los piratas habían reducido a la esclavitud, temieron que éstos volvieran, y emigraron al interior donde el Gobierno les distribuyó tierras. Abandonadas así las islas, permanecieron desiertas hasta el año de 1742, en que los ingleses intentaron tomar posesión de toda la costa del Atlántico en Centroamérica. En consecuencia de este plan, atacaron varios puntos de consideración, tomaron a Trujillo y formaron un establecimiento y fortificaciones en la boca del río Negro.

También ocuparon y fortificaron a Roatán. Estos sucesos, en unión de otros, produjeron una guerra con España, que duró hasta 1763, en que se concluyó un tratado, cuyo artículo 17 establecía: "que S. M. B. haría demoler todas las fortificaciones que sus súbditos habían construido en la Bahía de Honduras y otros lugares del territorio de España, en aquella parte del mundo, cuya operación se ejecutaría dentro de cuatro meses, etc.". En consecuencia de este tratado, se evacuaron los fuertes del río Negro y otros puntos, en 1764. Pero en violación de él, los ingleses continuaron ocupando a Roatán. También entablaron relaciones seductoras con los indios de la costa, lo que exasperó a España y declaró nuevamente la guerra en 1780. En el mismo año las autoridades de Guatemala expelieron otra vez a los ingleses de Roatán. El tratado de paz de 1783, haciendo una especial referencia a estas islas, establecía que los ingleses abandonarían no sólo el continente (excepto ciertos puntos bien definidos, para cortar palo de Campeche, y no más), sino *todas las islas y sus dependencias*. Habiendo evadido los ingleses este tratado, los españoles establecieron condiciones más estrictas, agregando al tratado de 1786, que los ingleses "evacuarían el territorio mosquito y todo el continente en general e islas adyacentes, sin condición ninguna". Nada pudo ser más claro y explícito que esto; y no teniendo ya los ingleses ningún medio de evasión, abandonaron no sólo las islas, sino toda la costa".

Por la guerra de 1796 se suspendieron los términos de este tratado, cuando Inglaterra ocupó nuevamente estas importantes islas, formando en ellas un establecimiento penal para los infelices nativos de San Vicente y otras islas que su crueldad echó de allí. Dos mil parece que se colocaron en Roatán, pero tan luego como se supo la invasión en Guatemala, el capitán general ordenó al intendente de Honduras que la rescatara. En consecuencia, se mandó a don José Rossi y Rubia con la tropa necesaria, y la tomó el 17 de marzo de 1797. Ésta parece que fue la última tentativa que hizo Inglaterra en el último siglo, quedando España en pacífica posesión de las islas.

En 28 de agosto de 1814 se ajustó otro tratado entre España e Inglaterra, en el cual se repitieron los términos del de 1785, palabra por palabra, excluyendo a Inglaterra del "territorio mosquito, del continente en general e islas adyacentes, sin excepción ninguna". Este tratado permaneció en su vigor y fuerza, y los españoles en pacífica posesión de las islas, hasta que las provincias de Centroamérica se independieron de ellos, en 1821. Hasta esa época Inglaterra no había adquirido ningún título a esas islas, ni por conquista, ni por coacción alguna. Cuatro veces había intentado tomarlas por la fuerza, y otras tantas había sido expelida. Por el tratado de 1815 estaba solemnemente obligada a no pensar en ninguna ocupación. El testimonio de un oficial inglés que mandaba las fuerzas de Belice, el capitán Henderson, prueba igualmente que las islas eran una posesión de España. "La isla de Roatán, dice, como antes he indicado, pertenece a España y hay en ella una guarnición militar".

Después de la independencia de Centroamérica, Roatán y sus islas inmediatas quedaron bajo la jurisdicción de Honduras. Cuando la provincia asumió el rango de Estado, las autoridades tomaron posesión de las islas, y eran reconocidas generalmente como pertenecientes a la jurisdicción de Honduras. Su título era incuestionable y las poseía con todo derecho.

En este Estado, continuaron en la época que Honduras formaba parte de la República Federal de Centroamérica, hasta en mayo de 1830, el superintendente de Belice, irritado contra la República por no haberle querido entregar unos esclavos fugitivos, por una especie de venganza, tomó a Roatán a nombre de la Corona de Inglaterra. En esa época los Estados de Centroamérica estaban unidos y no se ultrajaban tan impunemente como ahora. Inmediatamente hizo el Gobierno Federal una enérgica reclamación al Gobierno británico, quién desaprobó el hecho y mandó desocupar la isla.

Después de esto, Honduras quedó ejerciendo su soberanía en ella, aunque el superintendente de Belice acechaba constantemente el pretexto de llevar a cabo sus pretensiones sobre la isla y la costa; pero los derechos de Honduras eran terminantes y no era posible encontrar los medios que se buscaban. En 1838, sin pretexto ninguno, se consumó el objeto deseado. En este año, una partida de esclavos manumitidos de las islas del Gran Caimán, fueron a establecerse a Roatán. El comandante don Juan Bautista Laustalet, que permanecía en el Puerto Real con una pequeña guardia para custodiar reos, informado de que unos extranjeros querían establecerse allí, les insinuó que, según las leyes de Honduras, deberían primero obtener el beneplácito del Gobierno. Unos de los emigrados pidieron el permiso necesario, y otros se negaron y se dirigieron al superintendente de Belice, coronel Alexander Mc. Donald, para que los apoyara. En el acto se fue en la chalupa de guerra "Rover" para Puerto Real, quitó la bandera de Centroamérica y colocó la inglesa. Apenas se había reembarcado, cuando el comandante volvió a enarbolar la de Centroamérica; entonces Mc. Donald tomó a éste y sus soldados y los echó de allí amenazándolos con la muerte si volvían. [117]

---

[117] Los pormenores de este ultraje los refiere exactamente Young. Dice este:

"Una chalupa inglesa de guerra apareció en el puerto y mando un bote lleno de gente a la playa a bajar la bandera de Centroamérica y poner en su lugar la de la

Así pues, en medio de la paz más completa con Honduras, y cuando las autoridades inglesas conservaban la mejor armonía, atacaron éstos la isla y se posesionaron de ella. En esta época se había disuelto la República de Centroamérica, y el Estado de Honduras, débil por sí, y distraído por facciones interiores, no pudo oponer ninguna resistencia a tan brusca agresión. Sin embargo, protestó enérgicamente por tal invasión; pero ni siquiera se le contestaron sus comunicaciones. Entretanto, McDonald se había hecho tan odioso a todos los Estados de Centroamérica, que el Gobierno británico creyó prudente removerlo. En 1843 fue el coronel Fancourt a reemplazarlo. Este caballero parece que llevó instrucciones para observar una conducta más moderada que la de su antecesor; pero nada adelantó el Gobierno de Honduras, aunque la ocasión era favorable para repetir sus reclamaciones sobre la pirática toma de Roatán. Dirigió una comunicación al coronel Fancourt, quejándose de la conducta de Mc. Donald y pidiéndole la devolución de la isla; aquél contestó en términos muy políticos, evadiendo toda responsabilidad de parte de él y del Gobierno británico. El resultado fue mandar después una orden a Mr. Chatfield para que hiciese saber al Gobierno de Honduras que los procedimientos del coronel McDonald había sido por instrucción del Gobierno británico.

Esto no era positivo, porque el hecho de Roatán había sido espontáneo de McDonald; pero, por esa declaración, el Gobierno inglés asumió la responsabilidad de él. Parece que este paso se dio por salvar a un celoso oficial, porque no es creíble que la Gran Bretaña fríamente tuviera el designio de robar a Honduras esa parte del territorio, en presencia de los tratados de 1786 y 1814, y de su propia resolución de 1830, en que mandó desocupar las islas. La asunción de la responsabilidad de McDonald por el Gobierno británico, no implica necesariamente que la Gran Bretaña pretendiese tener ningún derecho

---

vieja Inglaterra. Inmediatamente que el buque se hizo a la vela, el comandante quitó esta bandera y puso la del país; pero no bien fue percibida por aquél, cuando regreso y mando una partida de marineros otra vez a la playa, los cuales *tiraron nuevamente la propia bandera de Centroamérica, y dos o tres se divirtieron en danzar sobre ella.* El comandante y sus soldados, no obstante sus enérgicas protestas, fueron puestos a bordo del buque y tuvieron el dolor de ver en su salida los colores ingleses flotando con las brisas. Luego fueron mandados a Trujillo". *Young's Narrative*, p 147.

a las islas; pero el Gobierno de Honduras, amedrentado por amenazas y bloqueos constantes, por frívolos pretextos, siempre temió recobrar su autoridad, y se limitó al único recurso que queda a un poder débil: PROTESTAR Y NO MÁS QUE PROTESTAR.

Entretanto, considerable número de vecinos de las islas Caimanes, atraídos por las fuentes de riqueza de Roatán, fueron a establecerse en ella; tanto, que dentro de pocos años la población ha llegado a más de mil habitantes. No tenían ninguna clase de Gobierno, pero con el aumento de la población formaron un consejo, eligiendo los miembros de él dentro de ellos mismos. Tal estado de cosas no se escapaba al ojo alerta del superintendente de Belice, quién, a pretexto de que los caimanes eran súbditos británicos, encontró uno para sellar su soberanía en las islas. Varias ocasiones había manifestado a algunos de ellos que, como súbditos ingleses, deseaba nombrarles magistrados que los tuviesen en paz en la isla, si ellos lo querían; y que aunque él no pretendía ninguna autoridad de los negocios interiores de la isla, si se interesaba en que hubiese el mejor orden, etc. Los isleños, sin embargo, prefirieron nombrar ellos sus magistrados, de los cuales el principal fue un tal Mr. Fitzgibbon, ciudadano de los Estados Unidos. Así permanecieron hasta el año de 1849, en que, instruidos precisamente en su róle "¡llamaron al Coronel Fancourt a que fuese a establecer un Gobierno regular en la isla!" Hasta qué términos se llevó esta aplicación por los agentes británicos, no es necesario investigarlo. Baste decir que fue la consumación de la violencia de McDonald.

En seguida el coronel Fancourt recomendó a los habitantes que eligiesen doce representantes para que formasen una Asamblea Legislativa que emitiera las leyes necesarias. Nombró cinco magistrados, a quienes pronto cambió el pueblo, por su mala conducta. El superintendente declaró que esta era una injerencia en las prerrogativas de la Corona; y que mientras no se sometieran a la autoridad de los nombrados, les retiraba la protección de Su Majestad.

Ellos contestaron respetuosamente que no teniendo el superintendente los conocimientos necesarios sobre las cualidades de los individuos que debían nombrarse, se les concediera el privilegio de elegir una municipalidad. El pueblo se dividió en dos partidos, y el que deseaba la protección de la Corona, pidió un magistrado, pagado con las rentas que debían crearse con tal fin.

Ese era el estado de las cosas en 1850, y según el capitán Mitchell, ni el pueblo mismo ni el Gobierno británico miraba a Roatán bajo la autoridad inglesa.

"El pueblo ignoraba enteramente bajo que Gobierno estaba, y aunque el de Belice tenía alguna autoridad sobre él, deseaba este saber bajo que posición se le miraba. Algunos descontentos, como los hay en toda comunidad, indujeron a muchos a reunirse y nombrar magistrados en oposición a los recomendados por S. E., el superintendente de Belice.

A la vez la isla estaba sin ninguna clase de Gobierno, obrando cada individuo por sí. Este era el verdadero estado de la isla cuando yo llegué. Ahora tienen un magistrado, elegido universalmente, que funcionará hasta que el gobernador de Jamaica apruebe el nombramiento, a quien le dirigieron los habitantes una petición".

Esta es bastante curiosa. Tiene dos partes, una favorable y otra opuesta a la protección británica, y por consiguiente inútil. Los nombres de los hijos de la escuela de la misión Wesleyan, fueron incluidos en la lista con tal objeto. Este precioso documento se remitió al superintendente de Belice, para que lo trasmitiera al secretario de Estado de las colonias. En consecuencia, sir Charles Grey, secretario de las colonias, mandó al capitán Jolly, de la Marina británica, a que manifestase a los habitantes que si el Gobierno nombraba un magistrado pagado, deberían pagar a la Corona un impuesto de un chelín por cada área de tierra. Esta proposición, que se hizo por medio de algunos cañones en un buque de guerra, y con otros argumentos de igual potencia, fue naturalmente aceptada por los infelices negros de la isla.

Al mismo tiempo se nombró un nuevo Superintendente de Belice, el coronel P.E. Wodehouse (a quien se conocerá fácilmente sabiendo que es el cómplice de Torinton, en Ceylán). Uno de sus primeros actos fue visitar a Roatán, en persona. Llegó allí el 10 de agosto de 1852 (poco más de dos años de la ratificación del tratado de Washington), en el bergantín de guerra de S.M.B. "Persa", llevando consigo una conveniente comitiva. Entonces tomó formalmente posesión de Roatán e islas adyacentes, a nombre de la Corona británica, y declarándolas anexas a la Superintendencia de Belice, bajo el título de "Colonia de las islas de la Bahía".

Este compendio de la historia política de esas islas, manifiesta evidentemente un sistema de agresión a los derechos y soberanía de Honduras, sin ejemplo, por su persistencia y por el desembozo con que se han cometido tantos fraudes. La fuerza brutal del coronel McDonald fue consumada por la piratería de Wodehouse; y estas bellas islas están hoy en poder de la Gran Bretaña, con mengua del tratado, y bajo pretextos tan especiosos que sólo sirven para evidenciar más el crimen que se ha querido salvar. [118]

---

[118] ¡Oh, sí estas islas hubiesen sido un Sebastopol, una torre Malacoff, un Redan siquiera, donde el poder ingles se ha puesto a prueba......! Que lo sepan las naciones del mundo: la Inglaterra que hoy cubre con su estandarte una débil nacionalidad; la Inglaterra que hoy combate en el Báltico y en el mar Negro a una nación usurpadora, no es consecuente en sus procedimiento en el Atlántico; no lo es ocupando posesiones que jamás la puedan pertenecer; no lo es ultrajando a un pueblo indefenso. — Nota del Traductor

242

III
(NOTA AL CAPÍTULO XII)
ABORÍGENES DE HONDURAS

Según las antiguas tradiciones, podría creerse que los lugares hacia el noroeste de Honduras, limítrofes a Guatemala, incluyendo el valle de Sensenti, el de Copán y parte, si no todo, del río Chamelecón, fueron ocupados por naciones civilizadas. El nombre de Calel o Kalet, que daban a sus jefes, y el hecho de que su lengua pertenece a la de la misma raza de los quichés, catchiqueles, mayas, etc., prueba que pertenecían a la misma gran familia de naciones semi civilizadas, que estaban diseminadas sobre Guatemala, Chiapas y Yucatán. Pero, respecto a Honduras, no tenemos informes claros. Los cronistas hablan de un número de naciones bárbaras que existían en las anchas regiones que abrazan la costa del río Aguán o Romano hasta la de San Juan de Nicaragua (después señalada costa Mosquito), y extendiéndose al interior hasta los llanos de Olancho o Ulancho. Entre las tribus que habitaban esta región y que eran relativamente salvajes o bárbaras, los xicaques y payas son constantemente considerados como los más fuertes y poderosos. Estos nombres se conservan aún por los indios que existen entre el río Ulúa y el cabo Gracias a Dios. Los primeros ocupan el distrito entre Ulúa y el Tinto, y los segundos, el triángulo entre el Tinto, la mar y el Wanks o Segovia. Parece que los xicaques fueron anteriormente diseminados desde los llanos de Olancho hasta el departamento de Nueva Segovia, en Nicaragua.

La cuestión que, en consecuencia, se presenta, es ésta: ¿Qué naciones habitaron el país entre los chortis de Sensenti y los nahuales de San Salvador, por una parte, y cuáles fueron las naciones bárbaras de Totogalpa y Tegucigalpa, por otra? En otros términos: ¿Qué naciones ocuparon el Departamento de San Miguel, en El Salvador, y cuáles las de los de Santa Bárbara, Comayagua, Choluteca y parte de los de Tegucigalpa y Yoro, en Honduras?

Ninguna respuesta explícita se encuentra en los historiadores antiguos; pero recientes investigaciones pueden servir a deshacer toda duda.

Que esos distritos fueron ocupados por pueblos homogéneos, lo indican evidentemente los nombres de los lugares que han conservado desde el período de la conquista. El presente Departamento de San

243

Miguel se llamaba Chaparrastique cuando lo invadió Alvarado; y esta terminación ique la encontramos en todos los lugares, como Lepaterique, Lolotique, Ajuterique y Jaitique, desde el Golfo de Fonseca, hacia el norte, hasta el lago de Yojoa o Taulabé.

Dentro de este distrito hay un número de pueblos, todos habitados por indios, que poseen más o menos su lengua original. Estos pueblos están situados todos en las montañas de Lepaterique y Guajiquiro, abrazando a Lauterique, Guajiquiro, Opatoro, Cacauterique, Similatón, Yamaranguila, Yucasapa y el gran pueblo de Intibucá. Yo obtuve un pequeño vocabulario del dialecto de Opatoro, de un indio que encontré en la ciudad de Comayagua. También pude conseguir otro del de Guajiquiro, cuyo pueblo visité en junio de 1853, y por último, otro del de Yamaranguila, dos leguas al oeste de Intibucá y que cierra el distrito de los antiguos jefes de Sensenti. Después obtuve una lista numeral del pueblo de Similatón, con unas pocas palabras y frases que me suministro un caballero de Tegucigalpa, que en su juventud había permanecido algún tiempo en el pueblo. De la comparación de estos vocabularios, aparece que todos son dialectos de una misma lengua. El Guajiquiro pronuncia su idioma lenca, y como constantemente encuentro en las relaciones de los misioneros que fueron a Honduras, hacer referencia a los indios lencas, he adoptado el nombre para designar a los que ocuparon este distrito.

Los más de los misioneros que penetraron a las regiones de los xicaques y payas, fueron primero a Comayagua, donde casi generalmente tomaban indios lencas para que los acompañaran en sus expediciones. Estos fueron los que siguieron a Verdelet, cuando fue a Olancho, en 1808, por el río Guayape, dentro del país de los xicaques. Él nos hace conjeturar que éstos pueden muy posiblemente haber sido de la misma raza de los lencas, hablando un dialecto de la propia lengua. Esta conjetura se apoya más en las expresiones de Juarros, acerca de la reducción de la provincia de Tegucigalpa. Dice que en 1661 los indios payas atacaban frecuentemente a los pequeños establecimientos contiguos a sus territorios, y que los xicaques cometían depredaciones en los valles de Tamastán y Olancho [119].

---

[119] El Obispo Peláez, aunque demasiado vago en todas sus aserciones, nos da una relación de estas circunstancias, y habla de los "males que causaban las tribus de payas, conocidas con el nombre de xicaques". "Tres de estos infieles, dice,

Estos guiaron al capitán Bartolo Escoto, uno de los propietarios de Olancho, a hacer una expedición por el país de los indios, "llevando algunos que colocó en los puntos que juzgó más conveniente". Fue a Guatemala con tres lencas a solicitar un ministro. La persona recomendaba a él por el presidente era un tal Fray Fernando de Espino, un eclesiástico de distinción que, siendo nativo de Segovia, en un lugar inmediato a los xicaques, conocía perfectamente bien el idioma lenca

En verdad, no es inverosímil que se hablasen dialectos de una lengua común por todas las tribus aborígenes existentes entre la Bahía de Honduras y el gran valle transversal de los lagos de Nicaragua, excepto las que habitaban el bajo de la costa del Atlántico, llamada ahora costa Mosquito, que parece tenían muy poca afinidad con las familias del interior. En el pequeño vocabulario que obtuvo M. Froevel, el año de 1851, de los indios que están en el distrito de Chontales, entre las márgenes del río Escondido, tiene muy pocas palabras con el idioma de los lencas, lo que demuestra bien esta opinión. Esos indios se llaman ahora wolwas, probablemente los waulas o gaulas de Juarros y los ulúas de Pelaéz. La palabra agua de ellos, es wass o wash, que entra en el nombre de uno de los ríos de su territorio, o brazo del Escondido, a saber: Boswash o Boswas. En lenca, agua es güars, uarsh o guash; y casa o rancho, es taoo o tahii; en wolwa es ii o hii. La palabra wars o huas entra también en los nombres de algunos de los ríos en el distrito de payas, como Amacwass, Wass-pressenia, designaciones de los tributarios del río Patuca.

Los habitantes de la costa del Atlántico de Centroamérica, en el período del descubrimiento, desde Punta Castilla (antiguamente Punta Casinas o Caxinas), hasta la laguna Chiriquí (la Abuerna de Colón), eran completamente salvajes. Esta, como ya he manifestado, es, en la mayor parte, baja, caliente e insalubre y llena de lagunatos y esteros, circunstancias favorables solamente para tribus cazadoras y

---

acompañaron a Escoto a Guatemalal. Según Juarros, debemos legítimamente inferir que los xicaques y lencas eran de una misma familia, o que, por lo menos, hablaban una misma lengua; y de las aserciones del obispo, que los xicaques y payas eran de una sola raza. De los dos se puede concluir que es muy verosímil que ambos pertenezcan a un solo grupo.

pescadoras; tal era en verdad el carácter de los indios encontrados allí por los primeros viajeros, y tal es aún el que conservan hasta hoy. Las mismas causas que impedían a las naciones semi civilizadas del declive del Pacífico, a habitar estas costas, privaron a los españoles de formar en ella sus establecimientos, y han permanecido los indios casi en su primitivo estado.

Como he expuesto en un párrafo precedente, esta costa fue descubierta por Colón, en su cuarto viaje, en 1502. Del conciso pero terminante informe que él dio de su viaje, podremos conocer exactamente el carácter y condiciones de los habitantes.

La primera tierra descubierta por Colón, en este viaje, después de dejar a Jamaica, fue la isla de Guanaja, la parte más oriental de un grupo de estas en la Bahía de Honduras, que largo tiempo se conocieron con el nombre de Guanajas. Llegó a esta isla el 30 de julio de 1502. Don Bartolomé Colón saltó a tierra en ella, donde encontró una gran canoa (como un galeón), cubierta con un toldo, cargada de algunos artículos, tales como pantalones de tela de algodón, en colores, una especie de chaquetas sin mangas, espadas con filos de piedra, de piezas de madera bien formadas, hachas de cobre, crisoles para fundirlas y bayas de cacao (que era la moneda usada). Colón despidió al pueblo, excepto a un viejo (que parecía ser el más discreto y mejor impuesto del país que los otros), llamado Jumbo, a quien conservó como intérprete. Habiendo enseñado el oro, fue él a tierra firme, y señaló las montañas en que se encontraba.

Este indio lo llaman "negociante" los cronistas, y Herrera indica que regresó de Yucatán cuando Colón lo descubrió.

No hay duda que los habitantes de las Guanajas constituían una sola familia, considerablemente avanzada en civilización y perteneciente quizás a la misma rama que ocupaba la tierra firme entre Punta de Castilla al oeste y el Golfo Dulce. Diego de Porras, en su relación del viaje de Colón, los describe de una hermosa y guerrera estatura, pero de un exterior modesto y recogido. La isla misma es descrita por Pedro Mártir: tan floreciente y fructificante, que puede considerarse un paraíso terrestre.

Colón llegó a Punta Caxinas el 14 de agosto, y formalmente tomó posesión del país el 17 del mismo mes. Este es el punto que cierra la bahía a cuya cabeza se fundó después Trujillo. Las gentes que allí encontró eran semejantes a las de las Guanajas. Vestían de la misma manera un pantalón de algodón y tenían una especie de armadura como los mexicanos, de algodón acolchonado tan grueso que, según Fernando Colón, resistían frecuentemente a los golpes de las espadas de los españoles. Hay razones para creer que los aborígenes de la región inmediata a Trujillo estaban unidos con los que vivían al oeste y al interior del país, incluyendo los grandes valles de Olancho, donde había dos importantes provincias, gobernadas por poderosos jefes, que tenían jurisdicción sobre la costa de Trujillo. Del carácter y hábitos de estos indios, tenemos muy pocos informes. Herrera nos dice que cuando Salcedo fue nombrado gobernador de Hibueras (Honduras), se dedicó a conocer la religión, costumbres y capacidades de los indios de la provincia. Encontró tres ídolos principales que se adoraban en la vecindad de Trujillo: uno a cuatro leguas de la ciudad; otro a veinte; y el tercero a quince. Todos tenían las figuras de mujeres, hechas de una especie de piedra verde como mármol. También tenían ídolos y lugares donde ofrecían sus sacrificios. Los grandes sacerdotes de cada uno de estos templos [120] no eran casados. Llevaban los cabellos largos hasta la cintura. Salcedo dice que el pueblo no era tan político como el mexicano y que difería poco del de Hispaniola.

Después de dejar Colón a Punta Caxinas, procedió hacia el este a lo largo de la costa, y pocos días después llegó a la boca de un gran río, donde también tomó posesión del país, llamándolo, por esta circunstancia, río de la Posesión, ahora Tinto o Negro. Los indios allí no tenían frente grande como los isleños. Hablaban varias lenguas, y tenían en las orejas unos agujeros tan grandes que podían pasar un huevo por ellos, por lo que llamó a esta costa la Costa de las Orejas. Fernando Colón distingue a los habitantes de aquí y los que estaban a lo largo de la costa oriental, de los de Punta Caxinas. Dice en su historia: "Pero los del oriente hacia el cabo Gracias a Dios, son casi negros, brutales, desnudos, en todo respecto salvajes, y, según el indio Jumbo, comen carne humana y pescado crudo, cuando pueden cogerlo". Porras correctamente describe la costa como tierra muy baja, habitada por un pueblo enteramente salvaje.

---

[120] La isla a que se hace referencia era probablemente la Guanaja, donde, como antes hemos visto, se encuentran todavía monumentos aborígenes de grande extensión.

El 14 de septiembre, después de grandes dificultades, por causa de vientos contrarios y corrientes, Colón llegó a un cabo donde la tierra da vuelta precipitadamente al sur, a que dio el nombre de Gracias a Dios. Allí encontró un gran río que entra a la mar y mandó un bote a examinarlo, donde perdió algunos marineros, por lo que lo llamó el río del desastre. Nada dice de los habitantes que encontró en aquel lugar; pero se infiere muy bien, por Fernando Colón, que no diferían esencialmente de los de la costa de la Oreja. Dice que la detención del buque y las dificultades que le rodearon, fueron hasta el 25 de septiembre, cuando llegaron a la isla llamada Quiriviri, donde había un pueblo en tierra firme, llamado Cariari. La tierra, según él, era alta y el país mejor. Colón llamó a la costa allí, por el pueblo interior, Cariari o Cariay. En su carta a los soberanos españoles habla de los habitantes como pescadores y como grandes hechiceros y muy terribles. En el interior encontró varias casas de madera entechadas con palmas, que eran sepulcros. En una de ellas estaba un cuerpo embalsamado y otros dos sin mal olor, cuidadosamente envueltos en telas de algodón. Sobre estos cuerpos había tablas de madera, esculpidas con varias figuras de animales y otros objetos, y algunas representaciones de la muerte. El pueblo tenía adornos de oro nativo e instrumentos de cobre. Su lengua era muy difícil, y los diferentes pueblos tenían distintos dialectos; pero si esto era en los pueblos de la costa., Colón juzga de muy distinta manera los del interior. Herrera distingue al pueblo de Cariari de los del norte, y los describe como los del Castello de Oro, que eran los designados en el país de la laguna de Chiriquí, al sur del Golfo de Uraba.

De Cariari, Colón siguió su curso hasta llegar a Zerabora (al presente Boca del Toro), que estaba cerca de Abuerna (laguna Chiriquí ahora). Allí el pueblo tenía muebles de oro, como el de Cariari, y hablaba una lengua connata, pues que, según Herrera, no manifestaban temor, en razón de que los indios de Cariari les hablaban. Estos indios parece que persuadían a aquéllos a que dieran sus adornos de oro.

De todos estos hechos resulta, pues, que Honduras fue antiguamente ocupada lo menos por cuatro familias o grupos distintos de aborígenes:

1º Los Chortises de Sensenti, pertenecientes al mismo grupo de los quichés, catchiqueles, mayas, etc., que ocupaban lo que ahora es el Departamento de Gracias.

2º Los lencas, menos avanzados en civilización; y, bajo los varios nombres de chontales, quizá los payas e xicaques, que ocupaban el presente Departamento de San Miguel, en El Salvador, y los de Comayagua, Choluteca, Tegucigalpa y parte de los de Olancho y Yoro, en Honduras, incluyendo las islas de Roatán, Guanaja, etc.

3º Varias tribus interpuestas entre los lencas propiamente dichos y los habitantes de Cariari, o lo que ahora se llama costa Mosquito; y

4º Los salvajes que habitaban la costa Mosquito, desde la laguna Caratasca, al sur del río San Juan, que hablaban como el presente hablan, una lengua enteramente distinta de los dialectos de los indios del interior, con quienes en ningún respecto eran iguales.

IV
BIBLIOGRAFÍA

En la introducción geográfica de esta Memoria, he ofrecido dar la lista cronológica de todos los libros y panfletos relativos a Centroamérica en general, o parte de ella, que están en mi poder y que he consultado en el curso de mis investigaciones. Es la siguiente:

1. Viaje por tierra desde el Golfo de Honduras hasta la gran mar del sur, por John Cockburn y cinco ingleses más, etc. – Londres, 1735.

2. Viaje de Honduras a Mérida, etc., por el teniente Cook. — Londres, 1769.

3. Noticia sobre los establecimientos británicos en la costa Mosquito, vol. V de la Historia de las Indias Occidentales, por Bryam Edward. — Londres, 1773.

4. Respuesta al último Manifiesto del rey de España, respecto a la Bahía de Honduras, etc. — Londres, 1779.

5. Memorias sobre el territorio Mosquito, por el capitán John Wright. R. N. — Londres, 1808.

6. Relación sobre los establecimientos británicos de Honduras, conteniendo un informe acerca de su comercio, agricultura, suelo, clima e historia natural con algunas descripciones de las maneras y costumbres de los indios mosquitos, precedido de un diario de un viaje a la costa Mosquito, e ilustrado con un mapa, por el capitán George Henderson, del regimiento 44.— Londres, 1811.

7. Noticia sobre los establecimientos británicos en la costa Mosquito, sacada de un manuscrito del coronel Hodgson. — Edimburgh, 1822.

8. Bosquejo de la costa Mosquito, incluyendo el territorio de Poyas, por Tomás Strangeways. — Edimburgh, 1822.

9. Bosquejo político y estadístico de Nicaragua, por Miguel González Saravia, general de Brigada. — Guatemala, 1824.

10. Diario del Dr. Laraguino, desde Omoa hasta Guatemala *british New Monthly Magazine*, N° 60. Diciembre, 1825.

11. Memorias de Mr. William Veith y George Brysson, etc. Edimburgh, 1825.

12. Historia estadística y comercial del reino de Guatemala, en la América española, etc., por Domingo Juarros, traducida por John Baily. — Londres, 1825.

13. Practicabilidad de unir los océanos Atlántico y Pacífico, por un canal marítimo en los istmos de América, por Robert Pitman. — Londres, 1825.

14. Seis meses de residencia y viajes en Centroamérica, por los Estados libres de Nicaragua y particularmente de Costa Rica, dando una relación de las bellezas del país, etc., por J. Hale, publicada por el autor y vendida por Bowodaile, 114 Fulton Street. New York, 1828. (En Paris se publicó un compendio de este bosquejo, por Mr. Worden.)

15. Relación de los viajes y excursiones a la costa oriental y al interior de C. A., por Orlando W. Roberts. — Edimburg, 1827.

16. Anales de Jamaica, capítulo XIII, vol. II. — Londres, 1828.

17. Guatemala, o las provincias unidas de Centroamérica, en 1827-28, por Henry Dunn. — New York, 1828.

18. Visita oficial a Guatemala, por G. A. Thompson esq., e informe al Gobierno de S. M. B. sobre los Estados de Centroamérica, con un mapa. — Londres, 1829.

19. Reis naar Guatemala in 1829. Central América beschowd uit aan geschitdkunding en Statisk opunt.—J. Haefkeus.— Dordrecht, 1832.

20. Memorias para la revolución de Centroamérica, por un guatemalteco (José Montúfar). — Jalapa, 1832, p. 257.

21. Revista sobre la República de Centroamérica, acompañada de una nota, por MM. Durmatrey y Rouhaud. — París, 1832.

22. Sobre la comunicación entre el Atlántico y el Pacífico, por el lago de Nicaragua, por Caleb Phillips. Journal of the Royal Geographical Society of London, vol. III, p. 280-375.— Londres, 1833. (Juan Galindo, un irlandés que entró al servicio de la Antigua Federación de Centroamérica, en el año de 1827, obtuvo el título de coronel del Ejército, fue gobernador del Departamento del Petén, en Guatemala, y después nombrado representante de la República a la Corte de San James; pero no se le admitió por ser súbdito inglés, y por último murió en un pueblo de indios de Honduras. Fue bastante observador, y aunque no tenía grandes capacidades, era industrioso y dio al mundo muchos informes interesantes sobre Centroamérica. Después de Juarros, parece que él fue el que llamó la atención pública sobre las Ruinas de Copán. — Escribió).

23. Descripción del río Usumacinta, en Guatemala datada en Flores, lago del Petén, marzo 12, 1832, con un mapa. — Journal of the Royal Geographical Society, vol. III p. 59-64.

24. Noticias sobre los caribes en Centroamérica, por el coronel Galindo, una sola página (290). Transactions of the Royal Geographical Society of London, vol. III. — 1833.

25. Relación sobre la explosión del volcán de Cosigüina, en Nicaragua, el 17 de enero de 1835, por Juan Galindo. *Transactions of the Royal Geographical Society of London*, vol. V, p. 387-392. — 1835.

26. Sobre Centroamérica (conteniendo una general descripción del país y en particular de Costa Rica), con un mapa, por Juan Galindo. *Journal of the Royal Geographical Society of London*, vol. VI, p. 116-136. — 1836.

27. Las ruinas de Copán en Centroamérica, por Galindo, datado en Copán, junio 10, 1835. *Transactions of the American Antiquarian Society*, vol. II, p. 543-550.

28. Narración de un viaje a Guatemala, en Centroamérica en 1838, por G. W. Montgomery. — New York, 1839.

29. Memoria sobre Guatemala y la colonización del Departamento de La Paz. — Bruselas, 1840.

30. Incidentes de un viaje a Centroamérica, Chiapas y Yucatán, por John L. Sthepen. — New York, 1841.

31. Centroamérica. Reclamación contra la intervención del coronel Alejandro McDonald, superintendente de Belice, en el coronel Quijano, administrador del Departamento de San Juan del Norte. — León, 1842.

32. Defensa de los derechos del país, en la cuestión promovida por el cónsul de S. M. B., etc. — León, 1843.

33. Memoria sobre el fuego de los volcanes de Centroamérica, por Miguel Larreinaga. — Guatemala, 1843.

34. Efemérides de los hechos notables acaecidos en la República de Centroamérica, desde el año de 1821 hasta el de 1842, por Alejandro Marure. — Guatemala, 1844.

35. Excursión al lago de Nicaragua sobre el río San Juan, por George Lawrence. *Nautical Magazine.* — 1840 – 1841.

36. Relación sobre la costa oriental de Centroamérica, formada de las notas del capitán Richard Owen, por el capitán Bird Allen. *Journal of the Royal Geographical Society of London,* vol. XI. — 1841.

37. Noticia sobre la provincia de Verapaz, en Guatemala, y los establecimientos de indios, por el padre Fray Alonso de Escobar. *Journal of the Royal Geographical Society of London,* vol. XI—1841.

38. Notas sobre el lago de Nicaragua y la Provincia de Chontales, por Chevalier Emmanuel Friedricksthal. *Journal of the Royal Geographical Society of London,* vol. XI. — 1844.

39. Sobre el istmo entre el lago de Granada (Nicaragua), y el Pacífico por John Baily. *Journal of the Royal Geographical Society of London,* vol. XIV, pág. 127-128. — 1844.

40. Notas sobre el Golfo de México, río Tampico y sus inmediaciones, y el río Tabasco, con un mapa, por Peter Master, marinero de Liverpool. *Journal of the Royal Geographical Society of London.,* vol. XV. — 1845.

41. Berich über dit im höchsten Auftrage Seiner Königlichen Hohei des Princen Carlvon Preussen, und Sr. Durchlauch des Herrn Fürsten V. Shoemburg-Waldemburg bewirkte Untersuckung einger Theile desmosquito laudes, etc.— Berlín, 1845.

42. Canal de Nicaragua, etc., por L. N. B. (Luis Napoleón Bonaparte). — Londres, 1846.

43. Narración de una residencia en la costa Mosquito, o sobre Trujillo e islas adyacentes de Roatán y Bonacca, por Thomas Young. — Londres, 1847.

44. Documentos en que se funda el derecho que el Estado de Nicaragua tiene al territorio Mosquito, que se disputa por el Gobierno inglés. — León, 1847.

45. Viajes a Centroamérica, por R. G. Dunlop. — Londres, 1847.

46. Memoria dirigida por el ministro de Estado y de relaciones de Nicaragua, a la Asamblea Constituyente del mismo Estado, sobre los derechos territoriales del propio país, en la Costa del Norte, llamada Mosquito, por Pablo Buitrago. — León 1847.

47. Documentos importantes sobre el atentado cometido por algunos ingleses residentes en Bluefield, usurpándose con mano armada el puerto de San Juan del Norte, etc.— San Salvador, 1848.

48. Manifiesto que el Supremo Gobierno del Estado de Nicaragua hace a los Gobiernos de América, sobre el tratado celebrado con el comandante inglés Sr. Granville Loch, etc., por José Guerrero, presidente. — León 1848.

49. Vida rústica en el interior de C. A., por George Bryam. — Londres, 1849.

50. Revisa rápida sobre la República de Costa Rica, por F.M. (Felipe Molina). — París, 1849.

51. Comunicación entre los océanos Atlántico y Pacífico, por el capitán W. B. Liot. — Londres, 1849.

52. Auswanderung und Colonisation in ineresse des deutschen Haudels. — Der Freistaat Nicaragua und seine Wichtigkeit fur den Welthandel, etc., von A. Bülow. — Berlin, 1849.

53. El Evangelio de C.A., etc., por Frederick Crowe. — Londres, 1850.

54. Relación estadística y descripción de la isla de Roatán, por el comandante R. C. Mitchell. — United Service Magazine. — 1850.

55. Centroamérica, conteniendo una descripción de cada uno de los Estados de Guatemala, Honduras, El Salvador, Nicaragua y Costa-Rica, por John Baily. — Londres, 1850.

56. La cuestión Mosquito, etc., por E. Geo. Squier. —American Whig Review (febrero y marzo). —New York, 1850.

57. La gran cuestión del Canal Interoceánico, por E. Geo. Squier. — American Whig Review (Nbre). — 1850.

58. Los volcanes de C.A. y los caracteres geográficos y topográficos de Nicaragua, por E. Geo. Squier. — 1850

59. La isla del Tigre en Centro-América. Documento oficial N° 75, primera sesión del 31 Congreso. — 1850.

60. Extracto de una relación sobre el antiguo reine de Guatemala, hecha por el ingeniero don Luis Díaz de Navarro, en 1745.

61. Investigaciones sobre la colonia de Santo Tomás, por Bloude Evans Cuelebronk, con cartas. —Bruselas, 1850.

62. Informe sobre la colonia de Santo Tomás, por Cloquet. Bruselas, 1850.

63. Recuerdos de Centroamérica, por H. de T. d' Arlach. — París, 1850.

64. Canal de lago de Nicaragua, a lo largo del río Sapra, hasta Salinas, por A.S. Oers ted, de Copenhague. — *Journal of the*

Royal Geographical Society of London, vol. XXI, p.96- 99.—1851.

65. Centroamérica, nach gegenwartigen, etc., von C. F. Reichadt Brunschweig, 1851.

66. Bosquejo de la República de Costa Rica, por Felipe Molina. New York, 1851.

67. Despachos de E. Geo Squier, encargado de negocios de los Estados Unidos de C. A., sobre las dificultades entre La Gran Bretaña y El Salvador, publicadas por orden del Senado. Documento N° 43.—1851.

68. Informe sobre el reconocimiento de una ruta acerca del proyectado canal de Nicaragua, desde San Juan del Norte, en el Atlántico, hasta Brito, en el Pacífico, por O.W. Childs. — New York, 1851.

69. Centroamérica y el proyecto de Crampton y Webster, por E. Geo. Squier. — *New York Democratic Review*, noviembre, 1852.
70. Las islas de la Bahía de Honduras; su toma y organización como colonia por E. Geo. Squier. — Democratic Review Diciembre de 1852.

71. Correspondencia relativa a los reclamos de la Gran Bretaña, sobre la Costa Mosquito, etc. Documento oficial N° 27, segunda sesión del 32 Congreso. — 1853.

72. Documentos relativos a la cuestión Mosquito, por don Francisco Castellano. San Salvador, 1852.

73. Nicaragua: Su pueblo, monumentos, escenas y el proyectado canal, con numerosos mapas originales e ilustraciones, por E. Geo Squier, 2 vol.—New York, 1852.

74. Memorias para la historia del antiguo reino de Guatemala, redactado por el Illmo. Sr. Dr. Don Francisco de Paula García Peláez, Arzobispo, etc., 3 vol.—Guatemala,1852.

75. Informe de la comisión de Relaciones Exteriores del Senado de los Estados Unidos, sobre el establecimiento de una colonia en la isla de Roatán, etc., presentado por el honorable J. M. Masón. N° 407, segunda sesión del 32 Congreso. —1853.

76. Correspondencia entre Mr. Marey, secretario de Estado, y Mr. Crampton, ministro británico, sobre el tratado de Washington, de 5 de julio de 1850. Documento oficial N° 13.—1853.

77. Wanderbilder aus Centroamérica, etc., von Wilhem, Hem.— Leipzig,1853.

78. Consideraciones sobre el gran istmo de Centroamérica, por el capitán Robert Fitzory. — *Journal of the Geographical Society of London*, vol. XXIII. — 1853.

79. Nicaragua nacheigner Anschanung in Jahre, 1852, vor. C. F. Reichard. — Braunschweig, 1854.

80. Aventuras en la costa Mosquito, por Samuel A. Brand. — New York, 1855.